Opiniões sobre The Natu...

O mundo inteiro sonhava com uma definição consistente de sustentabilidade que permitisse um planejamento sistêmico passo a passo. Quando a definição apareceu, apresentada por The Natural Step, foi extraordinário ver como era simples. Por que ninguém havia pensado nisso antes?

— Paul Hawken, co-autor de *Natural Capitalism*

Quando conhecemos The Natural Step, percebemos que tínhamos encontrado um sistema de idéias em que nos basear.

— Tachi Kiuchi, presidente, Mitsubishi Electric America

O trabalho de Karl-Henrik Robèrt e colegas em favor do movimento de The Natural Step na Suécia é um dos maiores exemplos no mundo atual de um processo de aprendizagem para a sociedade como um todo. A aprendizagem baseada no diálogo sistêmico e continuado não só está transformando a atuação daquele país no campo do desenvolvimento industrial sustentável, como também representa uma grande promessa de solução para muitos dos problemas mais renitentes da sociedade contemporânea.

— Dr. Peter Senge, Centre for Organizational Learning, MIT

The Natural Step desempenha um papel da maior importância no movimento das corporações e outras organizações para tornar a "sustentabilidade" o seu ideário supremo. Agora, o médico cancerologista que começou o movimento conta essa história, que tem lances dramáticos e profundamente significativos. É a história de uma boa idéia e de como se chegou a um consenso científico em torno dessa idéia. É uma indicação explícita de como nós — *Homo* (esperamos) *sapiens* — podemos adequar de maneira responsável a nossa maneira de pensar e agir para tornar a aventura humana útil a todo mundo. E, indo além disso, é uma história sobre como, raciocinando com clareza e trabalhando incansavelmente, um homem pode, a partir de um pequeno país, fazer uma diferença enorme.

— Harlan Cleveland, Presidente Emérito,
World Academy of Art and Science

Tendo a célula viva como ponto de partida, Karl-Henrik Robèrt ajuda-nos brilhantemente a entender as condições não-negociáveis de uma sociedade sustentável. Ele e The Natural Step oferecem um modelo científico, muito inspirado e operacional, para nos ajudar, tanto como indivíduos, quanto como corporações, a estabelecer um novo rumo.

— Dr. Göran Carstedt, ex-presidente do IKEA, América do Norte

O pensamento sistêmico precisa ser introduzido não só entre as empresas, mas também na sociedade como um todo, para ter o potencial de exercer uma influência mais profunda e significativa. Ao conhecer o trabalho do dr. Robèrt passei a ter uma verdadeira esperança de que isso possa acontecer. Ele aplicou o pensamento sistêmico à nossa última fronteira: o planeta Terra.

— Dr. Iva M. Wilson, presidente, Philips Components, América do Norte

O dr. Karl-Henrik Robèrt desincumbiu-se da tarefa extraordinariamente difícil de conseguir que os cientistas concordassem sobre as condições sistêmicas fundamentais para uma sociedade sustentável. Agora, todos podemos nos beneficiar disso. Os conceitos de The Natural Step permitem que a cúpula das empresas trate as considerações ambientais de um modo sistêmico e as integrem às suas estratégias de negócios a longo prazo.

— John Naisbitt, Megatrends Ltd., EUA

The Natural Step é o movimento internacional mais importante no seu papel de encorajar as empresas a serem promotoras da sustentabilidade.

— Philip Sutton, diretor de Política e Estratégia,
Green Innovations Inc., Austrália

Como uma estrela-guia, uma bússola para o nosso trabalho ambiental, adotamos as quatro Condições Sistêmicas (de The Natural Step) para uma sociedade sustentável. Todo mundo que assistiu ao treinamento ambiental do IKEA aprendeu sobre a importância dessas condições. Cada um de nós, nos nossos vários papéis, deve procurar colocá-las em prática, de acordo com as idéias empresariais fundamentais do IKEA.

— Anders Moberg, ex-presidente do IKEA,
atual vice-presidente da Home Depot

O que realmente importa é utilizar os recursos que temos neste planeta da melhor maneira possível. Esta é a maneira como vemos as coisas. Dizemos que estamos mudando, de uma sociedade excessivamente consumidora de recursos para uma sociedade economizadora de recursos, e a discussão ambiental realmente tem a ver com cuidar melhor dos recursos. Todo mundo ainda age como se esses recursos fossem ilimitados e como se sempre fôssemos encontrar outras fontes. Mas eles chegarão ao fundo do poço, conforme indicado por The Natural Step. Concentrando-nos nesses itens — energia, água e lixo — estaremos criando vantagens competitivas. E também estaremos poupando o meio ambiente.

— Roland Nilsson, CEO, Hotéis Scandic

A Interface está preocupada em mudar os seus processos industriais, de lineares para cíclicos. Para tanto, usamos uma bússola para nos orientar, adotando um conjunto de instrumentos auxiliares. Ambos resultam de The Natural Step. A Interface vai aplicar os quatro princípios fundamentais da sustentabilidade indicados por The Natural Step como uma orientação para reduzir a sua interferência e as pegadas deixadas sobre o planeta. Acreditamos que as instituições que violam continuamente esses princípios sofrerão prejuízos econômicos.

— Ray Anderson, diretor-presidente, Interface

The Natural Step é uma das coisas mais fáceis de fazer as pessoas aceitarem, mesmo que depois se esqueçam do que são as quatro Condições Sistêmicas. Depois de conhecê-las, compreendem instintivamente do que se trata. É mais fácil conseguir que as vejam como o oposto dos conceitos de administração criados para motivar as pessoas. Isso é algo que você entende rápido.

— Jim Quinn, CEO, Collins Pine Company

The Natural Step oferece um conjunto de idéias precisas, uma bússola para nos orientar pelo caminho a percorrer e é um instrumento eficaz para todos os que buscam um novo modelo de pensamento para conduzir os negócios a um futuro sustentável.

— Maurice Strong, secretário-geral, Conferência das Nações Unidas sobre Meio Ambiente e Desenvolvimento (Rio-92)

É um alívio poder trabalhar com uma organização que quer ajudar você, de maneira verdadeira e genuína.

— Sarah Severn, diretora de Desenvolvimento da Responsabilidade Corporativa, Nike

The Natural Step é uma voz clara em meio ao tumulto.

— Leif Johansson, CEO, Volvo

Trabalhar para a sustentabilidade nos negócios não é só a coisa certa a fazer. Também tem de ser algo lucrativo. A curto prazo, a não-sustentabilidade já começou a exigir mais recursos e dinheiro do que a maioria das pessoas percebe. E, a longo prazo, mais caros serão os investimentos diretos ou indiretos em práticas sustentáveis, quanto mais tempo você esperar. Para ganhar dinheiro estrategicamente com um desenvolvimento passo a passo rumo à sustentabilidade social e ecológica, você precisa de sensibilidade, raciocínio e competência. Quando conheci The Natural Step e os seus métodos, foi amor à primeira vista.

— Mats Lederhausen, vice-presidente-executivo, McDonald's Corporation

THE NATURAL STEP

Karl-Henrik Robèrt

THE NATURAL STEP

A HISTÓRIA DE UMA REVOLUÇÃO SILENCIOSA

Tradução
HENRIQUE A. R. MONTEIRO

EDITORA CULTRIX
São Paulo

Título do original: *The Natural Step Story.*

Copyright © 2002 Karl-Henrik Robèrt.

Publicado pela primeira vez pela New Society Publishers, Gabriola Island, British, Columbia, Canadá.

O primeiro número à esquerda indica a edição, ou reedição, desta obra. A primeira dezena à direita indica o ano em que esta edição, ou reedição, foi publicada.

Edição	Ano
1-2-3-4-5-6-7-8-9-10-11	03-04-05-06-07-08-09-10-11

Direitos de tradução para o Brasil
adquiridos com exclusividade pela
EDITORA PENSAMENTO-CULTRIX LTDA.
Rua Dr. Mário Vicente, 368 — 04270-000 — São Paulo, SP
Fone: 272-1399 — Fax: 272-4770
E-mail: pensamento@cultrix.com.br
http://www.pensamento-cultrix.com.br
que se reserva a propriedade literária desta tradução.

Impresso em nossas oficinas gráficas.

Sumário

Prefácio *Ray Anderson*... 11
Introdução 15

PRIMEIRA PARTE: O DESAFIO
Capítulo 1: Por que TNS?.. 21
Capítulo 2: Pensamento Sistêmico e Consenso 33
Capítulo 3: O Lançamento 43

SEGUNDA PARTE: "TUDOLOGIA"
Capítulo 4: A Experiência Científica.................................. 53
Capítulo 5: A Experiência Social.. 63
Capítulo 6: As Condições Sistêmicas da Sustentabilidade.............. 79

TERCEIRA PARTE: ENCAMINHANDO O DIÁLOGO
Capítulo 7: IKEA: Criatividade e Coragem.......................... 97
Capítulo 8: Scandic e Sånga Säby: Pilotos de
    Teste da Sustentabilidade 109
Capítulo 9: ICA/Electrolux: Trabalho em Equipe Pioneiro 115
Capítulo 10: A Estrutura de Referência do TNS
    (Análise A, B, C, D)... 123
Capítulo 11: O Caso McDonald's.. 135

QUARTA PARTE: O PRÓXIMO PASSO
Capítulo 12: Projeção Internacional.................................... 143
Capítulo 13: Acumulando Aborrecimentos............................ 153

QUINTA PARTE: RUMO AO FUTURO
Capítulo 14: O Problema Crítico da Energia 183
Capítulo 15: A Segunda Arena (De Projetos *Ad Hoc* a
    uma Abordagem Sistêmica).. 207
Capítulo 16: A Liderança Oculta 219

APÊNDICES
Apêndice 1: A Agricultura do Ponto de Vista Científico: Um
    Documento de Consenso entre The Natural Step... 235
Apêndice 2: A Filosofia de The Natural Step e os Valores
    Essenciais da Organização 263
Apêndice 3: A Estrutura de Referência do TNS e Instrumentos
    para o Desenvolvimento Sustentável 271

NOTAS 295

Prefácio

Ray Anderson

O começo de tudo pode ser atribuído à invenção de um homem. O homem era Thomas Newcomen. O invento foi a bomba a vapor. O ano era 1712 e o que começou foi a Revolução Industrial.

A bomba resolveu um grande problema, o da água nas minas de carvão inglesas, a água que precisava ser retirada para que os mineiros pudessem aproveitar mais eficazmente o tempo de mineração. Assim, pela primeira vez na vida, a natureza (a luz solar armazenada, com 1 bilhão de anos de idade) foi controlada e usada e retornada para a natureza para explorar a natureza pela força de uma máquina, a bem da produtividade dos mineiros — mais carvão por homem-hora. Depois, mais ferro por homem-hora, mais tecidos por homem-hora, e assim por diante. Hoje, o mantra inclui mais chips de computador por homem-hora e mais engenhocas por homem-hora. Mesmo sistema, mesma meta, produtos mais sofisticados. O caminho escolhido para a abundância enganosa para todos continua sendo aumentar a produtividade do trabalho à custa da natureza.

Quando as pessoas careciam de recursos e a natureza era abundante, aparentemente ilimitada, o que poderia ser mais sensato que extrair da natureza e usar para aumentar a produtividade humana? E quando a natureza era abundante, aparentemente ilimitada, o que poderia ser mais sensato que despejar os restos poluídos da natureza explorada de volta à própria natureza. Por maior que fosse a poluição provocada por aqueles detritos, por mais venenosos que fossem, a natureza daria conta deles.

Esse foi o estilo desenvolvido pela Revolução Industrial — tirar, fabricar, desperdiçar e poluir, conforme mostra Paul Hawken no seu livro que marcou época, *The Ecology of Commerce* (HarperBusiness, 1993) — em busca de aumentar a produtividade do trabalho, e portanto a prosperidade. Não havia nenhum plano para a Revolução Industrial, nenhuma visão global, nem mesmo um nome, até que os tempos modernos lhe deram um, retroativamente. Ela simplesmente aconteceu, guiada apenas pela "mão invisível" do mercado de Adam Smith e uma postura mental, com a percepção errada da natureza como uma fonte ilimitada e um poço sem fundo, uma maneira de pensar que tornou a mão invisível efetivamente tão cega quanto invisível.

Cega a quê? Cega às conseqüências, que a teoria econômica moderna chama de "externalidades" — custos sociais como um aumento crescente no número de casos de câncer entre as crianças, o desaparecimento de florestas e de terras alagadas, a poluição de rios, cursos de água, mananciais e oceanos, a elevação das temperaturas globais, agentes infecciosos de doenças exóticas, o desaparecimento de espécies.

Quando olhamos para os arranha-céus e auto-estradas, transatlânticos e aviões a jato no mundo desenvolvido ao nosso redor, não podemos deixar de nos maravilhar com a civilização que surgiu com a Revolução Industrial. A produtividade do trabalho e a abundância da natureza levaram-nos bem longe. A prosperidade que desfrutamos hoje contrasta totalmente com as privações de 1712. Quem poderia questionar a eficácia da era industrial? Bem, talvez aqueles que arcam com o custo das externalidades, como as crianças com câncer e os pais delas, tenham uma pergunta ou duas a fazer. Talvez as espécies ameaçadas, se ao menos fossem capazes de falar, teriam uma pergunta ou duas a fazer. Talvez os dois terços da humanidade que foram excluídos do sistema industrial moderno tenham algumas perguntas a fazer a nós que desfrutamos essa abundância pelo simples local de nascimento. Talvez aqueles de nós que dependam de florestas e rios, mananciais e oceanos para obter oxigênio, água e alimentos tenham uma pergunta ou duas a fazer. Mas espere um pouco. Não se trata de todos nós?

Fazer as perguntas certas traz uma determinada clareza. Recuando um pouco e observando essa era industrial, vemos uma vasta riqueza, concentrada no mundo desenvolvido e produzida à custa da natureza, da qual todos — nós e talvez 30 milhões de outras espécies — somos totalmente dependentes. Então resulta a pergunta verdadeiramente esclarecedora: "Por quanto tempo isso poderá continuar?"

Por quanto tempo, realmente? Uma era industrial, datando de 1712, existiu apenas num piscar de olhos no tempo geológico ou evolutivo. Por quanto tempo mais a natureza poderá sustentar essa extração, esse desperdício e essa poluição que acompanham a nossa fabricação e o nosso uso? De quantas externalidades podemos dispor? A natureza, que finalmente reconhecemos como finita, graças a imagens da Terra vista do espaço, tem só um tanto para dar e uma determinada capacidade de absorver, assimilar e resistir. Portanto, o sistema atual é, por definição, insustentável.

Então, o que uma espécie — que pretenda sobreviver por mais alguns milênios e compartilhar uma prosperidade crescente com uma população cada vez maior — deve fazer? O bom senso responde: "Fazer algo diferente." Talvez tenha chegado o momento de considerar a produtividade de maneira diferente. Talvez devêssemos estar buscando a produtividade de recursos, assim como a produtividade do trabalho — a produtividade de todos os recursos —, uma maneira de produzir em abundância para todos usando menos os recursos da natureza. Uma vez que a magnitude do desafio recai sobre nós e a urgência de fazer algo diferente nos pressiona, para onde a espécie deve se voltar para encontrar as respostas e as soluções?

Não poderíamos, finalmente, neste estágio já avançado, considerar voltar-nos para os nossos cientistas? Os nossos cientistas, que buscam fatos em vez de opiniões, que lidam com observações objetivas em vez de desejos, há um bom tempo têm-nos alertado que simplesmente não podemos continuar assim, para sempre, no mesmo estilo e orientados pela postura mental que tem prevalecido nos últimos três séculos. Seguramente, essa maneira de proceder e essa postura, eufemisticamente chamadas de era industrial, que se desenvolveu depois da revolução de Thomas Newcomen, devem abrir caminho para uma nova Revolução Industrial. Talvez devêssemos chamá-la de "Revolução de Rachel Carson", em homenagem à grande mulher que, em 1962, com o seu estrondoso livro *Silent Spring*, começou o processo de desvelar os abusos do sistema industrial moderno e estabeleceu o cenário para as advertências dos cientistas e para a revolução industrial seguinte.

Desta vez, tomara consigamos fazer as coisas direito, esse negócio de criar a riqueza e compartilhá-la com uma população humana cada vez maior, pedindo aos nossos cientistas que mostrem os aspectos benignos em lugar dos abusivos, os renováveis em lugar dos extrativistas, no caminho para o futuro. Como *realmente* aumentar a produtividade de todos os recursos e poupar a Terra do nosso abuso? Na verdade, poderíamos voltar-nos para um cientista em particular, que refletiu por muito tempo e gravemente, por conta própria e com os seus colegas, sobre os princípios subjacentes e práticas essenciais desse novo sistema industrial. Essa pessoa é Karl-Henrik Robèrt, autor deste livro; e o caminho para progredir em relação ao futuro que ele apresenta é o caminho da sustentabilidade.

A primeira vez que tomei consciência de Karl-Henrik foi quando li o livro acima mencionado de Paul Hawken, em 1994. Essa foi a minha apresentação a ele e a The Natural Step. Eu o conheci pessoalmente dois anos depois, quando ele veio à minha cidade, Atlanta, para fazer uma palestra. Tenho sido um discípulo dele desde essa época. A sua inteligência e o seu charme só são suplantados pela profundidade dos seus pensamentos e a honestidade das suas convicções. O leitor conhecerá todas essas qualidades — inteligência, charme, profundidade, honestidade — neste livro sobre a história de The Natural Step. E, o que é mais importante ainda, o leitor encontrará nestas páginas uma iluminação para o caminho rumo a uma civilização sustentável.

Ray C. Anderson
Interface Inc.,
Novembro, 2001

Introdução

Num certo sentido, pode parecer que o sucesso inicial de The Natural Step (TNS) na Suécia tenha se tornado uma escalada de sucessos contínuos, como numa odisséia. Como continuamos funcionando como uma ponte entre os cientistas e as pessoas que tomam decisões, as nossas realizações são documentadas em ambas as extremidades dessa ponte: estudos científicos e dissertações de doutorado de um lado e estudos de caso concretos sobre avanços entre as empresas e a política de outro.

Desde 2001 existem representações do TNS em nove países: Suécia, Estados Unidos, Reino Unido, Canadá, Austrália, Nova Zelândia, Japão, Israel e África do Sul. Cada representação tem um membro votante no conselho internacional do TNS. (O controle de The Natural Step foi transferido da Suécia para esse conselho em Portland, Oregon, EUA, em abril de 1999.) Mesmo que eu me aposentasse hoje, a organização continuaria lá. Todos os ativos existem — uma estrutura organizacional, instrumentos para tomada de decisões estratégicas, estudos de caso em bons exemplos e modelos de comportamento e redes de administradores bem-informados que aplicam os conceitos do TNS como um modelo de pensamento participativo — um tipo de linguagem para o desenvolvimento sustentável estratégico. Fomos bem-sucedidos.

Ainda assim, nem um dia se passou desde o lançamento na Suécia, em abril de 1989, sem que o TNS encontrasse problemas e preocupações. Um problema é de ordem financeira: não é fácil encontrar dinheiro para uma idéia abstrata que abre caminho para novas áreas de interesse. Na verdade, ainda não sabemos se vamos chegar lá, nem mesmo do ponto de vista organizacional. Mas a idéia de estudar os pontos sobre os quais podemos concordar e depois basear as decisões nesse conhecimento é tão boa que não deve fracassar. O melhor que nós do TNS podemos fazer é permanecer focados e concentrados, se quisermos continuar fazendo a diferença e apoiar o desenvolvimento sustentável.

Alguns problemas são paradoxais. Treze anos atrás, quando o TNS iniciou as suas atividades, a percepção de que as empresas eram totalmente ignorantes do ponto de vista ambiental era maior do que hoje. O debate ambiental era novo, fresco e chocante, e as empresas foram pegas com a guarda baixa. O livro de Rachel Carson, *Silent Spring*, e outros esforços do tipo criaram satisfatoriamente uma demanda de mercado entre as empresas que não mostrassem sinais de desaparecer. O único problema era saber o que fazer. Queríamos ajudar a estruturar todas as opiniões conflitantes de uma maneira que fizesse sentido para a tomada de decisão — e que igualmente fizesse um bom sentido para as empresas. Portanto o que o TNS oferecia era algo extremamente interessante e excitante, que devia ser aceito por todos.

Hoje, as questões ambientais constam quase diariamente das agendas das empresas. Um grande número de grandes empresas e corporações empresariais desenvolveu diversas estruturas para a tomada de decisão e comunicação em relação a questões ambientais e muitas começaram a introduzir sistemas de gestão ambiental (SGAs). Conseqüentemente, elas pensavam que estavam no controle do problema. Mas os instrumentos administrativos por si sós não têm valor nenhum, a menos que as pessoas tenham uma idéia clara sobre a orientação a seguir. (É como ter um veleiro com um manual de instruções e um diário a preencher mas sem cartas náuticas nem bússola. Você pode velejar com o barco perfeitamente, mas estará navegando em círculos.)

O problema é que os SGAs funcionam de maneira independente, não integrados às estratégias empresariais globais. Embora os chefes de departamentos ambientais geralmente saibam mais que a cúpula administrativa sobre os recursos e tendências da sustentabilidade, eles raramente são consultados quanto aos investimentos. Enquanto isso, as equipes administrativas conduzem as empresas mais ou menos como sempre. Paradoxalmente, então, uma vez que permanecem não integrados, os instrumentos administrativos para o desenvolvimento sustentável representam um perigo para os negócios e para o desenvolvimento sustentável. Além do mais, eles podem falsamente tranqüilizar as equipes administrativas de cúpula, fazendo-as sentir-se num controle que elas realmente não têm. Portanto, a necessidade de princípios ou idéias que possam contribuir para a orientação é mais premente do que nunca, mas a preocupação por estar pressionado é muito menor do que há treze anos.

Alguns dos obstáculos que o TNS encontra têm a ver com a simples resistência. O TNS tem tudo a ver com o diálogo para descobrir por que *não* precisamos lutar. Contudo, se você tenta mudar algumas das normas estabelecidas da sociedade e não encontra resistência — bem, seria bom considerar o que está fundamentalmente errado com o esforço. Uma atitude amigável não será bastante para prevenir discordâncias e conflitos — nem mesmo é certo que isso seria desejável. O objetivo do TNS não é ser amigo de todo mundo, mas usar uma atitude amigável e receptiva como um instrumento para encontrar bases mais consistentes para a tomada de decisão sobre questões sociais e ecológicas.

Mats Lederhausen (ex-presidente do McDonald's na Suécia) incorpora o que o TNS está tentando fazer. Mats é um homem muito seguro, cordial, encorajador, inteligente, bem-estruturado e bem-sucedido. Ele é um mestre na aplicação dos conceitos do TNS na tomada de decisões estratégicas e as suas conquistas no meio empresarial sueco tornaram-no o vice-presidente sênior da corporação McDonald's, no comando da estratégia corporativa.

Em um seminário de cinco dias nos EUA, Mats esteve à frente de seiscentos empresários americanos, ONGs e do governo. Antes de começar a sua palestra, ele começou a tirar fotos da platéia de cima do palco. Foi algo tão surpreendente que as pessoas começaram a rir — discretamente a princípio. Foi ainda mais surpreendente quando Mats, aparentemente sem pressa nenhuma enquanto continuava a bater as fotos, começou a resmungar, como se estivesse falando sozinho. Mas, pelo microfone preso à gravata, todo mundo podia ouvir o que ele dizia:

> Há quase dez anos, eu e Karl-Henrik lutamos lado a lado nessas trincheiras e estamos acostumados a reuniões ligeiramente menores do que esta na Suécia — aquela pequena e remota parte do mundo que representamos. (Ouviram-se mais risos nesse momento.) Temos muitas conquistas a comemorar. Mas também nos sentimos muito frustrados — por exemplo, nos confrontos com os nossos inimigos. E deles não gostamos nem um pouco... (A esta altura, a platéia estourou numa risada que eu classificaria de "alívio surpreso".) Vamos enviar-lhes estas fotografias e lhes diremos que agora os *americanos* estão do nosso lado.

A introdução de Mats engloba tudo o que o TNS é: uma atitude amigável e um diálogo atento e respeitoso. O mundo não quer mais gurus. Eu até mesmo acho que deveríamos temê-los. Hoje, para realizar as mudanças necessárias, precisamos da cooperação e da participação de todos, seja ao assumir responsabilidades, seja ao compartilhar o poder; nesse sentido, precisamos que cada um encontre o guru que tem dentro de si.

Este livro é sobre a luta de The Natural Step e da consciência que despertou. O caminho não-sustentável da sociedade não tem a ver com nenhuma catástrofe natural que precisamos enfrentar. Tem a ver com os desejos e a curiosidade humanos, e a engenhosidade e as decisões que estão por trás do nosso desenvolvimento não-sustentável, como também por trás das tensões no debate público a esse respeito. Assim, eu acho que há coisas a serem aprendidas, não só em relação às conquistas intelectuais do TNS, mas também em relação aos nossos avanços e erros como organização. Portanto, este livro será desenvolvido como uma história. É meu desejo tornar a história tão interessante, confiável e importante que possa recrutar mais pessoas para o diálogo sobre como aplicar o pensamento sistêmico no planejamento estratégico para se chegar a um mundo social e ecologicamente sustentável — um diálogo que, eu espero, tenha apenas começado.

PRIMEIRA PARTE

O Desafio

CAPÍTULO 1

POR QUE TNS?

Desde menino, eu adorava passear ao ar livre, de preferência naquelas regiões marginais entre a cidade e o campo, onde as criações humanas coexistem com a natureza. Lá, a natureza agrada aos sentidos sem sobrecarregá-los com muitas questões inconvenientes. Eu cresci em um lugar assim — Hagalund, como foi retratado nas paisagens do pintor sueco Olle Ohlsson.

Embora eu nunca tivesse sido um garoto melancólico, até onde consigo me lembrar, sentia uma certa ansiedade em relação ao meu amado campo. Mesmo sendo criança, via a expansão dos limites da cidade como um ato de vandalismo contra o meu meio ambiente pessoal. Bosques e matas foram cedendo terreno a feios prédios industriais. Os antigos bondes Nº 15 foram tirados de serviço e substituídos por ônibus malcheirosos que deixavam os seus passageiros nauseados ao término da viagem. A velha garagem dos bondes foi toda pavimentada e transformada em um estacionamento gigantesco. Pouco a pouco, tornei-me mais consciente das minhas ansiedades. Onde será que iríamos parar? Quando aquelas construções todas chegariam ao fim? Algum dia as pessoas chegariam à conclusão de que até aquele ponto, enfim, era o bastante?

A minha consciência continuou a aumentar à medida que eu ia ficando mais velho. A minha esposa Rigmor tinha um envolvimento incessante com as questões ambientais. Em parte, por causa de um antigo interesse pela botânica, ela nunca se sentia deslocada em uma floresta, o que ajudou a aprofundar o meu compromisso com o meio ambiente. E, quando os nossos dois filhos começaram a fazer perguntas existenciais, comecei a considerar a pobreza, o crime, as guerras, o efeito estufa, a diminuição da camada de ozônio e o desmatamento num nível ainda mais alto de preocupação e ansiedade.

Os preocupantes sintomas sociais e ecológicos que eu testemunhava eram efeitos colaterais de um industrialismo que influenciara a minha infância de um modo negativo, mas que agora parecia investir às cegas contra todos no mundo todo também. Os problemas espalhavam-se em escala global, mas não parece haver nenhuma visão geral, nenhum consenso na sociedade do que poderíamos ter em lugar disso. Eu nunca soube de uma cultura que tivesse recuado em matéria de desenvolvimento e, depois, tivesse passado a viver alegremente desde então. O desenvolvimento ou o colapso pareciam ser as duas cruéis alternativas culturais da história.

O Debate Público

No final da década de 1980, quando comecei a ter as primeiras idéias sobre The Natural Step, o debate público sobre ambientalismo era de confronto e fragmentado — até mesmo grosseiro, às vezes. Todo problema ambiental era tratado caso a caso à medida que aparecia e só pelo tempo que durasse o interesse por eles nos meios de comunicação de massa. Então algum outro assunto entrava na ordem do dia, embora a sua relação com o problema anterior raramente fosse considerada. Por exemplo, existe alguma relação importante entre Chernobyl e a corujinha-do-mato?

Distribuiu-se a culpa entre todos os problemas individualmente, criando-se mecanismos de defesa e posições mais ou menos defensivas entre os participantes do debate. As pessoas culpavam apontando o dedo: os "verdes" para os líderes empresariais e políticos, os industrialistas para os políticos e verdes, e os políticos para os outros políticos. Os esforços da Nova Era para implementar uma nova cultura, criando um tipo de intelectualismo de cima para baixo (uma mistura consciente de psicologia junguiana, ciência einsteiniana e um pouco de sabedoria asiática), foram considerados festivos e excêntricos demais, e não conseguiram provocar mudanças sérias. Assim, ao mesmo tempo que os meus filhos começavam a me fazer perguntas existenciais, nuvens assustadoras assomavam no horizonte da era pós-industrial e a sociedade em geral parecia destituída de idéias sobre como enfrentar a situação.

Os argumentos e declarações que se cruzavam no debate público na ocasião, embora geralmente relevantes, não eram satisfatoriamente exatos. Apresentavam um tipo de nebulosidade que fazia perder a objetividade e ajudava a confundir o debate. Por exemplo:

"As soluções para os problemas ambientais quase sempre são conflitantes, o que complica imensamente a questão como um todo." Sem dúvida era verdade, pela maneira como a sociedade tratava os seus problemas. Por causa da sua elevada eficiência, os CFCs (clorofluorcarbonetos) reduziam o uso da energia nas geladeiras. Mas eles degradavam a camada de ozônio. Só havia essa maneira de proceder? Não seria possível confrontar os problemas ecológicos e econômicos em níveis mais fundamentais do sistema? Edward Goldsmith, um ecologista inglês, cunhou a expressão "multiplicadores de solução" para explicar como as medidas no nível certo em um sistema não só poderiam resolver os problemas imediatos como também trazer benefícios sobre os quais nem sequer havíamos pensado.

"A degradação ambiental é muito pior em países de fora do mundo ocidental industrializado." Isso me parecia óbvio quando refletia sobre reportagens da televisão acerca de regiões industriais da Europa Oriental, por exemplo. Mas o lixo de um tipo ou de outro evidenciava-se em todos os processos, e países como a Suécia e os EUA consumiam ou transformavam, no final, mais recursos em produtos e em lixo *per capita* que países menos abastados. Era verdade que podíamos arcar relativamente mais com a proteção do nosso próprio solo, mas também era verdade que contribuíamos com mais gases e CFCs para o efeito estufa em nível planetário. Talvez estivéssemos apenas empurrando os problemas com a barriga? Talvez estivéssemos de fato considerando o nosso próprio futuro quando olhávamos horrorizados para os buracos negros ambientais de países como, por exemplo, a Rússia?

"Deveríamos parar de nos aprimorar em casa e nos concentrar simplesmente em prestar ajuda às nações mais pobres." Às vezes eu me irritava quando ouvia isso, porque me dava a impressão de que nós do mundo afluente (estando tão próximos da perfeição?) não precisaríamos mudar. E, uma vez estabelecido esse modo de ver as coisas, talvez a idéia de ajudar os outros não fosse assim tão premente afinal de contas. Além do mais, seria realmente provável que o auxílio de países estrangeiros no sentido tradicional da expressão — funcionando mais ou menos como uma penitência — poderia ser o bastante a longo prazo? Como poderíamos acreditar no futuro, a menos que pudéssemos encontrar maneiras racionais e perenes de cooperar e ao mesmo tempo manter a eqüidade no nível internacional?

"O Ocidente é ganancioso e egoísta, e não se preocupa com o futuro dos seus filhos." Seriam a ganância e o egoísmo realmente essenciais entre as pessoas do Ocidente? Eu não testemunhava o oposto diariamente na minha enfermaria para o tratamento do câncer, quando observava as pessoas cuidando umas das outras e sendo capazes de sacrificar praticamente tudo para prestar ajuda e conforto umas às outras no futuro?

"A destruição continua porque o egoísmo e a ganância compensam." Era comum ouvir esse argumento partindo do movimento verde, geralmente expressado com raiva, como se a ganância fosse considerada como o principal motivador das ações humanas. Mas seria verdade que a ganância (se realmente estivesse no cerne do problema) poderia eventualmente compensar? Seria mesmo? Mesmo do ponto de vista do benefício próprio? Em um certo sentido, eu sentia que a ganância era contraproducente mesmo a curto prazo. Sem dúvida a sociedade, para ser proativa, precisava como um todo de um mecanismo de contabilidade mais rígido e sistemas de remuneração mais eficazes. Mas, para conseguir essas coisas, precisávamos fazer as coisas direito, e não partir de um cenário incompleto.

A questão da ganância como o motivador principal foi exposta em uma história sobre dois amigos na prisão — "O Dilema dos Presidiários". Os presidiários foram isolados e instruídos pelos carcereiros a denunciarem uns aos outros e então seriam libertados. Ganharia a liberdade o primeiro que culpasse o amigo (a compensação), enquanto o amigo cumpriria a pena integralmente. Se nenhum deles dissesse nada, ambos cumpririam metade da pena. O que eles fariam? O fato de que até mesmo exista uma história como esta já desperta alguma esperança: se fôssemos todos como máquinas verdadeiramente estúpidas e gananciosas, os dois amigos simplesmente competiriam para ser o primeiro a culpar o outro e não haveria nenhum dilema.

O exemplo talvez mais pertinente ambientalmente seria aquele sobre uma aldeia cujos rebanhos de gado tinham superado a capacidade do seu hábitat. Se cada família reduzisse um pouco o número do seu gado, o equilíbrio seria novamente recuperado. Mas cada aldeão poderia dizer: "Por que a nossa família deve reduzir o nosso rebanho enquanto os outros não o fazem?" A resposta, é claro, são as instituições sociais. Vocês se sentam juntos e chegam a um acordo. Essas instituições não se originam de algum poder acima da nossa cabeça, mas da própria vontade das pessoas de viver bem em conjunto. Darwin não falou sobre a "sobrevivência do mais adaptado"; ele falou sobre a "sobrevivência dos que tinham mais capacidade de se adaptar", significando que, se uma espécie quisesse ser bem-sucedida em um meio ambiente, deveria se ocupar do apoio mútuo. Certamente isso também muitas vezes se aplica em um nível mais individual: suponha que uma das famílias tomasse a iniciativa, efetivamente reduzindo o seu rebanho, e convencesse as outras a fazer o mesmo? Esse ato não seria recompensador tanto ecologicamente quanto socialmente também? Aquela família em particular não teria um motivo para sentir algum orgulho?

É verdade que as pessoas, as instituições e as empresas têm agido movidas pela ganância e que na economia globalizada é até mais fácil proceder dessa maneira, em razão da ausência de pressão social por parte dos nossos vizinhos. Mas, considerando o que tenho testemunhado no hospital, o problema não tem a ver com a ganância e o egoísmo superarem as nossas boas qualidades. Em vez disso, deve ter havido algum ciclo vicioso inconsciente que tornou as empresas gananciosas — um tipo de ganância cultural, não pessoal. Eu tinha certeza de que muito poucas pessoas, se é que existia alguma nesse caso, estavam realmente mais felizes com isso. E esse pensamento já me dava alguma esperança, porque criava a possibilidade de que os negócios pudessem ter produzido parceiros em busca de soluções para o dilema dos presidiários.

"Tentar resolver os problemas ambientais com certeza vai custar muito dinheiro!" Da maneira como eu entendia, aplicar dinheiro em medidas ambientais era o mesmo que a despesa que temos ao trocar o óleo lubrificante do motor do carro — é mais um investimento do que um custo.

"Deveríamos nos sentir moral e financeiramente responsáveis em relação às gerações futuras." Eu tinha uma sensação imprecisa de que já estávamos perdendo quantidades significativas de qualidade de vida, dinheiro, bens culturais, bem-estar social e outros benefícios por causa de um deficiente planejamento a longo prazo herdado dos nossos antecessores.

"Se fôssemos realmente investir no desenvolvimento sustentável, haveria um período de transição durante o qual os nossos produtos ficariam mais caros e perderíamos margem competitiva. Além do mais, o problema é global, assim devemos agir por meio de acordos internacionais." Com que rapidez as decisões baseadas em acordos internacionais nos levariam na direção certa? Em primeiro lugar, eu achava quase certo que esse argumento, embora fosse usado para convencer os políticos a trabalharem pela cooperação internacional, era uma faca de dois gumes. Por um lado, as empresas individualmente poderiam relaxar os seus esforços, com efeitos negativos: "Sim, faremos o possível, mas tudo deve ser feito internacionalmente, portanto devemos esperar por essas decisões." Por outro lado, deve haver maneiras de ganhar dinheiro com soluções ecológica e socialmente inteligentes — mesmo a curto prazo e mesmo agindo sozinho. E não era essa a maior necessidade de todas: encontrar estratégias inteligentes para harmonizar ecologia e economia, sem esperar pelos outros? Na verdade, não deveriam tais modelos de comportamento e bons exemplos ser os motivadores e agir como pré-requisitos para acordos internacionais bem-sucedidos?

"Para salvar o meio ambiente, devemos ter crescimento econômico." Crescimento de quê? Para mim, só pareceria certo sonhar com crescimento sustentável se ele pudesse basear-se verdadeiramente em algum valor do ponto de vista do sistema como um todo, incluindo os padrões sociais e ecológicos. O que é bom, então, deveria aumentar e o que é ruim, diminuir. E, depois de um período aumentando fisicamente o que é bom (energia fotovoltaica fácil de usar e propriedades agrícolas sustentáveis, por exemplo), saberíamos como fazer a transição para o desenvolvimento. "Crescimento", da maneira como eu entendia, significava um aumento do uso de recursos limitados acompanhado da correspondente emissão de detritos, ao passo que "desenvolvimento" significava uma melhora da condição humana, incluindo saúde, educação, informações, sabedoria, liberdade e possibilidade de amar. O crescimento físico está inerentemente limitado, mas o desenvolvimento pode continuar infinitamente — o que é uma distinção importante. Mais do que nunca, precisávamos de sábios na economia de âmbito nacional.

Economia

Como seria um sistema econômico que pudesse estimular a nossa economia no sentido da sustentabilidade? Todos os sistemas que eu conhecia existiam de acordo com certas condições que impunham limites materiais ao crescimento potencial. Materialmente, o crescimento só poderia existir durante um período transitório como quando, por exemplo, você constrói uma casa com uma estrutura proporcional ao tamanho do seu lote e da sua renda, ou quando o corpo cresce. Depois disso, o crescimento deve ser transformado em desenvolvimento — a estrutura da casa pára de crescer, evolui e finalmente se transforma em lar; a criança pára de crescer e se transforma em adulto.

Em sistemas integrados de alto nível de desempenho, o crescimento material continuado torna-se contraproducente em relação ao desenvolvimento. Por isso, os sistemas sustentáveis têm mecanismos próprios para reduzir a velocidade do crescimento e acabar mantendo-o preso a um estilo controlado. Se esse mecanismo "inteligente" não estiver presente nos sistemas em crescimento, então, a exemplo das bactérias que se multiplicam nos recipientes de teste dos laboratórios, o único resultado além de um determinado ponto de crescimento exponencial será a morte súbita e a extinção (as bactérias não morrem de fome mas das próprias toxinas). Isso também se aplica ao caso das células de câncer, que se multiplicam sem se desenvolver. Finalmente o tumor ameaça o sistema do qual se alimenta (como acontece entre as bactérias, a ameaça ao hospedeiro geralmente não decorre da competição por nutrientes, mas dos efeitos colaterais do crescimento do tumor). O mesmo se daria com o crescimento econômico? A expansão global dos gases causadores do efeito estufa e da degradação do ozônio pareciam indicar que esse era o caso.

O desenvolvimento era outra história. Com certeza, era o que havia funcionado na evolução biológica — por cerca de 3,5 bilhões de anos! Talvez pudesse funcionar na indústria também. A qualidade estava ligada ao desenvolvimento e a qualidade provavelmente poderia ser melhorada *ad infinitum*. Isso certamente se aplicava à tecnologia dos computadores. À medida que a qualidade melhorava, os computadores ficavam cada vez menores e mais baratos. Na verdade, a indústria passara por um período de intenso crescimento e um aumento impressionante de vendas por conta dos avanços tecnológicos. Mas até mesmo esse crescimento tinha os seus limites, porque a sociedade tinha necessidade de indústrias de outros setores. Depois de um determinado ponto, se a indústria da informática quisesse continuar crescendo, só poderia fazê-lo melhorando a qualidade e os serviços oferecidos à população — não pelo crescimento físico contínuo. A qualidade era um bom termo, com bastante significado para a indústria moderna — e não precisava de promoção para ser levada a sério.

Empresas

As empresas pareciam ser em larga escala as causadoras dos problemas que se avizinhavam. As empresas poluíam, e nós poluímos quando usamos os artigos produzidos por elas. As empresas eram atacadas e se defendiam, e nada parecia especialmente difícil.

Uma vez que não havia nenhuma perspectiva sistêmica estruturada no debate, a técnica do polvo sempre funcionava: todo mundo se escondia numa nuvem de fatos fragmentários. Os ativistas "verdes" podiam argumentar com razão que eram as empresas que produziam os CFCs. E as empresas contra-argumentavam com razão afirmando que os "verdes" compravam geladeiras e que, de qualquer maneira, a maioria deles não entendia da fabricação de geladeiras.

O movimento verde conseguira despertar a atenção do público para a questão da não-sustentabilidade, e o pessoal das empresas passou a ser questionado por ataques mais agressivos. Os esforços do Greenpeace para impedir a pesca abusiva e as suas ousadas operações de escalada de chaminés de navios atraíram a atenção da maioria das pessoas. Aqueles esforços não só influenciaram as empresas por meio de exigências crescentes no mercado, mas também inspiraram os primeiros sinais de uma legislação mais dura. Os ativistas do Greenpeace eram os nossos heróis. Pelo menos, eles eram os meus heróis (e ainda são). No entanto, também precisávamos de outras medidas, além de atacar uns aos outros, e apontar o dedo não parecia promissor a longo prazo.

No entanto, o problema era que o coração das empresas não estava com a sustentabilidade, apesar das exigências crescentes no mercado. E o movimento verde ainda não sabia muito bem como ajudar as empresas a superar o problema — cada iniciativa das empresas para colaborar era rejeitada como "mais uma tentativa de nos enganar e ganhar mais dinheiro". Não era fácil, e o processo estava lento.

Fazer o "Pai" Escutar

Eu via o industrialismo parecido com um pai, que procurava proporcionar a muitos dos seus filhos o acesso a brinquedos e dinheiro. Mas ele parecia ter perdido a jovialidade e a vitalidade, e agora tinha começado a perder a responsabilidade e até mesmo a inteligência. A única coisa que restara era o poder — que parecia estar sendo canalizado para uma senilidade brutal e gananciosa, crescendo a cada hora, ameaçando o mundo inteiro nos níveis social e ecológico. Como poderíamos fazer o "Pai" escutar e tornar-se proativo em vez de reativo?

Tive alguma ajuda na minha experiência como médico e cientista cancerologista no Hospital Huddinge, o maior e mais moderno hospital universitário da Suécia. Minha observação básica não foi, como vi documentado em muitos livros e artigos, que tenha visto um aumento constante de tipos de câncer relacionados à poluição. Não. Ao invés disso, impressionaram-me algumas outras observações essenciais que ainda não foram exploradas como argumentos valiosos pelo movimento verde.

Uma observação veio do meu microscópio e do estudo de células normais e células cancerosas. Não podemos discutir política ou ideologia com as células; elas só se preocupam com as condições necessárias para sustentar e multiplicar a vida. Elas também nos lembram que somos inescapavelmente parte da natureza. Há muito menos diferenças entre a célula de um ser humano e de uma planta do que geralmente se compreende. E, se compararmos as nossas células com as de outros animais, precisaríamos passar ao nível molecular para perceber algumas diferenças que existem e que estão principalmente ligadas aos genes — as "plantas para a construção" do corpo inteiro. Até mesmo nesse nível as diferenças são surpreendentemente pequenas. Os nossos genes são idênticos aos dos chimpanzés em mais de 98 por cento. Algumas pessoas acham isso embaraçoso; outras consideram um alívio. Seja como for, é verdade. Do ponto de vista biológico, não somos os senhores da natureza, nem sequer encarregados de cuidar dela. As estruturas básicas e funções do nosso corpo são quase idênticas às das águias e focas, em todos os aspectos até o nível molecular. Nós fazemos parte da natureza.

Era claro que, caso não fossem satisfeitos os pré-requisitos das células, as espécies acabariam, e as espécies mais avançadas — as recém-chegadas da evolução que são as mais complexas e vulneráveis — sofreriam as maiores perdas. Se a poluição e a deterioração do nosso hábitat continuassem, o ponto final seria uma república de grama, micróbios e insetos. Era cientificamente válido dizer que os políticos e presidentes também eram compostos de células. Nesse nível, éramos todos iguais. Será que isso poderia ser um embrião para o consenso?

Outra observação veio dos meus pacientes. Um atrás do outro, sem parar, os pais vinham me procurar, trazendo os filhos doentes de câncer pelas mãos. Não havia limite sobre como as pessoas eram maravilhosas nessas ocasiões, e parecia não haver limite para a sua preparação para o sacrifício. Ainda assim, continuávamos sustentando a nosso respeito, pelo menos nas conversas em público, que não nos preocuparíamos com os nossos filhos se fosse o caso de eles competirem com a possibilidade de ganharmos mais uma bolada de dinheiro no mercado de ações. Isso simplesmente não era verdade!

Às vezes, parece que entendemos mais quando pensamos menos e nos tornamos cada vez mais enlouquecidos quanto mais forçamos o nosso precioso intelecto. As pessoas realmente adquirem uma estatura maior em tempos de crise, encontrando reservas mais profundas e maiores do que jamais precisaram no corre-corre da vida diária. É como se elas estivessem todas correndo em alta velocidade pela vida em marcha rápida, mas tivessem várias marchas mais lentas mas mais fortes quando precisassem. Seria possível aplicá-las, não só em tempos de crise, mas para evitar as crises? Essa era a questão.

As pessoas mostravam-se magníficas quando começavam a lutar por uma criança ou ente querido doente. Os pais chegavam a dar apoio emocional ao pessoal do hospital para ajudar-nos a sustentar o impacto psicológico de ver os filhos sofrerem ou morrer. De uma perspectiva do alto isso era maravilhoso: lá embaixo, entre aqueles espécimes vulneráveis, quando alguém empalidecia e começava a cambalear, os outros se reuniam e gastavam recursos enormes para fortalecer a pessoa novamente. E as pessoas ligadas ao meio empresarial não eram certamente nenhuma exceção à regra.

Devaneios

Comecei a devanear. Em um devaneio eu tinha um ataque de nervos num estúdio de notícias de uma estação de TV, apregoando em altos brados o que eu sabia: eu sou um médico e cientista, diria eu, e trabalho com células de câncer e pacientes de câncer. Cada paciente está enfrentando uma doença que originalmente evoluiu de uma única célula que passou a sofrer uma transformação maligna. A sociedade gasta milhões sem reclamar por uma criança doente, e os pais estão prontos a fazer tudo ao seu alcance para salvar um filho. Mas, diria eu, neste exato momento, estamos devorando o nosso próprio hábitat, permitindo que a distância entre ricos e pobres aumente cada vez mais. E aumentamos sem cessar a quantidade de poluentes em escala global. A discussão pública sobre o crescimento econômico e quanto nos custará o nosso salvamento não só não merece os nossos padrões intelectuais e emocionais, como isso nem é algo representativo de como as pessoas geralmente são. É uma mentira, transmitida diariamente para o mundo. Eu me vi no noticiário do dia, contestando a mentira até que os guardas conseguissem me afastar para longe das câmeras.

Em outro devaneio eu simplesmente me aproximava de colegas cientistas e pedia-lhes que unissem forças comigo. Explicaríamos, todos de comum acordo, que não haveria futuro do modo como estávamos vivendo a nossa vida. Do ponto de vista sistêmico científico, explicaríamos como deixar de lado o debate e as discussões diárias por detalhes e como encontrar um conhecimento esclarecedor e estruturado que seria relevante para a tomada de decisões. A nossa declaração de consenso seria enviada a todos os lares e escolas suecas, de modo que eu conseguisse atingir as pessoas sem necessidade daquela cena embaraçosa de chilique nos estúdios da televisão.

O segundo devaneio parecia tão impossível quanto o primeiro. Quem teria condições de remeter um livrete a 4,3 milhões de endereços suecos? Não obstante, esse devaneio evoluiu lentamente até tomar a forma de um plano.

Planejamento Inicial

Seria possível que eu tivesse descoberto um modo de fazer o "Pai" escutar? Talvez fosse possível simplesmente estruturar o enorme problema a partir de uma perspectiva sistêmica científica e então apresentar o resultado aos olhos dos empresários. O "Pai" poderia até mesmo tomar parte no processo, assumindo, assim, a efetiva responsabilidade e compartilhando a sua autoria. Talvez a sociedade industrial pudesse ser persuadida a assumir a mesma responsabilidade que eu observara os líderes empresariais assumirem pelos filhos na minha enfermaria de tratamento contra o câncer.

As empresas eram o motor econômico da sociedade moderna. Poderia esse fato — junto com o fato de que pessoas tão maravilhosas quanto aquelas da sociedade em geral integram as corporações empresariais — ser usado como uma possibilidade desafiadora? O industrialismo surgiu como um poder vital e promissor não muitos anos atrás. Poderíamos trocar a culpa moral por uma atitude mais proveitosa? Poderíamos dizer: "Obrigado por uma era maravilhosa de sucessos. Agora estamos sofrendo com alguns graves efeitos colaterais; você poderia ser novamente tão inteligente?" Poderíamos tratar da questão da sustentabilidade de uma perspectiva global do mercado?

Como seria o quadro visto do ponto de vista empresarial? Naturalmente, eu não conhecia muito a respeito dos detalhes, mas também não precisava, se estivéssemos trabalhando com o quadro como um todo. Eu via a humanidade entrar por um funil de declínio dos recursos indispensáveis à manutenção da vida e de exigências crescentes. O problema principal não era (como tantas pessoas no meio empresarial pareciam acreditar) que estivéssemos ficando sem recursos não-renováveis como o petróleo. Ao contrário, os nossos recursos indispensáveis à manutenção da vida estavam sofrendo efeitos negativos do desperdício de recursos não-renováveis: tínhamos metais pesados no solo, chuva ácida sulfurosa em lagos e gases causadores do efeito estufa na atmosfera.

As paredes convergentes do funil representavam a produtividade globalmente declinante de recursos renováveis per capita — a base de recursos que nos alimenta, nos fornece água limpa, ar fresco e recursos renováveis e que mantém o nosso ânimo com imagens bonitas. Cada unidade de produção de florestas, terras agrícolas e águas piscosas requeria um investimento cada vez maior de recursos. Mais pesticidas e fertilizantes para a mesma colheita e barcos de pesca maiores para a mesma captura. Ao mesmo tempo, essa base de recursos declinantes, vitais, indispensáveis à manutenção da vida estava sendo exposta a mudanças climáticas e concentrações crescentes de poluentes. Por fim, a população mundial aumentava e projetava-se para atingir 10 bilhões de pessoas na próxima geração, enquanto as tradições que mantêm as nossas culturas unidas estavam ficando cada vez mais débeis.

Per capita, estávamos com certeza entrando cada vez mais profundamente no funil. Não seria possível — ou quase certo — que isso mudasse as condições do mercado? Então por que não desconsiderar acordos internacionais por algum tempo? Por que não permitir acordos e uma legislação internacionais para seguir exemplos dados por modelos de comportamento proativos e inteligentes que poderiam empreender pelo menos parte da transição por conta própria? Se as pessoas fossem capazes de prever os princípios fundamentais de um futuro mais inteligente e um pensamento empresarial para chegar a ele, o resto poderia ser conseguido passo a passo.

Pensamento Sistêmico

Eu precisava de uma maneira estruturada de pensar. Precisava de uma explicação abrangente e significativa do sistema como um todo — um método verdadeiramente interdisciplinar. Eu achava que a indicação pendia para o lado do pensamento sistêmico, mas o que era isso e como poderia ser aplicado nesse contexto em especial? Considerando que ninguém tinha explicado o que eu estava procurando, isso tinha de ser descoberto junto com as pessoas que, mais provavelmente, deviam ser mais inteligentes do que eu. Portanto, eu não só precisava de uma nova maneira de pensar; mas também de um tipo de linguagem para atrair as pessoas para o processo. Se você combinar uma linguagem simples com um pensamento disciplinado para ser compreendido, as pessoas reagem. Se você incluir aspectos emocionais que são comuns entre seres humanos, por exemplo, o nosso amor pelos nossos filhos, as pessoas geralmente gostam disso também. Especialmente se você o fizer de um modo neutro, que não tente mudar as suas convicções espirituais pessoais. Eu decidi considerar seriamente o pensamento sistêmico.

Capítulo 2

Pensamento Sistêmico e Consenso

Eu iria realizar um sonho. Enviaria uma declaração de consenso de tamanha qualidade e lógica tão irrefutável a todos os lares suecos e escolas que o seu impacto iniciaria um processo de aprendizagem contínuo e que acabaria contribuindo para o apoio à mudança cultural. E eu usaria um método sistêmico para fazer isso. O sistema "biosfera/sociedade" como um todo seria explicado de um modo que não permitiria mal-entendidos. Nem haveria nenhuma rota de fuga intelectual — o documento seria conciso, compacto, intelectualmente impermeável. Ainda assim, para ser útil, a declaração de consenso seria convincente, desafiadora, fácil de entender e, ao mesmo tempo, relevante para a tomada de decisões. Seria possível? Eu pensava que sim. Na realidade, a minha convicção era quase palpável.

Era óbvio pela minha experiência profissional (estudo científico sobre transtornos malignos do sangue em nível celular) que equipes de pessoas dedicadas eram capazes de controlar sistemas consideravelmente complexos de um modo muito estruturado. Nas redes de trabalho sobre o câncer que atuavam na arena em que eu desempenhava as minhas atividades, as fronteiras do conhecimento expandiam-se cada vez para mais longe, sistematicamente, para uma periferia constituída de um inter-relacionamento de detalhes sempre mais complexo — um fenômeno típico de todos os processos de aprendizagem.

A Árvore como Metáfora para Sistemas Complexos

Concluí que a árvore constitui uma metáfora pertinente para qualquer sistema complexo. O tronco e os ramos representam a estrutura de um sistema de princípios básicos e as folhas correspondem aos seus detalhes. Juntos, tronco, ramos e folhas constituem um sistema bonito. Apesar da sua transitoriedade, as folhas (a soma de todos os detalhes) são essenciais à continuação do sistema. E, em maior escala, elas incorporam a beleza e o poder de atração do sistema. O tronco e os ramos sozinhos compõem uma estrutura estéril; de modo análogo, as folhas sozinhas tornam-se um acúmulo inconveniente. São precisos tanto a estrutura quanto os detalhes para completar o sistema.

A metáfora poderia ser aplicada a muitos sistemas. Em um processo de aprendizagem, por exemplo, geralmente vamos avançando pelos "ramos" superiores do conhecimento dos princípios até os "raminhos e folhas" cada vez mais aprimorados e sutis dos detalhes. Aplique a metáfora a um jogo como o xadrez e o tronco e os ramos representam as regras do jogo, enquanto as folhas representam as diferentes estratégias e movimentos que são possíveis a partir das interpretações pertinentes das regras. Aplique-a às empresas, e o tronco e os ramos são as estruturas sólidas e estabelecidas, enquanto as folhas caem e se renovam a cada estação conforme as tendências do mercado. Em todo caso, os detalhes fazem sentido porque entendemos os princípios que estão por trás deles.

O Indivíduo como Gênio

Quando pensei sobre o assunto, percebi que éramos todos gênios quando se tratava de entender e administrar sistemas complexos. Coisas que consideramos simples porque geralmente todos as aprendem com facilidade são, na realidade, extraordinariamente complexas. Por exemplo, aprendemos o nosso primeiro idioma decodificando os princípios sistêmicos que o governam — tudo isso sem ter uma linguagem com que pensar! Ficamos ali no berço escutando os sons (parte da "folhagem" de um sistema lingüístico) e depois cada um de nós consegue descobrir todos os "ramos" semânticos e gramaticais. E desde então passamos a aplicar esse conhecimento no uso criativo da nossa língua materna — um feito que seria capaz de converter qualquer neurofisiologista à fé religiosa! Isso não me pareceu menos impressionante do que o estudo científico do câncer.

Mesmo uma atividade enganadoramente fácil como dirigir um automóvel baseia-se em operações incrivelmente complexas. O motorista, enquanto dirige, deve processar uma cadeia contínua e constante de informações, como avaliações de distâncias, ângulos, velocidades, a psicologia dos outros motoristas, informações sensoriais, sons, além do estado mecânico do veículo ("folhas" detalhadas de informações). Ao mesmo tempo, o motorista deve agir de acordo com os princípios básicos (os "troncos e ramos") de dois sistemas integrados: o sistema mecânico do veículo e o sistema de trânsito.

As exigências para assimilar todas as informações necessárias para dirigir — processando os detalhes pertinentes em relação aos princípios e descartando o resto — são tão grandes que, até onde alcança a teoria da informação, não deveria ser possível dirigir sem que ocorram acidentes. Ainda assim, para a maioria de nós, depois de assimilar e praticar os fundamentos básicos, parece uma coisa fácil, e somos bastante capazes de voltar do trabalho para casa dirigindo enquanto pensamos em outros assuntos.

O fato é que o cérebro tem uma capacidade de comunicação interna que anula as longas listas de verificação das entradas de dados digitais: os detalhes não têm de ser introduzidos um a um. Em vez disso, somos capazes de absorver e processar todos os detalhes do ato de dirigir ao mesmo tempo que fazemos isso de fato. Quando se trata do pensamento sistêmico, o cérebro faz o mais avançado supercomputador parecer um brinquedo ridículo!

Grupos como Gerentes de Sistemas Complexos

Embora os indivíduos pareçam engenhosos o bastante para lidar com sistemas complexos, os grupos de pessoas muitas vezes atuam em níveis muito primitivos. Às vezes, os grupos me pareciam mais obtusos que o participante mais obtuso do grupo inteiro. Embora sejamos seres sociáveis, biologicamente qualificados para o trabalho em equipe, geralmente surgem problemas quando organizações como um todo — empresas, municípios ou nações — funcionam como sistemas. Juntos, devoramos o nosso próprio hábitat, e juntos conseguimos disfarçar as razões subjacentes por estar fazendo isso. Somos como macacos em uma árvore agonizante, discutindo sobre as folhas enquanto o tronco e os ramos se deterioram. Buscamos conhecimento mas estamos nos afogando em informações.

Qual seria o motivo da discrepância entre o cérebro isolado e muitos cérebros? O cérebro isolado age pela cooperação entre os vários pontos especializados — centros de computação da visão, da audição, da dedução lógica, dos aspectos da personalidade e assim por diante. Quando esses centros se comunicam entre si, os princípios básicos da tarefa intelectual dirigem o processo, e o diálogo com os centros é transparente, por meio de diversos ciclos e controles de avaliação. Às vezes, é até mesmo possível ouvir o diálogo interior enquanto ele lida com a complexidade — como quando, por exemplo, você procura montar um quebra-cabeça. "Hum", você poderia pensar (ou até mesmo dizer em voz alta), "onde estão as peças com este tipo de recorte? E com estas cores?" Você não pega simplesmente ao acaso as peças selecionadas (a "folhagem") e tenta encaixá-las à força. Em vez disso, o seu diálogo interior opera com padrões maiores ("tronco e ramos"), organizando a complexidade do quebra-cabeça de acordo com certos princípios comuns a todos os quebra-cabeças — uma estratégia muito mais inteligente.

Quando nos comunicamos dentro de um grupo (em uma empresa, por exemplo), tendemos a ficar negligentes. Podemos deixar de concordar com os princípios globais de um resultado bem-sucedido antes de começarmos a trabalhar no projeto, ou quem sabe simplesmente partimos do princípio de que todo mundo tem a mesma compreensão dos objetivos do projeto. Mas quanto tempo gastamos verificando, confirmando ou corrigindo as nossas suposições antes de lançarmos um projeto? Os peritos assumem a responsabilidade pela sua especialidade dentro da "folhagem", mas a concordância entre pessoas de várias especialidades no nível de "tronco e ramos" — como acontece entre as diversas regiões de competências específicas dentro do cérebro humano — raramente acontece automaticamente. Assim, as organizações geralmente estão à mercê da coincidência, como também dos sonhos vagos e inspirações súbitas dos seus líderes mais influentes.

Grupos menores, porém — talvez departamentos ou divisões dentro de entidades maiores —, muitas vezes exibem uma cooperação impressionante entre os funcionários. As pessoas inovadoras e criativas comunicam-se com base em uma estrutura fixa, a partir da qual em pouco tempo começam a fazer aprimoramentos técnicos. O resultado final pode ser melhor do que se uma pessoa tivesse empreendido o trabalho de desenvolvimento sem auxílio.

Neste particular, então, acha-se um grande desafio: se um grupo grande de pessoas tivesse de compartilhar uma visão comum de uma estrutura e se fosse praticar as habilidades de comunicação de acordo com essa estrutura, então como grupo — ou organismo — essas pessoas funcionariam mais eficazmente que o indivíduo mais qualificado entre elas![1] Embora condenada a ser sempre ineficiente quando comparada aos relés instantâneos do cérebro humano, a organização seria recompensada pelo fato de que o grupo desfrutaria de um conhecimento e uma competência mais amplos do que qualquer pessoa isolada.

Com um treinamento intensivo uma equipe poderia aprender a se comportar como um organismo inteligente em vez de como uma gangue incontrolável de individualistas pisando uns nos pés dos outros. Haveria amplas oportunidades para interpretações táticas ou estilísticas do trabalho em questão — as quais fariam parte da excitação de trabalhar em conjunto. O ingrediente essencial, entretanto, seria que a comunicação entre os integrantes da equipe deveria acontecer em relação a uma estrutura conjunta — um aspecto que foi perfeita e convincentemente ilustrado pelos lançamentos dos foguetes *Apolo* à Lua. Um grande número de pessoas das especialidades mais díspares — metalurgia, energia, astronomia, fisiologia, informática, e assim por diante — tinha uma visão comum compartilhada do problema em questão. Elas não tinham opiniões divergentes sobre os fundamentos do projeto — a distância da Lua, a falta de atmosfera lá, a gravidade relativamente mais baixa, etc. Por conseguinte, elas conseguiram agrupar e combinar as suas habilidades de maneira tão bem-sucedida que acabaram conseguindo manobrar um carro elétrico na superfície da Lua. Nenhuma pessoa que estivesse trabalhando isolada teria conseguido realizar com perfeição um projeto tão extraordinariamente complexo. (O nosso verdadeiro problema era que não estávamos usando carros elétricos aqui na Terra onde, social e economicamente, eles seriam mais úteis!)

Já tínhamos alguma experiência com modelos de pensamento participativos. Mesmo que não estivéssemos necessariamente cooperando em um projeto, ainda assim atuávamos em conjunto em sistemas complexos onde os modelos de pensamento participativos são necessários para atitudes responsáveis. Quando dirigimos, por exemplo, geralmente não estamos sós no trânsito. E, embora possa parecer caótico às vezes, o sistema de trânsito como um todo não funcionará a menos que todos tenham um modelo mental compartilhado das suas regras. A polícia retira de circulação as pessoas que acreditam, por exemplo, que a luz vermelha significa "siga" ou que está certo dirigir em qualquer lado da via de tráfego (em outras palavras, as pessoas que violam os princípios de "tronco e ramos" do sistema). Mas, além de ser esperado que respeitemos as leis de trânsito, é permitido que cada um de nós desenvolva um estilo pessoal de dirigir e ir aonde quer que queira (parte da "folhagem" do sistema). Eu pensava que, se ao menos nós pudéssemos encontrar princípios básicos para a sustentabilidade e concordar coletivamente com alguns deles, então poderíamos usá-los para nos orientar no futuro.

O Consenso no Nível Certo

Eu pensava que as minhas reflexões sobre o pensamento sistêmico tinham descoberto uma base para uma declaração de consenso definitiva. Eu sabia que algumas pessoas argumentariam que os "esforços para concordar em tudo" eram ruins, porque sempre deveríamos pensar livremente ou porque ter polaridades é bom para a criatividade. Realmente, ter polaridades é maravilhoso, uma vez que elas nos proporcionam a beleza da diversidade, a excitação das tensões e a fertilidade da criatividade. No entanto, isso era insuportável quando as polaridades sobre os problemas da sobrevivência baseavam-se na falta de conhecimento, informações incorretas e mal-entendidos.

Quando falávamos sobre os princípios administrativos de sistemas complexos ou de projetos complexos em sistemas complexos, o consenso parecia uma idéia muito boa, realmente, porque:

1. nesses níveis, a nossa tarefa simplesmente estava relacionada a entender as bases de um sistema e, conseqüentemente,
2. as suas complexidades poderiam ser administradas de um modo muito mais preciso que por tentativa e erro, e

3. nesses níveis, poderíamos ir além de valores e cooperar mesmo se houvesse polaridades em níveis mais individuais (da mesma maneira que os jogadores de futebol ou de hóquei cooperam quando representam equipes adversárias).

Isso parecia pertinente ao que eu queria fazer.

Entender os princípios básicos de um sistema ultrapassa os valores: tanto a energia quanto a matéria desaparecem nos processos químicos ou eles não interagem. Ou somos todos constituídos de células ou não existimos. O conhecimento básico — sobre os princípios de harmonia em música, por exemplo — oferece ao participante a liberdade de improvisar. Reciprocamente, não entender os princípios básicos leva a ser um escravo da mediocridade. Seguramente, considerando a gravidade crescente da situação, era preferível o entendimento.

Os Cientistas e o Consenso

Onde entrava a ciência nisso tudo? Os cientistas são formados para lidar com sistemas complexos de maneira sistemática. Isso faz dos cientistas automaticamente úteis ao debate público? O treinamento e as experiências deles no uso do trabalho em equipe em sistemas complexos eram automaticamente aplicáveis quando eles eram convidados ao debate público? A resposta dependia do enfoque do debate.

Um político, por exemplo, queria saber o que fazer com o PCB (bifenilo policlorado). Ele se voltou para um grupo de cientistas, colidindo diretamente com as "folhas" dos inter-relacionamentos, e fez a seguinte pergunta:

— É verdade que o PCB é que faz o útero das focas do Báltico colar-se durante o crescimento, eliminando, assim, a capacidade de reprodução dessa espécie?

O resultado foi um embate caótico.

— Sim, isso está provado com clareza — disse um cientista.

— Não, isso não está demonstrado cientificamente — disse outro. — São afirmações desse tipo que destroem a reputação da ciência.

— Nós identificamos uma substância muito mais importante que o PCB e ninguém nos dá ouvidos — atalhou um terceiro cientista. E assim por diante.

O político deu de ombros. Como poderia usar aquelas informações para tomar decisões importantes? Ele se preparou para sair da sala. Apenas segundos depois, ele estava decidido a dar mais uma oportunidade ao grupo de cientistas, só que dessa vez as perguntas seriam focalizadas de uma maneira que fizesse sentido para o sistema que ele queria controlar: o sistema que tinha a ver com a tomada de decisões.

Assim as perguntas recomeçaram:

P — O PCB é uma substância que ocorre naturalmente na natureza ou é estranha à natureza?

R — É estranha à natureza — todos os cientistas concordaram.

P — Ele é facilmente degradável ou é persistente?

R — É relativamente muito persistente; o composto é classificado dessa maneira — todos os cientistas concordaram novamente.

P — Isso significa que, contanto que usemos o PCB em larga escala na sociedade, fora de sistemas técnicos de controle rigoroso, ele continuará aumentando em concentrações na biosfera e de maneira que será muito difícil prever?

R — Isso está correto — admitiram todos os cientistas.

P — Existe algum instrumento pelo qual vocês cientistas possam prever os limites seguros em locais diferentes da biosfera para tais compostos persistentes na natureza?

R — Ah, não — o grupo de cientistas declarou. — Isso é impossível, por causa da complexidade de todos os poluentes e de uma possível interferência de uns com os outros e com a complexidade dos ecossistemas. No máximo, seríamos capazes de estudar os mecanismos dos danos à natureza depois de ocorridos os danos, mas mesmo isso seria difícil.

P — Então a sociedade pode continuar usando o PCB, mas em sistemas técnicos que sejam rigorosamente controlados para impedir o vazamento na natureza?

R — Não, não se quisermos manter o nosso bem-estar e, a longo prazo, sobreviver. O mesmo se aplica a outros compostos persistentes estranhos à natureza.

O político sentiu uma pequena vertigem. Será que havia lhe acontecido tudo aquilo no mesmo dia?

O paradoxo era que um processo de consenso desse tipo — de acordo com princípios que eram relevantes para a tomada de decisões — muitas vezes produzia pontos de vista muito mais prementes e radicais do que um cientista esperaria. O problema que tínhamos em relação à sustentabilidade não era o nosso conhecimento — o qual a ciência acumulara em enorme quantidade. O problema era que não estruturávamos esse conhecimento de uma maneira que fosse relevante para a sociedade. Assim, não podíamos fazer as perguntas certas.

Resumo e Conclusão

Eu estava pronto para resumir as minhas descobertas e usá-las no processo de consenso que decidira conduzir.

1. Os sistemas mantêm-se unidos por uma estrutura fixa de princípios fundamentais inter-relacionados, assim como por uma enorme variedade de detalhes que obedecem as regras estruturais.
2. A estrutura de uma árvore constitui uma boa metáfora, fácil de comunicar, para um sistema complexo. O tronco e os ramos representam a estrutura de um sistema de princípios básicos e as folhas correspondem aos seus detalhes.
3. O cérebro humano parece programado para discernir a totalidade das coisas, procurando os princípios no nível de "tronco e ramos" em primeiro lugar e depois projetando esse conhecimento quando chamado a controlar as "folhas" dos detalhes.
4. Embora o cérebro de uma pessoa sozinha pareça ser programado para organizar automaticamente dados sobre sistemas complexos em estruturas ordenadas, grandes grupos de pessoas muitas vezes negligenciam esse procedimento. O pensamento sistêmico parece ter menos a ver com ensinar alguma coisa ao indivíduo e mais com ensinar aos grupos sobre o que parece inteiramente óbvio ao indivíduo.
5. O meu esforço para alcançar o consenso, primeiro entre os cientistas e depois entre o pessoal das empresas, seria caracterizado por uma procura contínua pelos princípios básicos que pudessem mais tarde servir às pessoas como um guia para a criatividade em questões de sustentabilidade.

Um plano começou a surgir na minha mente. Eu pediria aos meus colegas cientistas da Suécia para serem os interlocutores em um diálogo. Nós nos retiraríamos um pouco dos níveis de detalhes das nossas fronteiras científicas, observaríamos do alto da totalidade o nosso caminho não-sustentável atual e então elaboraríamos estruturas fundamentais irrefutáveis. Traduziríamos depois essas informações em termos que acreditaríamos ser compreensíveis e interessantes para a tomada de decisões em empresas e na política. Depois disso, pediríamos ajuda aos líderes das empresas e da política, em vez de atacá-los.

O grupo que eu tinha em mente não seria outro clube de discussão. Ao contrário, era para The Natural Step evoluir em um grupo de discussão contínuo e crescente, cujo propósito específico seria encontrar princípios para orientar a sustentabilidade, que fossem neutros em face de convicções políticas ou religiosas.

O debate público estava obcecado pela discordância. Assim, The Natural Step faria o oposto: encontrar áreas do conhecimento em que pudéssemos concordar. (Posteriormente me ocorreu que esse conhecimento seria frutífero ao lidar também com as polaridades: quando entendemos o que temos em comum, as verdadeiras polaridades ficam muito mais evidentes.)

The Natural Step teria uma atitude acolhedora, de modo a aprender com qualquer um que quisesse tomar parte na busca de "troncos e ramos". Seríamos não-dogmáticos: as pessoas seriam livres para aplicar o que aprendêssemos às suas circunstâncias particulares. E celebraríamos cada etapa do caminho.

CAPÍTULO 3

O Lançamento

Em agosto de 1988, sentei-me diante do meu computador e escrevi um manifesto que achava que poderia obter o consenso da comunidade científica sueca. Ele tinha como ponto de partida a célula. Assim, eu comecei exatamente no campo da minha própria pesquisa — as células saudáveis e as malignas — e passei a discutir os mecanismos imperfeitos da degradação ambiental.

As células que constituem os seres vivos, animais e vegetais, argumentei, são incapazes de opiniões, mesmo as muito simples sobre assuntos econômicos ou políticos. Elas só se preocupam com as condições fundamentais à vida. Não podemos sequer pedir às nossas células para sobreviver sem fosfato, a processar mercúrio ou a tentar decompor o PCB — quanto menos convencê-las disso. Ainda assim, as células determinam o nosso potencial para a saúde e o bem-estar. Portanto, depende de nós inventar um sistema que absolutamente respeite as condições delas. Imaginei que o meu argumento poderia constituir um excelente ponto de partida para a perspectiva sistêmica que tínhamos de aprender e que pudesse oferecer uma saída para os impasses — os chamados conflitos de interesse — que eram tão dolorosos de admitirmos.

Qualquer pessoa deveria poder falar em nome da célula, defender o ponto de vista dela. Mesmo os chefes de Estado, economistas de expressão nacional e presidentes de grandes multinacionais são compostos de células, e eu tinha um palpite de que eles, não menos que qualquer outra pessoa, se sentiriam inspirados por algumas histórias do mundo microscópico. Os sistemas de comunicação infinitamente complexos tanto dentro quanto fora da célula, a sua inigualável capacidade de trabalho com precisão ao nível molecular e o seu modo sistêmico de transmitir o mapa da vida para o futuro eram segredos maravilhosos que expressavam de maneira muito convincente e marcante o nosso parentesco com a natureza.

Partindo desse ponto, seria fácil continuar descrevendo os ciclos da natureza que eram a máquina da evolução e falar sobre a dependência da sociedade de ecossistemas saudáveis. Uma vez que a causa psicológica fundamental da imobilidade das pessoas parecia provir de uma atitude de desamparo do tipo: "O que posso fazer sozinho?" (a que eu chamava "A Atitude de Pequeno Polegar", em referência ao personagem do conto de fadas do tamanho de um dedo polegar), desenvolvi idéias sobre como apresentar a não-sustentabilidade da perspectiva de "tronco e ramos", a partir de cujas premissas poderíamos unir forças para escapar ao dilema. O manifesto terminava com um pedido de cooperação no nível da sociedade — pelo menos em relação às coisas sobre as quais concordássemos.

O meu primeiro passo foi apresentar o plano e o manuscrito a Björn Wallgren, então chefe do departamento científico da Agência de Proteção Ambiental sueca. Ele tinha uma reputação impecável como um químico íntegro, cordial e inteligente. Ele me recebeu no seu escritório, soltando baforadas do seu cachimbo, risonho, e me disse amigavelmente que a tarefa a que eu me propusera talvez não fosse possível. Entretanto, garantiu que me apoiaria em tudo o que fosse preciso, de qualquer maneira. Também pôs em cena dois dos seus colegas de trabalho: Bo Ohlson, da maior ONG (organização não-governamental) sueca para a proteção ambiental (a Associação Sueca para a Conservação da Natureza), um dos maiores especialistas nos problemas com que iríamos nos defrontar; e Erik Arrhenius (o ex-chefe de Björn), professor do Departamento de Administração de Recursos Naturais da Universidade de Estocolmo.

Percebi que precisaria de mais ajuda e decidi pedir a um grande colega na pesquisa científica de câncer, Stefan Einhorn, para unir as forças com Björn, Bo, Erik e comigo. Eu escrevera diversos artigos sobre a pesquisa científica do câncer juntamente com Stefan; antes, havíamos orientado um estudante para o Ph.D.; e nos divertíramos muito trabalhando juntos. Eu sabia que o Stefan não se negaria.

Senti-me um pouco encorajado e enviei o primeiro rascunho do manuscrito a vários colegas em diversos campos da ciência, informando-lhes que planejava remeter o texto como sendo de nossa autoria coletiva a todos os lares suecos. E expliquei a necessidade de unir esforços em torno de princípios verdadeiros e abrangentes.

Para qualquer doutor em ciência, é irresistível não procurar todas as possíveis falhas e erros ao receber um trabalho de outro doutor alegando ter descoberto algo "verdadeiro". Assim, quando o manuscrito retornou ao "grupo editorial" — Björn, Bo, Erik, Stefan e eu — ganhara peso com a correção de todos os seus erros.

Repetimos todo o procedimento, considerando todas as opiniões e seguindo o plano inicial de procurar "o tronco e os ramos" e evitar desentendimentos a respeito de detalhes entre "as folhas" que não tivessem relevância no conjunto. Desse modo, constituímos uma rede de cientistas muito respeitados da Suécia.

O primeiro desafio do grupo era conseguir a unidade ou o consenso no programa educativo que eu esboçara. Enviei o manuscrito, tomando nota dos comentários, redigindo novos rascunhos e ampliando o círculo de cientistas para incluir físicos, médicos, químicos, biólogos e assim por diante. À medida que prosseguíamos com o trabalho árduo de corrigir, alterar e revisar o manuscrito, cada vez mais participantes aderiam — o pessoal das principais associações educacionais, um número crescente de cientistas e pesquisadores e professores de faculdades e universidades. E, depois de 21 rascunhos, o manuscrito foi finalizado em dezembro de 1988. Cada frase fora aprimorada e acabada até as idéias parecerem, para nós, inspiradoras. Por essa época, cerca de cinqüenta dos melhores cientistas do país faziam parte da rede principal — o Conselho Consultivo — e estava ficando quase impossível alguém ignorar a importância do que estávamos fazendo.

Indubitavelmente, subestimei a tarefa e provavelmente (mais do que provavelmente) não teria forças para repetir o que fizemos. Eu estava obcecado. Obtive uma ajuda maravilhosa do Stefan e dos meus novos amigos no grupo editorial e nunca tive sequer tempo de me arrepender.

As minhas esperanças iniciais tinham se tornado realidade. O manuscrito, surpreendentemente, embora cerca de cinqüenta cientistas estivessem por trás dele, não se diluíra em algo desfigurado; na realidade, totalmente o contrário acontecera. E eu aprendera que era mais fácil obter o consenso sobre princípios muito exigentes e desafiadores que sobre detalhes — mesmo os de importância relativamente secundária.

Em algum momento no início desse processo, eu me apresentara a Lill Lindfors (uma das artistas mais queridas da Suécia) e dissera:

— Eu e todos estes cientistas vamos promover o início de um diálogo na Suécia para tornar o diálogo público sobre o desenvolvimento sustentável mais eficaz. Se tivermos sucesso, você gostaria de tomar parte disso?

Ela respondeu que sim e eu perguntei quem ela gostaria de ter ao seu lado no palco naquele momento. Ela me deu os nomes e eu telefonei para eles e disse:

— Lill, eu e todos estes cientistas vamos... Você gostaria de tomar parte disso?

Então fui procurar Sven Melander, chefe do Canal 1 da televisão sueca e disse:

— Todos estes artistas, eu e estes cientistas vamos... Você nos permitirá comemorar o lançamento deste projeto com uma transmissão pela televisão para todos os lares suecos?

Isso aconteceu em setembro de 1988. O sr. Melander riu, não acreditando que aquilo fosse possível. Com certeza, nem eu estava seguro. Mas ele acabou concordando e me deu alguns meses para conseguir o patrocínio para todo o projeto: os custos da transmissão pela televisão e a remessa de um livrete e uma fita cassete a todos os lares suecos, mais o dinheiro para os projetos de acompanhamento para alavancar o evento. Ele marcou a data da transmissão para o final de abril (1989) — um feriado sueco no qual comemoramos a volta da luz solar depois de um longo inverno.

Então, fui até o Departamento de Educação do governo, que ficava ali do lado, e apresentei-lhes a mesma história.

— O Canal 1 e eu e... Vocês gostariam que esse livrete e a fita de áudio com informações cientificamente definidas fossem enviados gratuitamente a todas as escolas?

A dúvida deles, claro, era a mesma de todos os outros a quem eu fizera a pergunta: como eu poderia conseguir aquilo a que me propusera? Respondi que isso não fora resolvido ainda, mas aquela despesa não era o problema. Eu só queria saber se teríamos ou não o apoio deles caso tivéssemos sucesso em conseguir reunir o dinheiro necessário.

Calculei que a minha estratégia deveria visar dois objetivos. Em primeiro lugar, apoiando-nos na premissa de sucesso (ninguém quer fazer parte de um fracasso), seria mais provável descobrirmos se as pessoas gostavam da idéia como tal. Em segundo, uma vez que o nosso ponto de partida era o sucesso, seria mais fácil ser sinceramente positivo e usar essa energia para ganhar impulso. O único inconveniente era aquele vacilante "se tivermos sucesso": teríamos de fazer tudo sozinhos. Mas eu estava obcecado e não me preocupei.

Fui consultar o rei sueco depois disso. Pode parecer surpreendente que eu pudesse simplesmente "ir consultar o rei", mas a sociedade sueca é relativamente aberta. (Desde então, abordamos vários políticos do mesmo modo, incluindo o primeiro-ministro sueco, e todas as vezes deu certo.) Com certeza, era de grande ajuda que eu pudesse falar ao assistente pessoal do rei que "o governo e eu...". Ainda assim, surpreendi-me quando fui convidado para ir ao encontro do rei e da rainha no castelo real para apresentar o meu projeto.

No dia da minha visita, eu caminhava ao lado de um guarda que acertava o passo com o meu para me acompanhar no mesmo passo enquanto prosseguíamos juntos pelos longos corredores e passávamos por muitas portas. Finalmente deixaram-me em um salão de conferências. Enquanto permaneci sentado ali sozinho, pensando no que estava fazendo, nos meus colegas na enfermaria para o tratamento de câncer e no meu trabalho seguro no laboratório, imaginei seriamente se estava no meu juízo perfeito. Ali estava eu, esperando por suas majestades o rei Carl Gustaf e a rainha Sílvia da Suécia, e a legitimidade para fazer aquilo havia sido dada a mim por mim mesmo.

A rotina com que eu já começara a me acostumar ajudou-me enquanto respondia às perguntas do rei:

— Eu realmente não sei, majestade, mas, se vossa majestade estiver por trás disso, imagino que serão muito maiores as possibilidades...

O rei concordou e depois fui convidado a jantar no castelo, o que me fez ver que ele não se arrependera. Desde aquele momento, o rei sueco ajudou-nos em muitas ocasiões sobre questões de política e com orientação e promoção em assuntos internacionais. Ele até tomou a iniciativa em um projeto do TNS — o Desafio do Rei Carl Gustaf —, uma competição entre municípios suecos.

Por fim, eu me voltei para os patrocinadores e disse:

— O rei, o governo e eu...

Com o principal documento de consenso acertado e com um apoio de alto nível, concluí que estava na hora de começar a cortejar o pessoal do setor empresarial. O objetivo era conseguir uma rede de corporações empresariais e outras empresas do mais vasto raio de atuação possível, enfatizando a natureza universal do que buscávamos. Também era importante que os produtos e as atividades dessas empresas não exercessem uma influência negativa na nossa credibilidade.

Finalmente, tínhamos nas mãos uma lista de empresas privadas e públicas, instituições de caridade, sindicatos e até mesmo a Igreja: a Folksam, a KF (a maior cadeia de supermercados da Suécia), o Nordbanken (Nordic Bank), a SJ (a rede ferroviária sueca), o Fundo Sueco de Combate ao Câncer, o Lions Club, três sindicatos — Metall, Fabriks e TCO — e a Igreja sueca. Convidamos os presidentes dessas organizações a formar um grupo patrocinador *ad hoc*. Também os convidamos para participar da futura diretoria de The Natural Step e a usufruir de todos os benefícios que pudessem com as atividades futuras da Fundação. Pela minha experiência, eu considerava que tanto os gerentes que estão sempre sob forte pressão assim como o restante do pessoal das empresas eram tão capazes como qualquer um de ter a visão de um futuro melhor. E, ao contrário da opinião comum, muitos deles estavam dispostos a fazer sacrifícios pessoais até mesmo quando não havia nem sinal de lucro no ar (dependendo, é claro, da magnitude do sacrifício).

O apoio de todos os patrocinadores foi muito revigorante. Na realidade, tudo vinha fluindo suavemente quase demais. E eu finalmente bati contra um obstáculo sério. (Lembrando agora, ele parece bastante óbvio.) Toda vez que eu perguntava aos nossos patrocinadores com quanto eles contribuiriam, recebia a mesma resposta:

— Isso depende de quanto você obtiver dos outros.

No fim, eu estava correndo às cegas de um patrocinador para outro e o projeto inteiro permanecia no estado de limbo.

Parecia não haver saída. Eu não tinha dinheiro nenhum e todos ao meu redor estavam observando. De um lado, os cientistas que eu não conhecia pessoalmente mas que confiavam que eu não tivesse desperdiçado o tempo deles fazendo-os ler o manuscrito; de outro, o governo e também o rei. Eu comecei a suar à noite.

A solução para o problema me ocorreu no meio da noite (ou melhor, de madrugada). Consciente de toda a máquina que eu pusera em movimento sem um único centavo no bolso, passei por um dos meus piores momentos de inquietação. No dia seguinte, telefonei às secretárias de todos os homens em questão e anunciei que estava convocando uma assembléia geral. Marquei data e hora em novembro de 1988, mas não ousei confirmar; em vez disso, escrevi uma carta de agradecimento acompanhada da lista de envio completa, agradecendo a todos por concordarem em comparecer. E todos compareceram!

A reunião aconteceu no Aeroporto de Arlanda (os seus participantes desde aquele momento passaram a ser conhecidos como o "Grupo de Arlanda"). Algumas das experiências durante essa reunião decisiva ficarão para sempre guardadas na minha memória. A discussão centrou-se na dificuldade de entrar em um projeto que, apesar do alto custo para os patrocinadores, não garantiria direitos exclusivos de comercialização: nenhuma empresa poderia alegar ser o patrocinador oficial ou principal. Ainda assim, independentemente do modo como o considerássemos, precisaríamos de vários patrocinadores se quiséssemos arcar com os substanciais custos de postagem e os projetos subseqüentes (40 milhões de coroas suecas — cerca de 5 milhões de dólares).

Quando Stig Larsson, presidente da Rede Ferroviária sueca, tomou a palavra, pareceu-me que ele sozinho salvava o projeto da desintegração. Ele disse:

— Temos um problema que é até maior que a dificuldade de conseguir o dinheiro. Se não apoiarmos este projeto, que tem um grande potencial para o futuro, quem mais o fará? E como podemos estar seguros então de que o projeto cairá em boas mãos?

O comentário de Larsson rompeu o impasse e então de repente houve uma segunda surpresa. Leif Lewin, da KF, um homem afável e com ares de avô, lançou-me um olhar amigável e, fitando os outros homens ao redor da mesa, disse:

— Será que já não está na hora de isentarmos o nosso doutor? Ele certamente não é capaz de interpretar o clima desta reunião; não está acostumado a reuniões de diretoria. — E então ele voltou-se diretamente para mim e continuou: — Você vai conseguir esse dinheiro, fique certo disso.

Até hoje não entendo como ele poderia ter dito isso na ocasião. Mas, uma vez que ninguém lhe fez objeção, a decisão, na verdade, estava tomada. Eles precisavam de um pouco mais de tempo para definir quanto dinheiro cada um poria no caldeirão, mas eles concordaram em assumir pessoalmente a responsabilidade pelo projeto. E, com os seus nomes no papel, a gráfica alemã concordaria em começar a impressão — 4,3 milhões de livretes e fitas de áudio não podiam ser impressos em poucas semanas na Suécia.

Semanas de agonia e insônia de repente se dissolveram em enorme alegria e gratidão. Eu percebi que tudo o que tinha a fazer era continuar consolidando as forças básicas para manter a nossa visão e determinação. O método de trabalho e o lema supremo de The Natural Step (tanto na ocasião quanto hoje) era "encontrar os princípios fundamentais de importância inquestionável e de acordo com isso pedir a orientação dos outros sobre como aplicá-los".

Em abril de 1989, conseguimos a nossa transmissão pela televisão. O rei, mais o sr. Pérez de Cuellar (secretário-geral das Nações Unidas) e Astrid Lindgren (autora infantil dos livros sobre Pippi Longstocking) nos cumprimentaram e todos os artistas se encontraram num espetáculo. Uma semana depois, enviamos o livrete com a fita cassete a todos os endereços e lares suecos.

Hoje o diálogo continua. Temos um número crescente de publicações científicas e dissertações sobre a Estrutura de Referência do TNS, a sua evolução e a sua implementação. E temos um número crescente de estudos de caso em universidades, corporações empresariais e cidades ao redor do mundo, que estão aplicando os métodos de The Natural Step. Sinto-me mais feliz do que nunca, mas não menos apavorado do que estava no início.

SEGUNDA PARTE

"Tudologia"

CAPÍTULO 4

A EXPERIÊNCIA CIENTÍFICA

A fascinação com que o público sueco recebeu o "Listão"* foi grande, mas com certeza não foi tão grande quanto a minha. Ao lado de cientistas extremamente capazes e prestativos, eu percorrera um caminho que fora ficando cada vez mais bonito e mágico desde que começara a realizar o meu sonho. A minha recompensa era uma viagem em meio a uma visão de mundo que era mais abrangente do que a que eu tinha antes.

Eu e os meus novos parceiros precisávamos enumerar os pré-requisitos para a existência da vida antes que fizesse sentido discutir o desenvolvimento sustentável em um nível novo, mais abrangente. Por diversão, cunhamos o termo "tudologia" como o título operacional para esse novo campo de competência. Isso criava uma base necessária para a elaboração de princípios, estratégias e programas que depois evoluiriam do diálogo entre The Natural Step e os cientistas e encarregados de tomar decisões.

O "Listão" oferecia uma versão abreviada da seguinte visão de mundo:

A vida é uma eterna maré de deterioração e reconstrução. Vivemos em uma conversão contínua da matéria organizada em detritos. Na verdade, poderíamos entender o sistema como um todo da vida, da indústria e de tudo o que se move como hélices que retiram energia de um fluxo contínuo de deterioração. O fluxo é essencial à vida. É claro que essa é a reconstrução contínua dos detritos em recursos novamente. Para inverter o fluxo da deterioração em um determinado sistema, portanto, deve-se aplicar a energia em uma forma utilizável oriunda de fora do sistema.

---

* Apelido carinhoso atribuído à enorme mala-direta (4,3 milhões de endereços) enviada a todos os endereços suecos. (N. do T.)

As Fadinhas na Caixa

Vamos fazer um exercício de imaginação. Imagine uma caixa enorme sem tampa. Dentro dela estão todos os recursos naturais que consumimos atualmente nas nossas atividades econômicas: carvão, derivados de petróleo, campos de trigo, lagos cheios de peixes, cachoeiras acionando turbinas elétricas e assim por diante.

Agora imagine que um bando de fadinhas luminosas tenha recebido permissão para entrar na caixa. O propósito declarado delas era tornar a vida o mais agradável possível dentro do limitado espaço disponível. (Num sentido muito verdadeiro, a humanidade vive de fato dentro de uma caixa assim! Afinal de contas, a Terra é um sistema limitado em tamanho e a gravidade mantém todas as coisas no lugar, tão presas como se vivêssemos entre paredes. A nossa caixa não tem tampa — recebemos energia do lado de fora, do Sol, e a devolvemos ao universo frio na forma de emissões de radiação térmica.)

Continuando com o nosso exercício de imaginação, imagine que as paredes da caixa sejam isoladas de forma que nem a luz nem o calor possam atravessá-las. Uma tampa bem justa fora colocada em cima da caixa, de modo que a casa das fadinhas fosse, em todos os sentidos e finalidades, hermeticamente vedada. Então, rapidamente — e bastante dolorosamente —, as fadinhas começaram a entender os fundamentos básicos da termodinâmica.

Primeiro, elas começaram a ter de usar luz artificial, mesmo durante o dia. Nos estágios iniciais, as cachoeiras geravam eletricidade, mas a água, depois de cair no fundo da caixa, ficava ali mesmo. Anteriormente, é claro, a luz solar fazia a água subir e "a conta" pelo gasto de energia era paga "do lado de fora". Da mesma maneira, as fadinhas logo perceberam que a lenha, depois de usada, não retornava, assim como os alimentos depois de ingeridos.

Em seguida, o que as fadinhas perceberam, tristemente, foi que nada — nem os materiais, nem a energia — podia desaparecer dentro da caixa lacrada. Toda a fumaça, esgoto, calor, etc., gerados por todos os outros processos permaneciam dentro da caixa. Todas as tentativas de restabelecer o anterior estado de coisas mais agradável — por exemplo, levando a água de volta à represa — resultava em um fracasso medonho. Além disso, todo aquele trabalho requeria o consumo de quantidades até maiores de alimentos, levando a uma dispersão ainda maior de detritos corporais. E nada escapava da caixa.

Outras tentativas de consertar as coisas e restabelecer a ordem logo indicaram uma infinidade de novas "contas" que as fadinhas deixavam sem pagar. O aspirador de pó quebrava e um novo devia ser fabricado em uma fábrica fumarenta. Como todo o resto, a poluição resultante da sua produção permanecia na caixa. O mesmo acontecia com os sacos do aspirador de pó — tanto os novos que tinham de ser fabricados quanto os velhos que eram lançados em um monturo nos fundos da caixa. Então a camisa que o faxineiro usava, como resultado de todo aquele trabalho exaustivo, precisava ser lavada em uma máquina com um período de vida limitado que, além do mais, precisava de energia para funcionar. A roupa suja precisava de detergente em pó produzido em outra fábrica; esse sabão e a água suja da lavagem eram despejados por um tubo e então se espalhavam dentro da caixa.

De repente, a verdade terrível se abateu sobre as fadinhas: elas estavam condenadas à morte. O seu meio ambiente lacrado não lhes dava acesso a fontes externas de energia, assim, os processos habituais de reconstrução não podiam compensar nem sequer parcialmente os processos normais de deterioração. Conseqüentemente, todo o sistema estaria rapidamente arruinado. No final das contas, tudo, até mesmo o próprio corpo delas, iria se dissolver em uma sopa difusa no fundo da caixa, com uma nuvem de gás por cima. Todas as diferenças ou contrastes estariam eliminados: não se encontraria nenhuma combinação eletroquímica nem diferenças de temperatura. Seria o caos — o princípio da pobreza absoluta e da morte.

As fadinhas colocaram em prática um conjunto de princípios radical, ainda que muito concreto, com implicações importantes sobre o "mundo real".

As Leis de Conservação

Princípio Científico nº 1: A energia não pode desaparecer ou ser criada. Esta é a primeira lei da termodinâmica e se aplica universalmente. Os cientistas lembram sempre que, nas reações químicas normais, o mesmo se aplica à matéria.[1] Tanto a energia quanto a matéria podem mudar de forma (e constantemente o fazem), mas a quantidade total de cada uma permanece constante. Em outras palavras, nada desaparece. As fadinhas sentiram os efeitos dessa lei quando descobriram que o calor e a fumaça gerados pela combustão ou pela fabricação dos aspiradores de pó permaneciam no ar para sempre. Sentimos os seus efeitos no "mundo real" quando a gasolina que queimamos se espalha no ar como emissões gasosas e simplesmente produz novas formas de compostos.

Princípio Científico nº 2: A energia e a matéria tendem a se dispersar. A segunda lei da termodinâmica, a lei da entropia (expressa aqui de modo popularizado), também se aplica universalmente. Embora a quantidade total da energia permaneça constante, a quantidade da energia disponível em forma utilizável diminui a cada transformação e tende a se dissipar por um sistema (como quando a energia química se transforma em energia calórica, por exemplo). Em todos os sistemas, há sempre um custo para qualquer processo acontecer (mesmo se tivéssemos acesso a tecnologias ideais — o que não é o caso). A segunda lei da termodinâmica [a lei da entropia] é a maneira pela qual o físico explica a irreversibilidade da transformação da energia em todos os processos. Essa também é uma das poucas maneiras incontestáveis de definir o tempo. A energia liberada em um processo de combustão não pode ser usada para fazer a fumaça retornar à mesma quantidade de combustível. A água de uma cachoeira não pode gerar eletricidade bastante para bombear a mesma quantidade de água de volta à represa. O tempo não pode retroceder. A mesma lei explica por que as baterias não podem recarregar a si mesmas ou por que as máquinas de movimento perpétuo são impossíveis.

Algumas pessoas consideram a lei da entropia como um inimigo porque ela está por trás de coisas como a ferrugem dos automóveis e o processo de envelhecimento. Mas ela é na verdade um dos muitos pré-requisitos para a vida. Lembra-se do conto de fadas em que um rei queria que o tempo parasse para que ele não envelhecesse? O desejo dele realizou-se. Mas os pássaros imediatamente pararam de cantar e o rei descobriu o estado estéril da morte. (O próximo desejo dele é óbvio.)

Como descobriram as fadinhas quando queimaram a lenha, a energia na forma de calor se dissipa rapidamente. Uma vez dispersada, essa energia não tem mais utilidade. As cinzas e a fumaça que eram realmente a matéria transformada da madeira também se dissipavam.

Uma vez que o seu sistema era completamente selado, as fadinhas tinham problemas com a acumulação de calor e também com os detritos. Para nós, o fato de que a energia se transforma em radiação de calor não é um problema muito grave. O calor deixa a atmosfera da Terra ao mesmo tempo que recebemos a nova energia solar. No entanto, a matéria dispersada pode tornar-se um problema ambiental porque a gravidade a retém na atmosfera. Temos problemas consideráveis com as partículas de matéria residual da madeira e do carvão queimados, por exemplo (como também com uma infinidade de outros poluentes).

Princípio Científico nº 3: O valor material é medido pela concentração e pela estrutura da matéria.[2] À medida que se transforma e se dispersa espontaneamente, a matéria torna-se menos organizada. Mas a matéria em um estado menos organizado não é facilmente usada como matéria em um estado de organização mais elevado. Assim, o valor da matéria — seja ela biológica ou econômica — aumenta à medida que a sua concentração sobe.

Na verdade, nunca consumimos de fato a matéria propriamente dita; ao contrário, consumimos a sua concentração, a sua estrutura e a sua pureza — uma característica particular que seja de uso funcional ou econômico. Quando nos alimentamos, por exemplo, consumimos uma qualidade energética química do alimento (a energia solar acumulada dentro dele mais a sua concentração de valiosos compostos vitais como certos minerais, mais pureza). Quanto mais concentrada a qualidade energética de um determinado alimento, mais biologicamente valioso ele é. De maneira semelhante, consideramos um lingote de ouro mais valioso economicamente que uma quantidade idêntica de ouro disperso na natureza. Se dermos forma à matéria — em outras palavras, dermos estrutura — a sua qualidade ou valor sobe ainda mais: um anel de ouro tem um preço mais alto por grama que o lingote de ouro.

Princípio Científico nº 4: As células vegetais, ajudadas pela energia externa do Sol, criam um aumento líquido na concentração e estrutura sobre a Terra. A fotossíntese é o processo elementar do qual dependem fundamentalmente todos os processos biológicos da Terra. Por meio da fotossíntese, as plantas usam a energia solar que flui continuamente pelos sistemas da Terra para reunir a matéria dispersa e acumulá-la em novas estruturas complexas. Em outras palavras, as plantas acessam a energia de sistemas exteriores à Terra e convertem materiais dispersos a formas aproveitáveis — uma atividade excepcional, que as torna os produtores elementares do planeta (embora tenhamos começado a imitar a natureza aqui e ali. Os processos humanos de aproveitamento da energia solar também podem criar um aumento líquido na concentração e estrutura. Considere, por exemplo, os veículos movidos a energia solar que transportam materiais para reciclagem).

Células

Todos os seres vivos são compostos de células. As bactérias e as amebas são os únicos organismos unicelulares, ao passo que espécies mais complicadas, como os humanos, consistem em bilhões de células interagindo dentro de um sistema isolado. A primeira célula foi formada na água cerca de 3,5 bilhões de anos atrás — uma ocorrência tão maravilhosamente improvável que muitos biólogos celulares entraram em cogitações religiosas ao tentar explicá-la. E a veneração e o amor pela vida que adquirimos quando observamos a célula aumentam ainda mais quando consideramos a interação de bilhões de células dentro de um corpo ou, ainda mais, o inter-relacionamento de todos os seres vivos sobre a Terra.

As células são compostas de organelas — diversas estruturas parecidas com órgãos que têm um funcionamento semelhante ao do estômago, dos pulmões, do esqueleto e dos vasos sanguíneos no nosso corpo. Cada organela é uma estrutura infinitamente complexa, inútil quando isolada, do mesmo modo que os pulmões humanos, por exemplo, não funcionam de maneira independente dos outros órgãos.

O núcleo é a organela central de toda célula e, de várias maneiras, funciona como um cérebro. O núcleo contém os genes que controlam as nossas funções vitais. Os genes humanos foram herdados, adaptados e mudados a partir das várias espécies que compõem a nossa ascendência. Cada gene é responsável pela produção de uma proteína diferente e a vida é governada por essas proteínas. Algumas proteínas são simplesmente elementos constitutivos mínimos para a construção do corpo; outras são enzimas e hormônios que afetam o crescimento e o desenvolvimento do corpo, determinam o nosso sexo, regulam a taxa de divisão celular, e assim por diante. Geralmente associamos as informações genéticas a características físicas externas tais como a cor dos olhos, mas a atividade genética na verdade controla tudo no nosso corpo, assegurando que cada célula esteja continuamente fazendo o que é melhor para o corpo como um todo.

A grande precisão e a capacidade de produção das células vegetais sempre manteve o mundo limpo, independentemente dos humanos e outros mamíferos. As sobras das nossas refeições, as cinzas e a fumaça dos nossos fogos, as ruínas de edificações abandonadas — a vida sempre brotou de novo dessas coisas. As células vegetais convertem os dejetos dos animais em carboidratos, gorduras e proteínas; quando alcançam duas vezes o seu tamanho original, as células se dividem. Elas são incalculavelmente mais eficientes que as pessoas em produzir novos recursos e em coletar uma por uma as moléculas do nosso lixo e até mesmo átomos tóxicos conforme o caso. Mas em nenhuma instância elas usam mais matérias-primas do que necessitam.

De acordo com a lei da termodinâmica, a desordem (entropia) aumenta em algum outro lugar enquanto diminui aqui, e nem mesmo o reino vegetal é capaz de anular essa lei natural. Em termos espaciais, as plantas existem sobre a Terra entre o Sol e o universo. Tão logo tenham consumido o atributo organizado da energia solar, as plantas liberam calor que escapa para o universo. Em outras palavras, as plantas fazem parte de um sistema no qual o Sol é a fonte de energia e o universo o "refrigerador". Embora não sintamos as conseqüências — pelo menos numa perspectiva temporal que seja relevante à humanidade — o atributo organizado da energia da "bateria solar espacial" está sendo consumido lentamente (o "custo" da transferência da energia) à medida que o Sol decai e perde lentamente a sua capacidade de nos proporcionar a temperatura certa. Conseqüentemente, nenhuma lei natural está sendo infringida.

Evolução

Durante milhões de anos, a segunda lei da termodinâmica aparentemente foi invertida em um lugar minúsculo — essa concha delgada, esse abrigo da vida a que chamamos a biosfera. A primeira célula vegetal surgiu uns 3.500 milhões de anos atrás em uma atmosfera altamente desorganizada e até mesmo tóxica. Uma infinidade de moléculas era usada para adaptar os átomos na química de crescimento da vida — estruturas complexas de proteínas essenciais, carboidratos e gorduras — e desse modo reduziam continuamente os níveis de matéria desorganizada na atmosfera. À medida que as células começaram a impor a sua presença, a atmosfera ficava gradualmente mais limpa e mais receptiva a formas superiores de vida.

Algumas substâncias tóxicas que se vincularam às primeiras células primitivas — incluindo metais pesados como o mercúrio, o chumbo e o cádmio — não puderam ser usados como elementos construtivos da vida. Os processos de sedimentação e fossilização enterraram essas substâncias abaixo da superfície da terra com as células mortas, que seriam convertidas finalmente em petróleo, carvão e outros depósitos minerais e orgânicos. (Alguns desses depósitos formam um tipo de instalação de armazenamento para minérios.)

Foram precisos mais de 3 mil milhões de anos para que os nossos antepassados primitivos preparassem a Terra para a vida superior. Durante esse período, e usando o contínuo fluxo organizado da energia do Sol, as células acumularam e depositaram minerais, limparam o mar e a terra, produziram oxigênio e alimentos, e mudaram a equação fundamental entre matéria organizada e desorganizada. Depois que as células vegetais se multiplicaram, a Terra estava suficientemente limpa e a sua atmosfera tinha o teor adequado de oxigênio, puderam desenvolver-se seres novos e mais complexos, que se alimentavam das plantas: os animais.

Os animais não tinham capacidade de promover a fotossíntese, mas podiam digerir a matéria vegetal e assim converter a energia solar para a sua sobrevivência, crescimento e mobilidade. Ao contrário das plantas, os animais são produtores típicos de detritos, até mesmo quando dormem. No entanto, os detritos dos animais eram matérias-primas para a sobrevivência e o crescimento das células vegetais. Assim, começou um ciclo regenerativo entre as plantas e os animais que deu origem a uma cada vez maior diversidade de espécies (incluindo os humanos) e isso continua fornecendo alimentos e oxigênio suficientes para sustentar a vida de todos. Com efeito, devemos a manutenção da nossa existência a todos os ciclos biogeoquímicos da natureza: o ciclo de recursos e detritos entre as plantas e os animais; o ciclo da água, responsável pela "circulação sanguínea" do sistema — e os processos de sedimentação, as erupções vulcânicas e os sistemas sazonais que processam a matéria entre a biosfera e a crosta terrestre.

Evolução Inversa

O fato perturbador é que, durante os últimos cem anos mais ou menos, tenhamos invertido o processo evolutivo, regredindo a uma velocidade espantosa em direção a uma biosfera desorganizada e tóxica. A mensagem do "Listão" era clara: a produção elementar e os ecociclos já não podiam "pagar as contas" e reverter a maré. As emissões de detritos das chaminés, dos canos de esgoto, dos depósitos de lixo e dos montes de escórias estavam cobrando o seu preço.

Estávamos continuamente buscando, extraindo e dispersando depósitos minerais que haviam sido ocultados durante eras geológicas na forma de petróleo e carvão. Estávamos liberando metais pesados como chumbo, mercúrio e cádmio que jamais poderiam ser decompostos pela natureza uma vez que são elementos. Estávamos fabricando compostos persistentes estranhos à natureza (certos pesticidas, aditivos de plástico, antiinflamáveis, refrigerantes, e assim por diante) que as células nunca tinham encontrado antes e dos quais as concentrações básicas normais eram conseqüentemente zero. Por meio de colheitas maciças e do deslocamento de sistemas naturais, estávamos destruindo hábitats e espécies que nos precederam. Em resumo, estávamos bem a caminho de provocar a extinção de todas as formas avançadas de vida, incluindo a nossa.

O nosso bem-estar depende totalmente de recursos naturais abundantes e bem-organizados. Na medida em que os saqueamos, as "contas" começam a chegar. Por exemplo, já havia se tornado dispendioso conduzir uma indústria pesqueira comercial: áreas cada vez maiores tinham de ser varridas para encontrar o peixe porque a poluição e a pesca intensiva dizimavam os estoques de peixe. Precisávamos cada vez mais de energia e matérias-primas para colocar alimentos na mesa, porque a nossa sociedade industrial não era especialmente eficiente na economia de recursos. Lagos acidificados tinham de ser dosados com cal a intervalos regulares; locais de aterros de lixo tinham de ter sistemas de segurança instalados; detritos de mineração tinham de ser enterrados; e geladeiras que usavam CFCs tinham de ser vedadas. O custo das usinas de tratamento de água municipais tinha subido rapidamente; a obtenção de terra para depósitos de lixo tinha aumentado; e os danos da chuva ácida a patrimônios, à agricultura e à silvicultura tinham se intensificado. Enquanto não atacássemos de fato a raiz do problema, esses custos continuariam a crescer. Até então, estávamos pagando principalmente pelo tratamento dos sintomas. E, em nível metafórico, não estávamos pagando o principal de nenhuma das nossas "contas" ambientais, mas apenas transferindo pagamentos de um lugar para outro ou postergando-os para pagamento futuro.

A menos que interrompêssemos a destruição do meio ambiente, estaríamos nos encaminhando para um beco sem saída desastroso: lixo tóxico, pobreza e desespero social. Politicamente, esse problema era normalmente tratado como se as alternativas fossem folhas verdes, pássaros felizes e as pessoas pobres de um lado (sustentabilidade) e folhas um pouco mais sujas e pássaros não-tão-felizes mas pessoas ricas do outro (não-sustentabilidade). Mas a não-sustentabilidade realmente significava que perderíamos tudo.

O "Listão" era de opinião de que realmente não deveria haver nenhum conflito entre os interesses ambientais e os econômicos, desde que a nossa afluência dependesse da capacidade da natureza de reciclar os detritos na forma de recursos e nos proporcionar os recursos indispensáveis à manutenção da vida como água limpa e ar. Se pudéssemos concordar com esse fato básico, discutiríamos, então, prazos, negociações econômicas e estratégias para a mudança que poderiam seguir-se. E os economistas e empresários progressistas estavam começando a "captar o problema". A ecologia lentamente estava começando a mudar os métodos econômicos ortodoxos.

Assim, os cientistas por trás do "Listão", coletivamente e em uníssono, ofereciam evidências concretas de que era necessária uma mudança de paradigma. (Até então, opiniões divergentes entre os cientistas sobre detalhes dos problemas tinham criado a impressão de que não poderíamos concordar a respeito de nada.) Também sugeríamos que as empresas e as pessoas que quisessem tomar parte na solução em vez de ser parte do problema provavelmente poderiam contar com diversos tipos de apoio cada vez mais intenso no futuro — proativamente era provável que isso compensasse, em outras palavras, independentemente de a motivação ser por altruísmo ou por egoísmo. O diálogo e o processo contínuo de aprendizagem entre a ciência e as pessoas em posição de tomar decisões tinham começado.

CAPÍTULO 5

A EXPERIÊNCIA SOCIAL

Antes do "Listão", os especialistas em comunicação e *marketing* disseram-nos que o impacto de uma lista de endereços contendo todo mundo — não só um grupo-alvo específico — seria pequeno. Era provável que menos de 1 por cento da população sueca prestasse alguma atenção a ela, disseram eles. No entanto, as pessoas nunca haviam recebido um livrete e uma fita cassete grátis pelo correio, entregues simultaneamente, como resultado de uma iniciativa privada. De repente, o TNS estava em toda parte, na televisão, no rádio e nos jornais. Cada vez nos reuníamos com mais líderes de empresas e da política que queriam ouvir a minha história. Mais pessoas interessaram-se em conhecer o material, e uma pesquisa do Instituto Gallup mostrou que cerca de 15 por cento da população adulta sueca realmente chegara a lê-lo — muitas pessoas integralmente. Mas o impacto principal seria registrado no acompanhamento posterior.

O meu sonho era continuar a experiência de aprendizagem e diálogo contínuo entre os cientistas e pessoas em posição de tomar decisões, tendo a população sueca inteira como testemunha. Imaginei que isso funcionaria de duas maneiras: o meu diálogo cada vez mais amplo seria autorizado e desafiado por ter a assistência do público, e o público nos acompanharia contanto que continuassem aparecendo resultados importantes e abrangentes. Dessa maneira, mais pessoas seriam desafiadas e recrutadas durante o processo.

De maneira muito consciente, percebi que precisava continuar sendo o mesmo no plano pessoal se quisesse continuar o meu trabalho. Se começasse a me confundir com o resultado do consenso de tantas pessoas, seria o fim de tudo. Eu estava orgulhoso por ter funcionado como o iniciador e o mediador, e isso estava certo. Mas queria permanecer assim. Os mentores e benfeitores do Grupo de Arlanda continuavam se reunindo comigo, é claro, uma vez que a nossa cooperação tinha conduzido a resultados espetaculares até ali.

Num plano em parte intuitivo, em parte consciente, eu entendia a conveniência de permanecer como o "professor distraído". Na realidade, isso facilitava muito mais o meu trabalho: eu poderia me concentrar totalmente na ciência e no diálogo com tomadores de decisões. Além disso, eu pensava que, uma vez que revelara a minha falta de experiência nos negócios e uma ignorância relativa sobre como a sociedade em geral era organizada, e assim comunicara um certo desamparo, isso alimentaria o sentimento de responsabilidade do Grupo de Arlanda. Um sentimento de responsabilidade compartilhada os levaria a propor idéias inteligentes para projetos para comunicar os próximos passos de The Natural Step à comunidade sueca. Isso funcionou maravilhosamente. Cada um dos integrantes do Grupo de Arlanda tinha a sua especialidade e os meus colegas na área científica tinham as suas. Eu era o feliz mediador entre eles e, juntos, gostávamos de aprender.

Hans Dahlberg tornou-se o meu principal mentor para assuntos relativos às empresas. Hans era um integrante do Grupo de Arlanda, presidente da Folksam (a maior companhia de seguros da Suécia), e a primeira pessoa das empresas a quem apresentei os meus planos quando estava preparando o "Listão". Ele não só me deu conselhos sobre como chegar aos outros presidentes de empresas mas também percebeu que eu precisaria de ajuda no acompanhamento posterior ao "Listão".

Para aproveitar da melhor maneira possível o impulso que havíamos conseguido, precisávamos trabalhar em larga escala, e se eu estivesse coordenando tudo sozinho... bem, isso teria sido o fim de tudo. Assim, o Hans recrutou um competente líder de projeto, Per Uno Alm (PUA). PUA conduzia uma agência de consultoria na ocasião e o Hans o conhecia como um jovem inteligente e dedicado no meio empresarial.

Eu e PUA logo nos tornamos amigos e confesso que sem ele eu não teria conseguido muita coisa depois do lançamento. PUA colocou o escritório dele à disposição de The Natural Step e de repente ouvia-se a voz agradável da secretária dele anunciar: "The Natural Step" quando alguém nos telefonava. O Grupo de Arlanda transformou-se numa espécie de diretoria *ad hoc* do TNS; PUA foi convidado a se tornar o presidente do TNS; e eu permaneci como o seu "cientista distraído" e líder filosófico da casa. O dinheiro que eu ganhava em palestras sobre o "Listão" começara a produzir uma renda e PUA (que também já fazia parte do Grupo de Arlanda) logo começou a encontrar novos projetos de potencial importância para a organização recém-nascida do TNS.

No princípio, tentei fazer de tudo: desenvolver novos projetos dentro de The Natural Step com PUA, cuidar dos pacientes na minha ala da enfermaria do câncer e desenvolver as minhas pesquisas científicas sobre células cancerígenas no laboratório. Depois de pouco mais de um ano nisso, a minha esposa disse que tudo aquilo era ridículo — *eu* não era sustentável! Então interrompi o meu atendimento clínico e tentei manter o ritmo nas minhas duas atividades restantes. The Natural Step seguia em frente e finalmente tive de escolher outra vez — entre o tempo no The Natural Step e o que restava para a minha vida profissional anterior na pesquisa científica do câncer.

Quando começou a ficar óbvio para mim que teria de abandonar o meu trabalho na pesquisa científica do câncer, senti uma dor no coração que é difícil de descrever. Eu passara a maior parte da minha vida profissional dedicando-me a alcançar a posição em que me encontrava naquele momento. Tinha colegas maravilhosos no laboratório e, na enfermaria, adorava os desafios e os progressos obtidos no trabalho, e sentia como se os pacientes precisassem de mim. Ainda assim, ali estava eu, preparando-me para deixar tudo aquilo para sempre.

A carga de trabalho era demais — minha esposa podia sentir o cheiro de borracha queimada vindo do meu estúdio de trabalho em casa! Assim, depois que o meu último aluno defendeu a sua tese de doutorado e antes que eu cometesse o erro de assumir ainda outro aluno de Ph.D., fui até o meu chefe, o professor Gösta Gahrton (diretor da clínica de Medicina Interna no Hospital Huddinge), e disse-lhe que precisava me demitir. Eu temia aquele momento, e precisei repetir mentalmente os meus argumentos inúmeras vezes para fazê-lo aceitar e endossar a minha decisão. Acho que era a mim que precisava convencer, porque Gösta apenas sorriu amigavelmente e disse que já estava esperando por aquela conversa durante todo o ano anterior, desde o "Listão". (Ele sabia antes de mim!) Aquele foi um momento maravilhoso e nunca me esquecerei da gratidão que senti por Gösta, por tornar a situação mais fácil para mim — eu dificultara tudo interiormente o bastante para ambos.

Dentro de praticamente dois anos, o TNS tinha lançado vários projetos de acompanhamento público:

• O Parlamento da Juventude para a Proteção Ambiental. PUA e eu contatamos a federação dos estudantes suecos e com eles elaboramos um plano de projeto de educação anual sobre a sustentabilidade para todas as escolas suecas. Os estudantes coordenaram um fórum central de cerca de quatrocentos alunos de diversas escolas para ministrar seminários, entrevistar líderes empresariais e apresentar os resultados no canal educativo da televisão pública (desse modo, os estudantes que não fizessem parte do fórum central também poderiam ter uma participação ativa). Corporações empresariais — algumas do original Grupo de Arlanda — patrocinaram o projeto e o número de empresas envolvidas no debate crescia a cada ano. Um evento anual envolvendo cerca de 50 mil estudantes, o Parlamento da Juventude para a Proteção Ambiental, comemorou o seu décimo aniversário em 1999.

• O Desafio do Rei (uma competição para os municípios suecos). O rei da Suécia concedeu ao TNS o direito de promover essa competição a cada três anos. O município que tomasse as iniciativas mais convincentes para se tornar uma região sustentável da Suécia ganhava o Desafio. O município vencedor receberia o prêmio das mãos do rei em uma cerimônia na qual seriam reunidos cientistas para falar sobre sustentabilidade do ponto de vista da municipalidade. A terceira competição foi premiada na primavera de 2000.

- A Caçada Ambiental. Em equipes de quinze pessoas, o pessoal de empresas e municípios, juntamente com os fornecedores e clientes, competiam e aprendiam de maneira bem-humorada o pensamento sistêmico de acordo com a Estrutura de Referência do TNS.

- Duas exposições ferroviárias. Trens "ecológicos" viajaram pelas cidades suecas exibindo o modo como as grandes corporações empresariais estavam tratando as questões da sustentabilidade de acordo com a Estrutura de Referência do TNS. Cada vagão era "propriedade" de uma determinada empresa e cada uma delas — Electrolux, IKEA, McDonald's sueco, Hotéis Scandic, Siemens, Federação dos Agricultores Suecos, construtora JM, Hemköp e KF (supermercados) e a Rede Ferroviária Sueca — demonstrava como havia interpretado a Estrutura de Referência do TNS nas suas atividades empresariais.

- Fundações de associações profissionais. Intituladas de acordo com as suas identidades profissionais — "Engenheiros Ambientais", "Médicos Ambientais", "Alimentos Suecos Ambientais", "Comunicadores Ambientais" e assim por diante — essas diferentes associações compartilhavam o mesmo modelo intelectual de comunicação (a Estrutura de Referência do TNS; veja o Capítulo 10), mas elaboravam as suas próprias conclusões profissionais a partir da Estrutura de Referência. As associações eram estabelecidas como organizações societárias democráticas, independentes e tradicionais. A idéia era estimular as pessoas a aplicar os seus conhecimentos e a sua experiência profissional na proteção ambiental e não só pagar os outros para fazê-lo em seu lugar (pagando taxas de associação a ONGs como o Greenpeace, por exemplo).

- Publicação de *The Natural Step,* uma revista de circulação nacional na Suécia.

- Seminários para políticos, agendamento de visitas ao ministro do Meio Ambiente para líderes empresariais que aplicavam a Estrutura de Referência do TNS, artigos críticos, livros e assim por diante.

Projetos dessa natureza ajudaram a aumentar a visibilidade do TNS e a sua informação básica, que eram a nossa intenção, é claro.

Ao mesmo tempo, a luta por dinheiro havia começado. Muitos dos projetos geravam alguma renda (nem todos eles, no entanto), mas essa renda não era suficiente para manter os profissionais trabalhando no escritório em tempo integral. E aos poucos estávamos ficando sem o dinheiro que havíamos levantado no orçamento para o "Listão". Na verdade, o problema aumentava a cada dia e eu só fui perceber que tínhamos um problema depois do envio da correspondência. O orçamento era substancialmente menor do que tínhamos planejado (porque o acordo na reunião de Arlanda para pagar a conta do envio da correspondência e levantar algum dinheiro a mais para o acompanhamento posterior não fora cumprido integralmente). Na verdade, estavam faltando cerca de 12 milhões de coroas suecas (1,5 milhão de dólares).

Isso tudo era completamente novo para mim. Eu trabalhava em um hospital universitário, beneficiado pelo fato de que todas as contas eram liquidadas contanto que eu fizesse o melhor que pudesse nos campos científico e clínico. De repente, o meu trabalho me deixava preocupado com dinheiro, com as empresas, com os meios de comunicação de massa, com...

A turbulência exterior se refletia na turbulência interior. Eu estava com medo e com uma ansiedade subconsciente que eram difíceis de explicar. A questão do dinheiro não me incomodava muito, porque eu tinha a sensação de que o impulso que havíamos dado no início resolveria o problema de uma maneira ou de outra. E eu tinha uma confiança quase cega no pessoal das empresas do Grupo de Arlanda.

A ansiedade parecia estar mais relacionada ao choque cultural. De onde eu vinha, não era considerado "sério" — quer dizer, inteiramente confiável — prestar atenção a quanto o público entende a ciência: fazer o público entender a simplificação exigida inerentemente, o que não é científico. Até determinado ponto, eu concordava com isso. Mas havia mais do que isso em jogo. A luta para tornar mais fáceis assuntos intelectualmente difíceis de entender é uma tarefa exigente em si mesma. Ela força você a realmente refletir sobre o contexto intelectual, especialmente quando você não pode usar o jargão dos campos científicos envolvidos. Eu sabia que estaria trabalhando em uma arena muito pública, e não estava seguro se me encontrava à altura da tarefa.

Confortei-me pensando em duas experiências anteriores, e a julgar por elas eu provavelmente não precisava me preocupar. A primeira delas se deu num dia em que cheguei tarde em casa vindo do trabalho. O meu filho mais velho, Markus (então com 7 anos de idade), perguntou-me por que eu chegava tão tarde do laboratório todas as noites. Certamente eu não podia dizer a ele que o papai estava tentando induzir a diferenciação em células malignas primárias de pacientes com leucemia linfocítica crônica e síndrome de mielodisplasia. Assim, comecei a explicar o que fazia da maneira mais sistemática e compreensível que pude, eliminando todas as palavras que um garoto de 7 anos não entenderia. À medida que falava, ocorreu-me pela primeira vez que eu mesmo não entendia o que estava fazendo tão tarde da noite no laboratório. Fiquei chocado. O jargão científico me ajudara a pular alguns elementos essenciais para a compreensão, e agora eu via como tudo aquilo parecia superficial quando não podia usar aquelas palavras. Daquele momento em diante, convenci-me de que deveria poder explicar o que estava fazendo em linguagem clara, do dia-a-dia.

A segunda experiência aconteceu enquanto eu planejava a minha primeira apresentação científica aos meus colegas mais velhos na pesquisa científica médica. Esbocei um plano muito estranho e desairoso na minha mente: como se eu estivesse planejando apresentar deliberadamente as minhas descobertas de um modo um pouco nebuloso. O objetivo era simples — se eu não fosse totalmente claro, então o risco de me revelar como um novato superficial na pesquisa científica seria naturalmente menor. Lembro-me de que até mesmo cheguei a pensar que o meu experiente público pudesse desenvolver alguns raciocínios pertinentes por si mesmo — estimulado pela minha apresentação não totalmente clara.

No momento em que esses pensamentos vagos formaram-se na minha consciência, traduzi-os em palavras e não gostei do que ouvi. Então tomei uma decisão: eu apresentaria o que tinha descoberto nos meus estudos e o que tinha pensado exatamente no momento em que fizera as minhas descobertas. E também incluiria as metáforas pueris que inventara para torná-los mais compreensíveis.

Depois da apresentação, vários cientistas me procuraram.

— Entendemos cem por cento do que foi dito, o que é, na realidade, incomum quando se estuda o trabalho científico de outras pessoas. Obrigado pela sua apresentação muito clara. A propósito, você entendeu mal aquela parte. Se você quiser, podemos ajudá-lo no nosso laboratório para fazer um estudo do assunto e aprimorar o que falta...

Então eu concluí que encontrara o meu estilo: nunca tentaria fingir ser mais inteligente do que era, e sempre tentaria apresentar as coisas do modo que elas me pareciam. (Afinal de contas, ser corrigido pelos colegas mais velhos e experientes realmente não era assim tão mau.)

As minhas reflexões eram todas muito reconfortantes, mas eu ainda estava em choque. Não haveria mais nenhum debate aprofundado com os meus colegas sobre as pesquisas de ponta sobre o câncer. Tudo o que eu fazia agora estava baseado em terreno incerto e a razão era simples: a tradição intelectual no novo campo científico do "pensamento sistêmico sobre o desenvolvimento sustentável" não era muito antiga nem muito aprofundada. Eu decidi que, para cada projeto público que PUA estivesse iniciando, eu precisava fazer alguma inovação intelectual diferente para compensar o esforço. Foi assim que, uns dois meses depois do "Listão", conheci o meu mentor em ciência multidisciplinar, Karl-Erik Eriksson.

A primeira vez que me encontrei com Karl-Erik Eriksson, professor de física teórica no Instituto de Teoria de Recursos Materiais, na Universidade de Chalmers, e com o seu aluno John Holmberg, foi num seminário em Orsa (um lugar bonito a algumas horas ao norte de Estocolmo). Eu fora convidado para o seminário depois que a agenda do encontro já estava fechada (as pessoas do movimento verde só tinham ouvido falar a meu respeito depois do "Listão") e só me deram algum tempo antes do intervalo do almoço que, por isso, foi encurtado por minha causa.

Karl-Erik e John acharam engraçado quando um dos organizadores derrubou todos os meus *slides* no chão, no instante em que a minha apresentação estava prestes a começar. As pessoas estavam cansadas e famintas, prevendo um intervalo do almoço menor, e os meus *slides* espalharam-se no chão. Assim eu agradeci à comissão organizadora por ter confiado na minha capacidade de me desembaraçar da situação apesar das más condições. Karl-Erik achou ainda mais engraçado, e me procurou depois do encontro.

Descobri que John estava trabalhando exatamente no mesmo sentido que eu. Nós três unimos as nossas forças naquele dia e desde então somos parceiros e amigos. John logo tornou-se o meu colega mais direto enquanto eu desenvolvia as minhas idéias e finalmente redigiu a sua dissertação de doutorado em áreas em que eu tive uma intensa participação.

Se você estiver preocupado com a sua formação intelectual, então se dará bem com Karl-Erik! (Ele era o professor sueco mais jovem e mais inteligente de física teórica desde o princípio da carreira.) Por meio de conversas intelectualmente exigentes, e me ajudando a escrever artigos científicos sobre novas maneiras de estruturar as informações sobre o desenvolvimento sustentável, ele acalmou os meus nervos acadêmicos tensos. Tudo isso levou ao lançamento de alguns outros projetos que equilibraram os projetos mais públicos (favorecendo o meu bem-estar):

- A produção de artigos em revistas científicas sobre o princípio de conhecimento da sustentabilidade e do desenvolvimento sustentável.
- Seminários de consenso entre especialistas suecos em vários setores da sociedade que eram críticos em relação à sustentabilidade. Depois de alguns anos, obtivemos documentos de consenso em várias áreas, como a agricultura, fluxos de metais, fontes de energia e silvicultura.
- *Enciclopédia Ambiental do Povo Sueco.* Este projeto foi o resultado da colaboração entre a rede de cientistas do TNS e a editora Nationalencyklopedin/Bra Böcker. Alguns políticos parlamentares famosos convidaram os cientistas da rede do TNS (na ocasião bem mais de cem) a participar de uma assembléia no Parlamento sueco. Eu fiz uma apresentação sobre como se desenvolvera o diálogo científico do TNS depois do "Listão" e convidamos os cientistas a elaborar uma enciclopédia sobre o meio ambiente e o desenvolvimento sustentável que promoveria um avanço na idéia do consenso e esclareceria detalhes controversos nos debates.

- Dissertações de doutorado. Em 1999, foram publicadas quatro dissertações de doutorado mencionando a estrutura de referência intelectual do TNS ou detalhando-a: duas de física, na Suécia (John Holmberg e Christian Azar, de Chalmers, em Gotemburgo); e duas de ciências sociais (Hilary Bradbury, do MIT, em Boston, e Brian Nattras, da University of British Columbia, no Canadá). Pelo menos quatro mais estavam em curso no ano 2000. Desde essa época, cientistas de fora da Suécia ajudaram ainda mais a elaborar a Estrutura de Referência do TNS sueco e aderiram ao consenso em suas novas e mais aperfeiçoadas versões (cientistas dos Estados Unidos, Austrália, Nova Zelândia e Inglaterra).

Finalmente, em 1995, fui designado como o professor-adjunto de Teoria de Recursos Materiais no instituto de Karl-Erik, onde encontrei um novo lar acadêmico.

Instrumentos de Comunicação

Pode parecer que tudo correu tranqüilamente, guiado por um sentido interior que efetivamente protegeu o TNS de cometer erros no mundo exterior. Eu bem que gostaria que isso fosse verdade. Logo ficou claro que não se pode evitar a resistência, por mais firmemente que se tente concentrar-se nas questões ("Bata na bola, não no jogador") e por mais que você se esforce para parecer agradável e conciliador. Eu sou impetuoso por natureza e logo aprendi pelo caminho mais difícil como é menos provável atingir os objetivos com uma atitude reativa. Por necessidade, então, desenvolvi alguns instrumentos de comunicação que foram de grande ajuda quando precisei me controlar em situações tensas. Junto com os meus colegas na rede de cientistas cada vez maior, recorri ao mais importante desses instrumentos como a "Estratégia da Simplicidade sem Redução", a "Técnica do 'Sim, e...'" e a "Atitude de Pedir Conselho".

Estratégia da Simplicidade sem Redução. Assim que surgiam resistências de onde quer que fosse, aprendi a aplicar as minhas reflexões sobre o pensamento sistêmico procurando princípios abrangentes para solucionar o problema (fugindo das "folhas" e procurando "o tronco e os ramos"). No final, esse processo ficou mais espontâneo e automático.

O termo "simplicidade" referia-se ao fato de que é mais fácil conseguir a compreensão, e finalmente o consenso, se você primeiro descobrir os princípios básicos. "Sem redução" significava que a busca dos princípios básicos não implicava reduzir ou negligenciar nenhum aspecto da complexidade do sistema, distinguindo assim "simplicidade" de "simplificação". Na verdade, "simplicidade sem redução" é o oposto de simplificar. Por respeito à complexidade, essa tese defende a estratégia de identificar os princípios básicos antes de mais nada. Só então faz sentido começar a descobrir com quanto se pode concordar em níveis mais detalhados ("tronco, ramos e folhas").

A Técnica do "Sim, e..." A "Técnica do 'Sim, e...'" reconhece o ponto de vista do outro e então amplia a discussão. Ao começar as frases com "sim" (mesmo em diálogos com antagonistas), você é forçado a endossar alguns aspectos do que ouviu. Alguns aspectos provavelmente são verdadeiros. Então, ao continuar a sua frase com "e", você amplia a perspectiva e inclui outros aspectos que são necessários para fomentar uma compreensão mais sutil do problema em questão. Depois disso você pode propor algumas sugestões. Desse modo, a conversa torna-se um diálogo. Você não só escuta o que o outro tem a dizer mas também confirma aos ouvidos do seu antagonista como esse aspecto de saber ouvir é necessário à comunicação. Por exemplo, se você estiver falando sobre biocombustíveis, alguém pode dizer: "Não, não, não, eles são caros demais." Se você responder: "Você preferiria morrer em um mundo não-sustentável?", pode ser improvável que você tenha um diálogo bem-sucedido. Uma resposta melhor seria: "Sim, você tem toda a razão. E não é só isso, a disponibilidade deles é muito pequena também. Eu conheci alguns métodos para superar esse problema. Por exemplo, algumas empresas só usam um número pequeno de carros movidos a biocombustível enquanto preparam o mercado. E uma opção pode ser uma diferenciação dos impostos, se..."

A Atitude de Pedir Conselho. A "Técnica do 'Sim, e...'" (não "Sim, mas...", que, conforme todo mundo sabe, significa "não") pode tornar-se mais eficaz mesmo se você tirar o "e" e, em lugar dele, pedir um conselho. Essa atitude é muito útil quando a resistência é forte. Em vez de oferecer sugestões sobre como resolver um problema, você pode pedir um conselho às pessoas — mesmo os antagonistas. Usando o exemplo anterior, você diria algo como: "Sim, você tem toda a razão. Você sabe o que estamos tentando fazer. Você tem alguma sugestão sobre quais seriam as medidas adequadas no caso?"

Geralmente, obtemos resultados variados quando pedimos conselho a alguém:

• Desarmamos a agressão dos oponentes.
• Sempre geramos uma resposta. Eu não sei por que mas, se alguém diz: "Você poderia me dar algum conselho?", provavelmente desafia alguma regra da ciência do comportamento a simplesmente responder: "Não!"
• A pessoa percebe que os outros estão vendo ou estão escutando e se acha na posição de ter de se explicar de modo claro.
• O que as pessoas dizem quase nunca é o mesmo que teria sido obtido sob pressão. Declarações defensivas normalmente contêm extensos julgamentos de valor, considerando que uma aproximação de não confrontação, na verdade, revela a verdadeira causa subjacente da resistência.

- O conselho é muitas vezes de altíssima qualidade ou revela um mal-entendido que pode ter surgido do nosso próprio modo de nos comunicar.
- Ganhamos um aliado em vez de um oponente.
- Ao envolver a outra pessoa, alimentamos um sentido de responsabilidade comum e não de disputa.

Esses três instrumentos de comunicação podem ganhar um bom terreno no sentido de encorajar o diálogo. Mas não podem garanti-lo, como eu logo descobri.

Quando a "Técnica do 'Sim, e...'" não Funcionou

Alguns dias antes da reunião de Arlanda, pouco antes de concordarmos em lançar o TNS pelo "Listão", bati de frente com a minha primeira grande crise, que foi potencialmente perigosa para o empreendimento inteiro. O chefe dos assuntos ambientais de um dos sindicatos suecos não gostou absolutamente de mim e convenceu a organização dele a recusar a minha proposta para participar do diálogo do TNS. Klas (esse era o nome do homem) não só se preocupava com a sua organização mas considerava como uma responsabilidade pessoal acabar com o TNS em toda parte. Ele telefonou a todos os presidentes de empresa a quem sabia que eu tinha contatado e disse-lhes que os argumentos científicos que apresentávamos estavam errados. De acordo com Klas, não havia extinção de espécies, nem devastação de florestas tropicais, assim como nenhuma acumulação de poluentes nos nossos ecossistemas e — acima de tudo — a humanidade nunca estivera tão satisfeita em todos os lugares.

Ouvi rumores sobre as ações de Klas entre alguns dos presidentes de empresa que estavam me apoiando, encontrei-me com Klas e tentei a "Técnica do 'Sim, e...'", sem sucesso. Ele já tinha se decidido. Eu não o entendi. Ele não gostava da discussão sobre princípios nem um pouco, mas se escondia entre as "folhas" assim que o diálogo começava. Ele parecia levar a coisa toda para o nível pessoal, e eu percebi que não estava sendo muito convincente em tentar fazê-lo interessar-se pelo "tronco, ramos, e folhas" do pensamento sistêmico. Não se construía nenhuma base de compreensão mútua — não íamos a lugar algum. A "Técnica do 'Sim, e...'" não funcionara. Nem mesmo a "Atitude de Pedir Conselho" ajudara: o conselho era que eu deveria me demitir.

Um dia eu fui chamado para uma reunião de diretoria no banco que estava planejando apoiar o "Listão" com uma doação importante. Eu faria uma apresentação breve e então eles se decidiriam por uma doação de 10 milhões de coroas suecas (1,3 milhão de dólares). Logo antes de a reunião começar, Klas entrou na sala. Ele fora convidado pelo presidente da empresa para apresentar a sua crítica oficialmente.

Sugeriu-se que Klas iniciasse a reunião e ele o fez. Por bem mais do que 15 minutos, ele falou rapidamente e com muitas, muitas palavras sobre todas as falhas do manuscrito que o TNS enviaria aos lares suecos. Eu reconheci o modo difuso da argumentação de Klas — sustentando significados errados com argumentos errados.

Tive bastante tempo para planejar a minha ação contrária, mas não sabia até que ponto isso seria bom para mim. O que eu devia fazer? A "Técnica do 'Sim, e...'" não me levaria a lugar algum, porque já se mostrara insuficiente com Klas, e não se tratava mais de um diálogo com Klas. Mas, se eu começasse a discutir sobre detalhes, explicando como Klas estava errado sobre isso e aquilo, estaria fazendo exatamente o que o TNS tinha por especialidade evitar. Seria como demonstrar àquela diretoria que o diálogo nesses assuntos não funcionava de fato. Tudo se resumia a uma questão de filosofia e confiança pessoal, e eu só teria alguns minutos para lhes apresentar o meu caso, e então eles tomariam uma decisão.

Apesar da vergonha de ser acusado de um fracasso intelectual completo, e de um ataque que era pessoal e não dava nenhum espaço para um diálogo frutífero, observei os olhares ao redor da mesa. Todos eles pareciam entediados enquanto Klas falava. A conversa não era de fato inspiradora, mas o enfado de todos me pegou de surpresa, uma vez que estavam em jogo 10 milhões de coroas. Imaginei que uma soma dessas não soaria tão impressionante para um banco quanto para mim. Um plano tomou forma na minha mente e evoluiu para a forma da "Técnica do 'Sim, e...'"

Finalmente, Klas terminou e o presidente me perguntou se queria fazer algum comentário. Eu disse num tom de voz deliberadamente baixo e firme:

— Depois de ouvir a longa digressão de Klas, você pode acreditar que ele teve um dia ruim hoje. Talvez você pense que Klas nem sempre é tão vago, obscuro e difícil de entender. No entanto, você está errado. Klas é sempre confuso assim. — Então eu me virei para o Klas e disse: — Você é um sujeito *escamoso*, Klas.

A diretoria inteira caiu na gargalhada. De repente, a voz de um homem velho fez-se ouvir pelo alto-falante do telefone na mesa — um dos integrantes da diretoria estava obviamente em outra cidade.

— Sim, eu devo dizer que tive dificuldade de ficar acordado durante aquela longa apresentação — disse a voz.

Mais risos. O presidente perguntou a Klas se ele tinha alguma coisa a acrescentar. Considerando que ele não tinha, pediram-lhe que deixasse a sala. As risadas continuaram depois que a porta se fechou. Ninguém fez nenhuma pergunta inteligente — eles tinham encontrado a confiança de que precisavam em algum outro nível.

Eu sentia úma combinação de vitória e fracasso. O TNS encontrara alguma resistência e se vira em uma situação em que nem um instrumento padronizado, nem argumentos inteligentes, nem atitudes sofisticadas ajudaram. Embora a situação não fosse agradável, fora de certo modo uma experiência útil, quase como um rito de iniciação: um tipo de "bem-vindo à realidade". Embora não lamente a minha resposta — eu estava lutando pela vida do TNS e não consigo pensar em nenhuma opção que tivesse melhor possibilidade de ser bem-sucedida — ainda me sinto mal em relação àquele momento. A "Técnica do 'Sim, e...'" é admiravelmente eficaz, mas há momentos em que as pessoas simplesmente não querem encontrar terrenos de acordo; persistindo até um ponto em que ameaça a credibilidade — sempre há um limite.

Duas outras batalhas nos primeiros anos merecem menção, porque ambas ajudaram a amoldar a minha atitude em relação ao futuro do TNS. A primeira aconteceu durante o segundo Parlamento da Juventude para a Proteção Ambiental. Os estudantes iriam entrevistar as lideranças ambientais dos partidos políticos do Parlamento da Suécia e transmitir as entrevistas pela televisão.

Os estudantes — até mesmo crianças da pré-escola — entendem e respeitam que os adultos tenham pontos de vista e valores divergentes sobre diversos assuntos. Mas, quando se trata das leis da natureza e de algumas conclusões muito básicas a respeito delas, deveria ser possível alcançar o consenso. Por mais óbvio que isso possa parecer, não era o que o debate público sueco transmitia na ocasião às pessoas. Era mais como se houvesse leis diferentes da natureza, dependendo de com que partido político você falasse (algo que deixava todos nós intranqüilos). De qualquer maneira, pretendia-se que esse projeto mudasse a situação.

Nos preparativos para a transmissão, instruí os políticos em dois seminários sucessivos sobre o principal conteúdo científico da perspectiva do TNS (de maneira bem parecida com as informações apresentadas no Capítulo 4). A idéia era incluir todo mundo no mesmo esquema científico. Mas um dos partidos não enviou o seu representante a esses seminários preparatórios. Pelo contrário, o líder ambiental desse partido só apareceu na hora da transmissão. Eu o levei para um lado e fiz um resumo do que todos nós tínhamos concordado em fazer: os políticos afirmariam que concordavam com as leis da natureza e declarariam que os ecociclos eram a base da nossa vida. A partir desse ponto, as entrevistas tratariam dos diferentes meios políticos de integrar fluxos sociais nos ciclos da natureza. A resposta que obtive do político atrasado foi:

— Toda a conversa sobre os ciclos naturais tornou-se como que um dogma. E a humanidade foi forçada a abandonar muitos dogmas, incluindo aquele sobre a Terra ser plana.

Fiquei tão perplexo com aquelas palavras que perdi a cabeça e deixei que os meus instintos agressivos tomassem conta de mim. Em primeiro lugar, fiz uma pergunta a ele:

— Então você quer dizer que aceitar uma noção geralmente aceita, sem envolvimento anterior com a idéia do ponto de vista científico, pode ser considerado o mesmo que concordar com um dogma?

— Exatamente — veio a resposta.

— Então você ainda se considera sem preconceitos, certo? Talvez a Terra seja plana?

Seguiu-se um longo silêncio. Permaneci calado, sem querer dar ajuda alguma ao meu oponente. Quando a resposta veio finalmente, foi vacilante, ainda que com um esforço de aparentar uma compreensão erudita. Com as pontas do dedo unidas umas às outras, o homem respondeu:

— Sabe que essa é uma pergunta interessante?

Ouviu-se uma risada entre as pessoas que ouviram o comentário e novamente eu me senti acanhado com a minha sensação de triunfo.

Em seguida, percebi que havíamos perdido toda a capacidade de nos comunicar. Tudo o que pudéssemos esperar numa próxima discussão com esse político, sem nenhuma dúvida um homem de talento e influência, estava perdido. Eu nos colocara em posições radicalmente opostas — exatamente o que a cultura de The Natural Step diz para não fazer.

A batalha inicial seguinte foi um revés importante que definitivamente confrontou o TNS com a realidade crua, que serviu como o mais violento rito de iniciação àquela altura dos acontecimentos. Alguns meses depois do "Listão", recebi um telefonema de uma jornalista de um dos mais importantes jornais diários suecos, o *Svenska Dagbladet*. Quando nos encontramos, a jornalista fez algumas perguntas sobre o financiamento do "Listão". Eu contei a ela como fora e como os presidentes de empresas tinham unido forças para apoiar o TNS. Ela me perguntou sobre a soma envolvida no envio da correspondência, mas nunca me confrontou com o orçamento e a razão por trás do déficit existente nele. Bem ao contrário, ela pareceu contente a cada resposta. E eu fiquei com a sensação de que tudo estava bem.

Uns dois dias depois, vi-me nas manchetes desse jornal. O artigo, embora não o declarasse explicitamente, insinuava que eu era um trapaceiro com segundas intenções, que criara o TNS para ganhar rios de dinheiro; a lacuna no orçamento teria provavelmente desaparecido nos meus bolsos desde o nosso projeto inicial — o "Listão".

No mesmo dia que o jornal saiu, um programa da Rádio Estocolmo tentou me defender. Disseram ali que certamente eu merecia ganhar algum dinheiro, considerando o que fizera, e que tudo não passava de inveja da jornalista, que não queria que eu ganhasse dinheiro. O programa teve uma boa influência, mas não fortaleceu especialmente o meu caso. É certo ganhar dinheiro se você disser que é isso que quer, abertamente, mas não pode ao mesmo tempo alegar estar trabalhando só por um ideal: você deve se decidir.

A minha reação imediata ao artigo foi a vontade de reagir — quis telefonar para a jornalista e lhe dizer: "Mas que diabo..." Felizmente, os presidentes das empresas do Grupo de Arlanda me convidaram para uma reunião sobre a primeira crise da minha vida. Um deles tirou da pasta um gráfico numa transparência. No título do gráfico lia-se: "O Controle da Crise na Mídia." Abaixo deste havia dois pontos assinalados:

• Não diga uma palavra.
• Ponha todos os documentos sobre a mesa.

Fui convencido por vozes muito amigáveis, mas muito firmes, ao redor da mesa de que eu não diria *nada* aos jornalistas. Ao que quer que me perguntassem, a minha resposta seria sempre a mesma: "Todos os documentos serão apresentados dentro de uma semana." Uma vez que eu não dissesse nada além disso, e uma vez que todos os presidentes das empresas fariam o mesmo, não haveria nada sobre o que escrever.

Durante a semana seguinte, todas as notas, livros e contas bancárias (incluindo até mesmo as minhas contas pessoais) em relação ao TNS foram viradas do avesso. O projeto de The Natural Step — patrocinado pelo rei da Suécia — certamente merecia certas providências incomuns em uma situação dessas. Todos os fornecedores do projeto abriram todos os seus livros e contas generosamente, e um escritório independente de contabilidade, chefiado por um dos advogados mais conceituados do país, apresentou um relatório em uma semana. O relatório concluiu que nem uma única coroa desaparecera e que os trâmites empresariais do TNS correram de maneira precisa e eficiente. E eu não recebera nem um tostão.

Ficou evidente que a jornalista confundira "déficit orçamentário" com "problema de fluxo de caixa", e concluiu que havia uma história a ser contada. O déficit no orçamento existia porque uma das empresas não provisionara o projeto com o dinheiro que prometera na reunião de Arlanda. O banco que controlava o dinheiro recusara-se a comentar quando questionado, alegando confidencialidade. A jornalista não se convencera de que nada fora extraviado e decidira se arriscar. Eu sofrera as consequências.

O fim dessa história me mostrou que às vezes você acaba em situações em que nem rotinas perfeitas nem improvisações inteligentes são de nenhuma ajuda — você precisa simplesmente de sorte. Embora o jornal tivesse publicado uma retratação, admitindo que errara, o TNS continuava com falta de dinheiro para fazer os acompanhamentos posteriores. Na verdade, faltavam uns 12 milhões de coroas (1,6 milhão de dólares). Esse era um grande risco para nós, porque o "Listão" requeria um acompanhamento posterior significativo para ser levado a sério.

Por essa mesma época (1990), o TNS inscrevera-se para a obtenção de recursos da Loteria do Estado. Todo ano, na Suécia, o governo permitia que as diversas organizações sem fins lucrativos se inscrevessem, solicitando recursos de uma das suas loterias, e aquela que ganhasse receberia um reforço financeiro de cerca de 10 milhões de coroas (1,3 milhão de dólares). Essa soma cobriria a maior parte do nosso déficit orçamentário, e apostamos muito nisso. No entanto, éramos uma organização jovem e a competição era muito dura para nos dar alguma esperança: várias organizações altruísticas e famosas eram as nossas concorrentes, e eu já ouvira dizer que os argumentos do TNS também não estavam convencendo. Comecei a me preparar para a derrota.

Sem que soubéssemos, três ministros tinham decidido lutar a favor do TNS por causa do artigo negativo do jornal. Eles argumentaram que o TNS era um movimento das bases, no mínimo reunindo cientistas em um diálogo que prometia ser significativo para a sociedade sueca. Fôramos atacados seriamente com base em informações falsas e precisávamos de apoio. O resultado, no fim, foi que 10 milhões de coroas suecas foram entregues pela Loteria do Estado ao TNS.

Foi depois confirmado que, se o jornal não nos tivesse atacado, não haveria como termos recebido o dinheiro. A nossa inscrição para receber o prêmio da loteria simplesmente não era consistente o bastante, mas o ataque demonstrou, de um modo indireto, a necessidade de uma organização do nosso tipo. O déficit no nosso orçamento estaria, portanto, quase totalmente coberto. E eu concluí que a realidade sempre poderia vencer a ficção.

Os custos mentais por oscilar daquele modo entre o desespero e o orgulho foram significativos. Um dia eu estava nas manchetes como um homem desonesto com segundas intenções. No outro recebia 10 milhões de coroas da Loteria do Estado, e o reconhecimento pelo meu trabalho era intitulado "A Melhor Invenção Social do Ano".[1] E, antes que percebesse, estava assistindo a uma missa particular no Vaticano. O papa me questionou de modo muito parecido ao que o rei da Suécia o fizera antes. Senti-me um tanto deslocado por toda aquela experiência (e por muitos anos mantive um pequeno crucifixo sobre a minha cama para provar que aquilo tudo acontecera de verdade).

No plano pessoal, aprendi que você não pode causar um impacto importante para mudar as idéias estabelecidas a menos que esteja preparado para sacrificar a sua inocência. Pode-se ir longe com o consenso, e eu realmente acredito que o consenso oferece a maior esperança para o nosso futuro. Por mais que uma guerra esteja em andamento, só há uma maneira de manter-se vivo, e é tomando parte nela. Quer você ganhe as batalhas ou perca, permaneça unido aos amigos e familiares que possam apoiá-lo quando estiver certo e, mais importante ainda, que o corrijam quando estiver errado, e ainda continuem a amá-lo. Honestamente, não acredito que haja outra maneira de um ser humano normal ser uma personalidade pública e ainda manter a sua integridade pessoal.

Se nas questões importantes você não tiver ajuda das pessoas que o conhecem, e que podem trazê-lo de volta à realidade com carinho, bem... antes de perceber, você não irá mais se reconhecer. Fora o esgotamento, a tentação de interpretar papéis toma conta da gente: "O que foi que eu disse da última vez que as pessoas gostaram tanto da minha resposta?" É quando você começa a referir-se a si mesmo, em vez de expor idéias originais da sua alma, que a morte começa a se insinuar. Ela deve ser enfrentada conscientemente, e para tanto os seus entes queridos e os amigos íntimos são os seus únicos aliados.

Desafios organizacionais e pessoais à parte, estava ficando cada vez mais claro para mim que o conhecimento já acumulado realmente era o bastante para induzir uma mudança significativa, e que a maioria das pessoas só precisava ser chamada ao diálogo para estar pronta para a ação. O maior desafio parecia ser como reunir e disseminar o conhecimento de modo pertinente e inspirador — um desafio pelo menos tão importante quanto fazer uma pesquisa para obter novos conhecimentos.

As organizações ambientais tradicionais tinham feito um tremendo trabalho mobilizando as pessoas para o despertar (e ainda o fazem). Mas culpar os poluidores e esperar que os grupos de pressão ambientais façam o trabalho para o bem da sociedade não seria o bastante. Eu vinha trabalhando em algo que não era necessariamente mais uma organização — eu realmente não planejara que o TNS se tornasse uma organização —, mas uma atitude mental nova para completar o trabalho das ONGs ambientais. Acredito que a simplicidade, a beleza e a necessidade da própria idéia do TNS tenham convencido os nossos patrocinadores e atraído novos reforços numa corrente contínua — pessoas ansiosas para pôr a sua competência a serviço da natureza.

CAPÍTULO 6

As Condições Sistêmicas da Sustentabilidade

A história científica no "Listão" forneceu um irresistível e relevante contexto para o diálogo. Eu fiz palestras a respeito para públicos cada vez maiores e apresentei o caso tanto a corporações empresariais de fora do Grupo de Arlanda quanto a municípios. Mas o conhecimento que tínhamos acumulado não podia ser usado imediatamente num planejamento operacional: havia ainda uma lacuna enorme entre o panorama global — a "tudologia" com que tínhamos trabalhado — e o planejamento concreto que acontecia na segunda-feira de manhã nas empresas que visitei. Tornou-se cada vez mais óbvio que, embora a história sobre a vida possa dar alma ao desenvolvimento sustentável, o desenvolvimento sustentável deve tirar o seu ponto de partida operacional de princípios e não de uma história — não importa quão maravilhosa e difícil essa história possa ser.

Tínhamos fundamentos científicos firmes sobre os quais nos desenvolver (Capítulo 4). O que precisávamos era de um modelo global de sociedade sustentável para ser um importante ponto de partida para o planejamento nos negócios e na política. A questão era como criar esse modelo. Um esforço conjunto entre Karl-Erik e mim deveria apresentar a resposta.

Logo depois de conhecer Karl-Erik e John, em Orsa, eles perceberam que eu precisava de um conhecimento mais sutil da termodinâmica antes de estar pronto para realmente aplicá-lo. E eles, por sua vez, descobriram que precisavam de um conhecimento mais completo das condições biológicas da vida. Como resultado, Karl-Erik e eu redigimos e publicamos em conjunto um artigo científico na revista *Reviews in Oncology*, da qual eu era na época o editor-chefe.[1] Intitulamos o artigo "Do Big Bang às Sociedades Sustentáveis", e nele tratamos do mito da criação do ponto de vista científico, desde o Big Bang, passando pela evolução física e pela evolução biológica, até finalmente chegar ao desenvolvimento da sociedade sustentável a partir da atual sociedade não-sustentável. O artigo deu-nos as matérias-primas de que precisávamos. Propusemos um modelo termodinâmico da sociedade sustentável que se adaptava aos ciclos da natureza de um modo integrado.

A Sociedade Sustentável

Na sociedade sustentável, os fluxos da matéria são equilibrados ou, pelo menos, não sistematicamente desequilibrados. Os ciclos naturais envolvem a sociedade e definem os limites nos quais devemos viver. A sociedade sustentável vive em parte dos fluxos da produção da natureza e em parte dos fluxos menores de metais e minerais da crosta terrestre. As plantas produzem recursos bastante renováveis para satisfazer ao consumo por parte dos animais e dos humanos. Uma parte dos recursos naturais — átomos dispersados 3,5 bilhões de anos atrás, mas agora concentrados e estruturados no que nos referimos como carne, peixe, madeira, polpa, combustíveis, remédios, e assim sucessivamente — é conduzida de maneira organizada na sociedade. Desde que (na sociedade sustentável) a taxa desse fluxo não exceda a taxa de regeneração dos recursos, esta pode ser considerada como uma "taxa de juros" da natureza em vez de um preço cobrado sistematicamente pelo seu "capital".

Os recursos são reciclados e usados de maneira eficaz de forma que as necessidades humanas sejam atendidas efetivamente. Parte da matéria pode ser extraída da crosta terrestre como recursos (da mineração e da perfuração de poços de petróleo, por exemplo), mas a maioria dos fluxos minerais é reciclada dentro da sociedade. Alguns dos fluxos da sociedade terminam como estruturas muito duradouras, como edifícios (que poderiam ser reciclados em novos edifícios). Por causa da segunda lei da termodinâmica, tais estruturas também devolveriam fluxos consideráveis de matéria corroída e desgastada aos ecossistemas. Esses fluxos de recursos lentamente degradados são acompanhados por alguns fluxos mais amplos (mesmo em uma perspectiva a curto prazo), como alimentos e combustíveis consumidos, que rapidamente terminam na natureza como elementos básicos para novos recursos da produção primária: fumaças e dejetos orgânicos tornam-se novas florestas, plantas, algas e animais. Uma minúscula parte dos detritos da sociedade também poderia entrar nos processos mais lentos de sedimentação geológica. Assim são mantidos limpos a atmosfera, as águas e os solos, ao mesmo tempo que temos um fluxo sustentável de recursos para satisfazer às nossas necessidades.

Deduzindo as Condições Sistêmicas

A partir daquele momento tínhamos um modelo de sociedade sustentável. Com base no artigo que escrevi com Karl-Erik, o TNS criou um documento de consenso científico para o uso da energia pela sociedade (o segundo depois do "Listão"), o qual defendeu em uma entrevista com os políticos do Parlamento sueco. No entanto, o nosso modelo carecia de princípios que pudessem definir a sociedade sustentável. Em vez disso, tínhamos uma imagem, com fluxos nessa imagem, e uma longa história para explicar o que esses fluxos significavam. Era interessante, mas não muito útil. Precisávamos de princípios claros e consistentes que pudessem ajudar-nos a entender os problemas por trás da nossa não-sustentabilidade atual e intuir as soluções e futuros que fossem realmente sustentáveis (não apenas um pouco menos não-sustentáveis que o que já tínhamos).

Eu fui tolo o bastante para olhar o modelo de quando em vez, por bem mais de um ano, sem ver como poderia me ajudar a encontrar os princípios de primeira ordem para a sustentabilidade. Não importa por onde começava, eu terminava em uma história de explicações em vez de em princípios que pudessem ser usados para elaborar um planejamento. Pensando bem, não posso entender por que demorou tanto tempo. Finalmente, o óbvio assomou da névoa do pensamento tradicional: não precisávamos falar sobre sustentabilidade até que a humanidade tivesse começado a tomar um caminho não-sustentável. Se o problema fosse a destruição, bem, então deveríamos estudar os princípios dessa destruição. E, em vez de ir diretamente do modelo para uma tentativa de definir os princípios da sustentabilidade, seria mais conveniente aplicar o modelo para identificar os princípios destrutivos básicos e depois definir a sustentabilidade como "não-insustentabilidade".

A estratégia recomendou-se a si mesma por pelo menos um par de razões. Como é geralmente mais fácil destruir do que construir alguma coisa, os princípios da destruição deveriam ser também mais fáceis de determinar. Além disso, essa abordagem excluía a necessidade de enumerar um grande número de condições para a sustentabilidade que a humanidade não pudesse influenciar e com que, por conseguinte, não precisasse se relacionar nesse contexto (o Sol, a distância entre o Sol e a Terra, a gravidade, o princípio da conservação da matéria, e assim por diante). Assim, a solução deveria ser mais simples e, ao mesmo tempo, pertinente para a tomada de decisões.

Os pontos de ligação entre a sociedade e os ecossistemas conforme representado no modelo forneceram os princípios da destruição. Parecia haver apenas três mecanismos básicos pelos quais a sociedade humana poderia lesar a natureza:

1. A natureza era lesada quando havia um aumento ininterrupto de concentrações de substâncias, porque estas eram dispersadas sobre a crosta terrestre mais rapidamente do que devolvidas a ela (ou redepositadas), levando a uma introdução de elementos puros na biosfera (elementos nunca decompostos).

2. A natureza era lesada quando concentrações de substâncias produzidas pela sociedade (combinações de elementos) aumentavam continuamente, porque a taxa à qual elas eram dispersas excedia a taxa à qual poderiam ser decompostas e transformadas pela natureza em novos recursos (ou depositadas na crosta terrestre).

3. A natureza era lesada quando a base dos ciclos naturais e da diversidade biológica fosse continuamente diminuída por meios físicos como a extração ou por manipulação dos ecossistemas. Exemplos da extração incluíam ações como o corte de madeira em áreas muito grandes ou a captura de peixes a uma taxa mais rápida do que a natureza era capaz de repô-los. A manipulação do ecossistema incluía ações como alterar o leito dos rios, causando erosão de terras por má administração de florestas e áreas de plantio, arriscar-se a resultados acidentais pelo uso de organismos geneticamente modificados (OGMs) ou cobrir a terra fértil com asfalto.

Depois ocorreu-me que o cérebro humano, programado para entender os princípios básicos de sistemas complexos, entenderia facilmente esses princípios sem o modelo que usávamos. Seria suficiente simular um modelo abstrato bem impressionante.

Imagine que um grupo de consultores do espaço exterior fosse chamado pela humanidade para nos ajudar a destruir a Terra. Seria uma coisa natural para esses consultores fazer uma parada na Lua para ter uma visão geral do sistema antes de decidir como destruí-lo de perto. (Poucos consultores começariam "entre as folhas" e desceriam à Terra para estudar detalhes de possíveis efeitos danosos dos antiinflamáveis, por exemplo). Eles não levariam muito tempo para propor as mesmas estratégias consistentes que nós, usando o nosso modelo de sustentabilidade.

Em primeiro lugar, seria óbvio, visto da Lua, que a matéria não podia escapar, mas tinha de permanecer aqui e se dispersar pela biosfera. Se as pessoas fossem estimuladas a dispersar os materiais sem constrangimentos, então o processo poderia ser acelerado facilmente. E se pudessem ser convencidas a pesquisar elementos na crosta terrestre que normalmente eram escassos na natureza e esbanjá-los à vontade, então melhor ainda. Desse modo, como ao acrescentar cada vez mais tinta a uma banheira de água, a natureza ficaria "cada vez mais azul" com mercúrio, cádmio, cobre, zinco, isótopos radioativos e assim por diante. Também seria bom providenciar um aumento de elementos mais abundantes. Mas, para provocar um aumento nas concentrações desses elementos, os habitantes da Terra deveriam ser motivados a expor grandes quantidades de subsolo e desperdiçá-lo depressa — queimando grandes quantidades de carvão e petróleo diariamente por anos, por exemplo.

Em segundo lugar, não se levaria muito tempo para perceber que produzir novos compostos também tornava a biosfera "mais azul". A estratégia mais eficaz seria procurar os compostos persistentes estranhos à natureza — compostos que a natureza não assimilasse na sua produção nem conseguisse degradar em compostos que pudessem ser assimilados. CFCs, PCB, compostos antiinflamáveis de bromo orgânico, dioxinas... Mas grandes emissões de compostos mais abundantes, como óxidos de nitrogênio (NO_x), também dariam bom resultado.

Em terceiro lugar, considerando como a Terra parece vulnerável vista do espaço, seria imediatamente óbvio que uma das coisas mais fáceis de fazer seria remover a natureza simplesmente com ferramentas diversas, como máquinas de asfalto, motosserras, máquinas escavadeiras, enormes barcos pesqueiros e assim por diante.

Os consultores não seriam muito inteligentes a menos que também tentassem criar algum princípio interno na sociedade que pudesse ferir diretamente os seus habitantes, especialmente se esse princípio pudesse servir ao mesmo tempo como um motivador por trás dos outros três instrumentos de destruição. Os consultores perceberiam logo que o último princípio interno seria simplesmente as pessoas desperdiçarem os recursos humanos e evitar assumir responsabilidades pela humanidade como um todo. O uso interno de recursos que fossem ineficientes para atender às necessidades humanas e injusto em escala global poderia agir como motivador para os três instrumentos ecológicos ao mesmo tempo, impedindo a sustentabilidade social de um modo mais direto.

Finalmente, antes de descer à Terra para apresentar as suas diretrizes sobre como destruir as condições para a vida e o bem-estar, os consultores espaciais enfocariam de perto as sociedades humanas para ver como as pessoas estavam procedendo por conta própria. Eles ficariam confusos. Por que será que os haviam chamado? Os habitantes da Terra pareciam já estar fazendo tudo o que era preciso sozinhos.

Sustentabilidade: As Quatro Condições Sistêmicas, Objetivos e Métodos

Depois de termos determinado os quatro instrumentos básicos pelos quais a sociedade humana poderia lesar a natureza, podíamos definir as quatro Condições Sistêmicas necessárias para a sustentabilidade, mais os objetivos e alguns métodos que ajudariam a colocá-las em prática. Os resultados foram os seguintes:

CONDIÇÃO SISTÊMICA 1:
Na sociedade sustentável, a natureza não está sujeita a concentrações sistematicamente crescentes de substâncias extraídas da crosta terrestre.

Objetivo Final de Sustentabilidade para uma Organização ou Empresa:
"Eliminar a nossa contribuição para os aumentos sistemáticos nas concentrações da crosta terrestre."

Métodos Sugeridos: Substituir certos minerais que são escassos na natureza por outros que são mais abundantes, usar todos os materiais de mineração de modo eficiente e reduzir sistematicamente a dependência de combustíveis fósseis.

CONDIÇÃO SISTÊMICA 2:
Na sociedade sustentável, a natureza não está sujeita a concentrações sistematicamente crescentes de substâncias produzidas pela sociedade.

Objetivo Final de Sustentabilidade para uma Organização ou Empresa:
"Eliminar a nossa contribuição para aumentos sistemáticos de concentrações de substâncias produzidas pela sociedade."

Métodos Sugeridos: Substituir sistematicamente certos compostos persistentes e antinaturais pelos que normalmente são abundantes ou que se decompõem mais facilmente na natureza, e usar todas as substâncias produzidas pela sociedade de maneira eficiente.

CONDIÇÃO SISTÊMICA 3:
Na sociedade sustentável, a natureza não está sujeita à degradação sistematicamente crescente por meios físicos.

Objetivo Final de Sustentabilidade para uma Organização ou Empresa:
"Eliminar a nossa contribuição para a degradação física sistemática da natureza, o que fazemos com colheitas excessivas, inovações e outras formas de modificação."

Métodos Sugeridos: Só tirar recursos de ecossistemas bem-administrados, perseguir sistematicamente o uso mais produtivo e eficiente tanto dos recursos quanto da terra, e agir com precaução em todos os tipos de modificações da natureza.

Condição Sistêmica 4:
Na sociedade sustentável, as necessidades humanas são satisfeitas em todo o mundo.

Objetivo Final de Sustentabilidade para uma Organização ou Empresa:
"Contribuir o máximo possível para atender às necessidades humanas na nossa sociedade e em todo o mundo, e acima de todas as substituições e medidas tomadas para atingir os três primeiros objetivos."

A exemplo das outras três Condições Sistêmicas, o remédio para os mecanismos destrutivos da sociedade socialmente não-sustentável encontra-se no seu oposto: atender às necessidades humanas em todo o mundo neutraliza o desperdício de potencial humano. As pessoas realmente saem-se bem em coisas como manter-se vivo e saudável, e ser sociável e bom — se têm a oportunidade para isso e lhes permitem refletir a respeito e influenciar a própria situação. Culturalmente, acreditamos que é muito mais agradável amar as pessoas e ser justo com elas do que o contrário. Assim, a quarta Condição Sistêmica da sustentabilidade também acaba sendo um valor cultural compartilhado.

Sem dúvida, é mais difícil saber se as necessidades humanas estão realmente sendo satisfeitas de um modo eficiente ou não — mais difícil que descobrir se compostos de cádmio estão aumentando ou não em corpos humanos e em ecossistemas, por exemplo. No entanto, esse objetivo é tão importante quanto os outros três. A dificuldade de avaliar algo não significa que isso seja errado antes de mais nada ou de nenhuma importância prática. Para os pedestres, olhar para ambos os lados antes de atravessar a rua é um princípio fundamental para a sobrevivência, ainda que esse princípio seja extremamente difícil de ser validado pelos métodos científicos!

Métodos Sugeridos: Usar todos os nossos recursos de maneira eficaz, razoável e com responsabilidade, de modo que as necessidades de todas as pessoas cuja vida influenciamos no momento e as necessidades futuras dos que ainda não nasceram tenham as melhores possibilidades de serem atendidas.

Se as Quatro Condições Sistêmicas forem atendidas, então teremos a sustentabilidade. Mas, se as Condições Sistêmicas forem violadas (tronco e ramos), podemos esperar uma patologia mais complicada de efeitos tanto na natureza quanto na sociedade (a folhagem). E os problemas aumentariam, espalhando-se local, regional e globalmente. Por fim, inverteríamos o processo da evolução.

O nosso trabalho até este ponto não era de maneira nenhuma algo extremamente complicado como a ciência astronáutica. Bem ao contrário, as nossas extensas e detalhadas considerações tinham-nos conduzido a algo muito simples — na verdade, elas eram tão simples que suspeitamos que fora por isso que chegáramos tão longe. O nosso acesso a condições sistêmicas que não se sobrepusessem mas cobrissem aspectos importantes da sustentabilidade ajudou a organizar as informações de modo que fossem mais pertinentes à tomada de decisões. As Condições Sistêmicas não existiam no lugar das outras informações, mas para estruturar as informações. Antes, buscávamos o conhecimento mas nos afogávamos em informações. Estruturar as informações impediu que isso acontecesse e permitiu-nos ver as causas retrospectivas (numa perspectiva "rio acima") dos problemas — os mecanismos de primeira ordem, relativamente poucos, pelos quais a miríade de problemas evoluía prospectivamente (numa perspectiva "rio abaixo").

    Karl-Erik encorajou-me a escrever um livro sobre The Natural Step e a perspectiva sistêmica que se desenvolvera depois do "Listão". Logo depois que o livro foi publicado, John defendeu a dissertação de doutorado na qual elaborara a perspectiva científica a partir dos mesmos resultados. Desde essa época, temos dividido a autoria de vários artigos científicos e reescrito o texto das Condições Sistêmicas várias vezes, para torná-las cada vez mais claras e explícitas, menos passíveis de mal-entendidos e mais disponíveis à aplicação pela sociedade e em estudos científicos sobre várias áreas problemáticas da sociedade.

Aplicando as Condições Sistêmicas ao Pensamento Sistêmico

As Condições Sistêmicas aplicadas ao pensamento sistêmico permitiram uma mudança de foco: podíamos observar as causas retrospectivas (numa perspectiva "rio acima") dos problemas ambientais em vez de seus sintomas prospectivos (numa perspectiva "rio abaixo"). O problema com o debate público até então não era o que tínhamos aprendido sobre os efeitos negativos dos nossos erros retrospectivos sobre a natureza e a sociedade (numa perspectiva "rio acima" do sistema). O problema era que agíamos assim *em vez de* tirar conclusões ao nível dos princípios. Essa falta de uma compreensão fundamental também afetara seriamente as nossas autoridades e a comunidade das empresas. Por isso, os tomadores de decisão inteligentes tinham dificuldade de lidar com a situação.

    O problema fundamental em relação aos metais pesados (Condição Sistêmica 1) ou aos compostos persistentes estranhos à natureza (Condição Sistêmica 2) não tinha a ver com os mecanismos exatos pelos quais esses elementos exerciam os efeitos negativos. O problema fundamental era que se permitia um aumento na sua concentração e eles acabavam excedendo os limites de ecotoxicidade. E o problema fundamental em nos permitir invadir cada vez mais a nossa base vital de recursos indispensáveis à sustentação da vida (Condição Sistêmica 3) não tinha a ver com a importância exata de cada espécie ou unidade produtiva ecológica perdidas. De maneira semelhante, o problema fundamental em continuar gastando os recursos sem uma percepção da situação humana global (Condição Sistêmica 4) não tinha a ver com tentar entender todos os problemas sociais a que se chegaria. Infelizmente, no entanto, não era esse o rumo do debate público.

Devíamos estar dizendo que deixáramos de fazer as perguntas certas sobre a matéria da crosta terrestre e que o resultado era um aumento sistemático nas concentrações de matéria de lá na biosfera. Então todos os exemplos concretos desse problema central seriam importantes e dariam ênfase à importância disso. Mas, *em vez disso*, só falávamos sobre "efeito estufa", "chuva de ácido sulfúrico", "fosfatos em lagos", "metais pesados no solo", "cádmio nos nossos rins" e assim por diante — acrescentando cada vez mais problemas "entre as folhas" à lista. Da mesma maneira, não falávamos que não fizemos as perguntas relevantes sobre substâncias químicas de modo que a concentração de milhares delas estava aumentando sistematicamente. *Em vez disso*, falávamos sobre "compostos de nitrogênio na água do mar", "chuva ácida de nitrogênio", "redução da camada de ozônio", "desestabilizadores hormonais", "antiinflamáveis no nosso sangue", "pesticidas do Sudeste Asiático na Antártida" e assim por diante — acrescentando cada vez mais impactos causados por esse erro fundamental à nossa lista dos problemas. Raramente ouvíamos alguém dizer que estávamos cada vez mais invadindo fisicamente os sistemas permanentes de sustentação da vida. *Em vez disso*, falávamos de "perda de reservas de lençóis freáticos", "desmatamento", "erosão", "extinção de espécies", "redução dos estoques de peixes" e "monoculturas". Por fim, raramente falávamos sobre o fracasso da nossa época em constituir instituições e tomar medidas preocupadas em atender às necessidades humanas em nível mundial. *Em vez disso*, dizíamos "crime", "ecologicamente instável", "custos da ONU", "terrorismo", "alienação" e "crises no mercado de ações". Conseqüentemente, os tomadores de decisões baseavam os programas para o desenvolvimento sustentável em informações caóticas sobre impactos e efeitos "entre as folhas" em vez de numa compreensão de princípios relativamente robustos de "tronco e ramos", sobre os quais deveriam ser projetados os detalhes.

Consideradas da perspectiva das soluções, as Condições Sistêmicas poderiam ser apresentadas da seguinte maneira:

Condição Sistêmica 1:

Na sociedade sustentável, a natureza não está sujeita a concentrações sistematicamente crescentes de substâncias extraídas da crosta terrestre. Em uma sociedade sustentável, todos os materiais extraídos da crosta terrestre são controlados de tal modo que as concentrações de metais, minerais e fumaça de combustíveis fósseis não se acumulem na natureza. Alguns metais — os metais raros que normalmente ocorrem em muito baixas concentrações na natureza — são gradualmente retirados do uso em larga escala da sociedade uma vez que a probabilidade de concentrações crescentes de tais metais na natureza é extremamente alta. Em uma sociedade sustentável não há mais necessidade de mineração ou extração desse tipo que não tenha outro propósito a não ser a dispersão a curto prazo na sociedade (ao contrário da atual realidade em relação ao fosfato, por exemplo, ou a combustíveis fósseis como o petróleo e o carvão mineral). Os metais são recursos de alto desempenho, mas também são relativamente grandes consumidores de recursos — por exemplo, requerem quantidades mais elevadas de energia e combustíveis fósseis para a mineração e refino que a reciclagem de refugos. Portanto, em uma sociedade sustentável, os metais são reciclados corretamente.

A natureza não pode sustentar aumentos sistemáticos de nenhuma substância. Cada átomo de mercúrio, chumbo, zinco, cobre ou carvão que extraímos da crosta terrestre deve acabar em algum lugar. Se continuarmos como antes, os níveis de substâncias da crosta terrestre continuarão aumentando. Atualmente, entre outros efeitos, experimentamos níveis crescentes de metais pesados no solo, fosfato em lagos, ácido sulfúrico em florestas, gás carbônico na atmosfera e cádmio nos nossos rins. E os metais que, ou não são reciclados, ou são tão mal reciclados que não podem ser reutilizados diretamente segundo o seu propósito original, aumentam cada vez mais os níveis de concentração. A complexidade e as defasagens de tempo dificultam a previsão de em que fase os danos se encontram. Cada substância tem o seu próprio limite, mas esse limite é normalmente desconhecido até que o dano tenha ocorrido de fato. Mesmo depois de termos reconhecido os problemas causados pelas concentrações crescentes de substâncias na crosta terrestre e reduzido os níveis de extração por mineração, muitas substâncias continuarão se acumulando na natureza.[2] É por isso que a sociedade já acumulou quantidades enormes de materiais extraídos de minas, muitos dos quais não são comuns na natureza.

Opções sustentáveis são mudar para combustíveis renováveis e materiais como madeira, fibras, cerâmica, vidro e assim sucessivamente. Também podemos recomendar geralmente os metais encontrados na natureza. Quanto mais comum for o metal encontrado na natureza, mais livremente podemos usá-lo e reciclá-lo sem medo de aumentar as concentrações. O alumínio e o ferro, por exemplo, são consideravelmente mais comuns na natureza que o cobre e o cádmio. O uso eficaz desses metais e o estabelecimento de sistemas sofisticados de reciclagem são outras maneiras de evitar o aumento de concentrações na natureza. Mesmo em uma sociedade sustentável, pode ser necessário aumentar a mineração de determinadas substâncias a curto prazo — por exemplo, certos metais raros necessários em células fotoelétricas (para serem depois reciclados, é claro). Efeitos a longo prazo desse tipo de mineração seriam benéficos, uma vez que as células fotoelétricas reduzem a necessidade de combustíveis não-renováveis.

Condição Sistêmica 2:

Na sociedade sustentável, a natureza não está sujeita a concentrações sistematicamente crescentes de substâncias produzidas pela sociedade. Em uma sociedade sustentável, não fabricamos substâncias, seja intencionalmente, seja involuntariamente, a uma taxa mais rápida que essas substâncias possam ser decompostas e integradas nos ciclos naturais ou devolvidas à crosta terrestre. Isso se aplica à fabricação de substâncias químicas, remédios, aditivos plásticos e outras substâncias. Também se aplica à incineração.

Assim como na Condição Sistêmica 1, a Condição Sistêmica 2 chama a atenção especialmente para as substâncias que são incomuns na natureza ou que em circunstâncias normais nunca são encontradas ali. Essas substâncias devem ter a capacidade de se decompor rapidamente na natureza, convertendo-se em substâncias que são encontradas ali. Se tivermos de usar uma substância que seja tanto não-biodegradável quanto incomum na natureza, devemos estabelecer métodos sofisticados para impedir o seu vazamento para a natureza. Muitas pessoas acreditam que deve ser assim porque os compostos "artificiais" são ruins e os compostos "naturais" são sempre bons e inofensivos. Isso não é verdade, é claro — basta pensar nas toxinas bacterianas ou no veneno das cobras, por exemplo.

Quanto menos normalmente abundante na natureza é uma substância, maior o risco de obter maiores concentrações dessa substância por vazamentos da sociedade. Potencialmente, isso cria dois problemas: primeiro, os corpos da natureza (incluindo os nossos) reagem às mudanças de concentrações, não às quantidades absolutas de uma substância *per se*. E, segundo, se o composto normalmente não existir na natureza, então o risco de ecotoxicidade será relativamente maior porque a evolução não teve nenhum motivo para desenvolver mecanismos para lidar com o problema. Temos notícia de vários exemplos desse problema: existem diversas substâncias não-biodegradáveis não encontradas na natureza, como os clorofluorcarbonetos (CFCs), o bifenilo policlorado (PCB), alguns pesticidas, as dioxinas, os antiinflamáveis de brometo e as parafinas cloradas.

Se continuarmos como antes, os níveis de substâncias produzidas pela sociedade continuarão aumentando. A complexidade e os retardamentos dificultam a previsão dos níveis do dano causado. Cada substância tem o seu próprio limite, mas esse limite é muitas vezes desconhecido até que o dano já tenha ocorrido.

Opções sustentáveis incluem a descontinuidade gradual no uso de substâncias que não são prontamente biodegradáveis e não são normalmente encontradas na natureza. Também pode ser necessário controlar uma série de outras substâncias que, embora sejam biodegradáveis, estejam não obstante acumulando-se na natureza pelo uso em volumes excessivamente elevados. Com o uso eficiente das substâncias e o estabelecimento de sofisticados sistemas de reciclagem, será cada vez menor a necessidade de substâncias produzidas pela sociedade. Até mesmo em uma sociedade sustentável pode ser necessário usar ocasionalmente substâncias não-biodegradáveis que não são normalmente encontradas na natureza — por exemplo, importantes produtos farmacêuticos (que mais tarde podem ser reciclados a partir das secreções corporais) — embora essa escolha só seja conveniente caso não haja alternativa melhor e mais segura de uso que não requeira um acompanhamento constante.

Condição Sistêmica 3:

Na sociedade sustentável, a natureza não está sujeita à degradação sistematicamente crescente por meios físicos. Em uma sociedade sustentável, não afetamos os ecossistemas fisicamente de um modo que afete a biodiversidade da natureza ou a sua capacidade de produção. Vivemos dos "juros" que a natureza nos rende, não do seu "capital". Em uma sociedade sustentável, há bastante espaço para os animais e as plantas viverem sem ser afetados pela atividade humana. A agricultura e a silvicultura não são praticadas de maneiras que levem à perda de nutrientes, à extinção de espécies ou ao aprofundamento dos níveis de água no subsolo. Nem permitimos que um número crescente de estradas e construções desloquem a natureza ou os processos da natureza.

Exemplos de problemas são a devastação de florestas, a desertificação, a perda de nutrientes, a pesca intensiva em mares e lagos, a contaminação de cursos de água no subsolo, o turismo de massa em áreas de conservação da natureza e a construção de estradas e edifícios sobre solo fértil.

Se continuarmos como antes, a natureza terá reduzida a sua capacidade em funções como o processamento de detritos, a acumulação de recursos de que a sociedade precisa e a oferta de uma infinidade de "serviços gratuitos" cruciais à sobrevivência da vida (por exemplo, ar limpo e água potável).

A biodiversidade não deve diminuir sistematicamente; a diversidade é uma estratégia de defesa importante para a natureza em face da mudança. A cada dia são descobertas novas espécies e substâncias, as quais geralmente oferecem benefícios potenciais enormes em áreas como a medicina, a tecnologia de materiais e alimentação. Finalmente, a natureza, com a sua maravilhosa diversidade de espécies, vale por si mesma — algo que a maioria das pessoas sente instintivamente. Até o momento, classificamos uma pequena parte da biodiversidade do planeta e as suas respectivas funções na natureza, e simplesmente temos a obrigação ética de preservar o que existe. Uma verdadeira situação em que só há ganhadores: o que fazemos à natureza fazemos a nós mesmos.

Opções sustentáveis são comprar alimentos de propriedades agrícolas que plantam de maneira sustentável e obtêm matérias-primas de plantações de silvicultura administradas ambientalmente. Ao implantar fábricas novas sobre as fundações das antigas e planejar toda a construção com respeito pela natureza, podemos minimizar a nossa presença na natureza. Outra opção sustentável é tornar-se mais eficiente — por exemplo, as empresas podem planejar estrategicamente para reduzir a necessidade de transporte terrestre de longa distância e de consumo elevado.

Condição Sistêmica 4:

Na sociedade sustentável, as necessidades humanas são satisfeitas em todo o mundo. Nas sociedades sustentáveis, dentro das limitações ditadas pelas primeiras três Condições Sistêmicas, produz-se tanto benefício humano quanto possível de cada coisa extraída ou liberada da natureza. Ao mesmo tempo, os recursos são distribuídos de maneira razoável e eficiente bastante para assegurar que pelo menos as necessidades humanas básicas sejam satisfeitas em todas as regiões do mundo.

A Condição Sistêmica 4 tem uma função excepcional. Por ela é reconhecido o esforço constante das pessoas para melhorar as maneiras pelas quais satisfazemos as nossas próprias necessidades e as das outras pessoas. Para as empresas, é uma questão de fazer o máximo possível para oferecer aos clientes o que eles desejam, usando o mínimo de recursos. A quarta Condição Sistêmica é básica para o desenvolvimento sustentável de uma maneira direta (a sustentabilidade social), mas é também uma pré-condição para obter resultados satisfatórios com as três Condições Sistêmicas anteriores. As tensões sociais crescentes resultantes das injustiças e outros exemplos de desrespeito aos valores humanos impedem a nossa possibilidade de ingressar em uma transição para a sustentabilidade ecológica de maneira satisfatória.

Exemplos de problemas atualmente associados à Condição Sistêmica 4 são: a crescente lacuna entre pobres e ricos, a fome, a perda do sentido da vida e dos valores culturais, a alienação, o crime, o desvio de quantidades enormes de recursos (incluindo tempo gasto em engarrafamentos de trânsito e assemelhados, em vez de estar trabalhando ou com os filhos), os custos crescentes para sustentar a ONU, e assim por diante.

Se continuarmos como antes, desperdiçando recursos humanos em escala global e não implementando a sustentabilidade social, será difícil ou até mesmo impossível para a humanidade obedecer às Condições Sistêmicas ecológicas de 1 a 3. A perda de significado cultural destruirá a nossa crença no futuro — ricos e pobres sofrerão com isso — e aumentará o risco de que as baixas expectativas cumpram-se por si mesmas.

Entre as opções sustentáveis incluem-se várias medidas para injetar valores humanos nas questões cotidianas de um modo muito significativo. Os serviços mais que as mercadorias devem ser priorizados para encontrar maneiras mais eficientes de atender às necessidades humanas em nível global. Isso significa encontrar meios de vender "luz" em vez de "quilowatt-hora", "alimentos resfriados em casa" em vez de "geladeiras", "alimentos de preparo rápido e nutritivos" em vez de "hambúrgueres" e assim sucessivamente. Além disso, significa permitir que os recursos que possam ser liberados mediante métodos mais sofisticados satisfaçam as mesmas necessidades. Por exemplo, destinar aos países em desenvolvimento os combustíveis em desuso nos países ricos como resultado de maneiras mais inteligentes de conduzir os negócios, para atender às suas justificáveis exigências de participar da economia mundial. As razões são simples para qualquer empresa com interesses globais — os países em desenvolvimento têm vizinhos, mercados e parceiros para o futuro. A justiça será um componente cada vez mais importante nos negócios sustentáveis.

Os seres humanos são sociais por natureza e justiça é um bem comum; ela é também uma parte muito razoável da Condição Sistêmica 4 para a sustentabilidade. A "justiça" nesse contexto refere-se a uma situação hipotética segundo a qual as mais básicas das necessidades humanas pelo menos são cumpridas globalmente. No momento, 20 por cento das pessoas no mundo usam mais do que 80 por cento dos recursos, ao passo que as 20 por cento mais pobres são subnutridas e não têm acesso ao abastecimento de água potável. As pessoas que vivem na pobreza obviamente são menos capazes de pensar a respeito do próprio futuro ou, realmente, a respeito de idéias ambientais como as Condições Sistêmicas. Conseguir a economia de recursos em setores técnicos específicos ou dentro dos limites nacionais, portanto, nunca será o bastante. A economia de recursos tem de acontecer em nível global.

Consideradas como um todo, as Condições Sistêmicas ofereciam um conjunto de idéias para entender os problemas assim como para propor soluções. Cada uma das Condições Sistêmicas levava a diversas sugestões sobre como mudar os métodos. Por exemplo, a sociedade poderia substituir metais e compostos (Condições Sistêmicas 1 e 2), mudar rotinas administrativas para áreas férteis (Condição Sistêmica 3) e encontrar novas e mais sutis maneiras de atender às necessidades humanas em um nível mais elevado e mais amplo (Condição Sistêmica 4).

Esses vários tipos de substituições inteligentes — denominadas transmaterializações — eram todos muito bons e benéficos. Mas o mesmo propósito poderia ser alcançado indiretamente diminuindo-se a quantidade de metais, de substâncias químicas e de recursos renováveis necessários à mesma utilização humana — ao que a literatura ecologicamente orientada se refere como "desmaterialização". Por exemplo, se quiséssemos diminuir o risco do aumento de concentração de uma determinada substância química na natureza, poderíamos substituí-la por outra substância química mais biodegradável (transmaterialização) ao mesmo tempo que evitaríamos desperdiçar essa substância e a reciclaríamos no final (desmaterialização). Assim, a desmaterialização não só ajustar-se-ia às limitações ecológicas (Condições Sistêmicas 1 a 3) mas também poderia ser usada para mobilizar fluxos de recursos para uma distribuição mais igualitária (Condição Sistêmica 4).

Graças ao diálogo com todas as empresas, universidades e os meus colegas no TNS, e a Karl-Erik e John, que nos deram apoio e orientação intelectual, estávamos prontos para dar continuidade ao diálogo com as pessoas que decidiam. Mas dessa vez estaríamos operando a partir de uma plataforma de conhecimentos mais elevada, que evoluíra desde o "Listão". O nosso trabalho acabaria por nos conduzir à conclusão da Estrutura de Referência do TNS (veja o Capítulo 10) e a uma compreensão integral de como essa Estrutura de Referência relacionava-se ao trabalho de outras pessoas (veja o Apêndice 3).

TERCEIRA PARTE

Encaminhando o Diálogo

CAPÍTULO 7

IKEA: CRIATIVIDADE E CORAGEM

Lennart Dahlgren (vice-presidente do IKEA) e Russel Johnson (chefe mundial de qualidade da mesma empresa) procuraram-me em 1990, quando ainda estávamos começando, para ajudá-los a superar as resistências contra medidas proativas que tinham encontrado dentro da própria equipe administrativa da empresa. Assim como todos os outros suecos, eles haviam recebido o "Listão", procuraram se informar melhor a respeito e concluíram que eu seria o homem indicado para lidar com aquela resistência. O problema não era tanto a atitude negativa em relação à sustentabilidade propriamente dita, mas principalmente uma sensação de que aquelas questões dificilmente poderiam ser convertidas de modo eficaz em procedimentos normais de trabalho. Uns colegas seus achavam que o desenvolvimento sustentável era um total entrave para as empresas, mas Lennart e Russel tinham fortes dúvidas a respeito.

Conheci Lennart e Russel em uma das maiores lojas do IKEA no mundo — vizinha ao Hospital Huddinge, em Estocolmo. Já na minha primeira impressão, fiquei surpreso em relação a algo que mais tarde revelou-se como uma parte fundamental dos valores essenciais do IKEA. Os dois, embora representassem a cúpula administrativa mundial do IKEA, pareciam ser totalmente abertos, descontraídos, amigáveis, e as suas atitudes eram de pessoas desprendidas, modestas, sem vaidade. Eles pareciam dois "suecos normais" — expansivos e brincalhões, embora estivessem ali a trabalho. Considerei a combinação muito interessante. Para mim, desde o princípio eles inspiraram um modelo de comportamento institucional para o TNS. No entanto, eu não fazia a menor idéia do que exatamente aqueles dois homens e os seus colegas esperavam de mim não só pessoalmente, mas também profissionalmente.

Eles queriam ouvir a minha opinião sobre a sustentabilidade nas empresas e como essa opinião evoluíra desde o envio do "Listão". Eles também comentaram sobre alguns dos seus problemas — por exemplo, que as pessoas haviam rotulado o desenvolvimento sustentável nas empresas de "frescura". Eu não me lembro das minhas respostas, mas aparentemente passei no teste. Dentro de uns dois meses, estava apresentando uma palestra para a alta cúpula administrativa do grupo IKEA, incluindo o presidente da corporação, Anders Moberg, a qual se estendeu por um dia inteiro na sede internacional do IKEA, em Humlebeck, nos arredores de Copenhague.

Eu sabia que entendia menos de móveis que qualquer um da equipe administrativa do IKEA (talvez a equipe mais avançada nesse ramo no mundo), assim a postura humilde me caiu com naturalidade naquela situação. O que é que eu poderia dizer àqueles profissionais que realmente os ajudasse a oferecer móveis de maneira sustentável às pessoas? Aquela era a hora da verdade. Aquele era o primeiro "cliente" do TNS, e todas as reflexões e argumentos que trocara com os meus colegas seriam testados naquele momento na vida real. A perspectiva sistêmica seria útil ou acabaria se tornando um entrave aos negócios?

Se eu falhasse ali, perante um dos mais bem-sucedidos empreendimentos comerciais suecos dos tempos modernos, então o futuro próximo de The Natural Step seria muito mais duvidoso. Não obstante, eu estava mais concentrado do que nervoso, provavelmente porque todos os integrantes da cúpula administrativa do IKEA exibiam o tempo todo a mesma atitude relaxada que eu observara em Lennart e Russel. O presidente da empresa, Anders Moberg, não era exceção. Talvez também tenha ajudado eu ter aberto o jogo com eles, desde o começo, dizendo que precisava aprender tanto quanto eles e que aquela reunião seria mais uma conversa séria do que uma aula. Assim, comentei sobre o pensamento sistêmico em geral — dirigir um automóvel e o aprendizado do primeiro idioma e assim por diante (veja o Capítulo 2) — no que eles já eram especialistas. Falei sobre a necessidade de as equipes concordarem sobre os princípios gerais para poder atuar como se fossem um indivíduo quanto ao pensamento e ao planejamento sistêmico. Então passei pela evolução, desenhando os meus símbolos ingênuos para as espécies em desenvolvimento no quadro-negro. Não tinha *slides* profissionais, é claro, e isso, conforme Russel e Lennart me falaram depois, pode realmente ter aumentado o êxito que iríamos comemorar naquele dia. Isso ajudou a comunicar que estávamos juntos na mesma incerteza.

Depois de apresentar as Condições Sistêmicas e a necessidade de fazer perguntas relevantes numa visão retrospectiva (numa perspectiva "rio acima") inspiradas por elas, falei sobre os modelos de comportamento e os obstáculos. O modelo de comportamento não é o de uma empresa que dá um grande salto para a sustentabilidade da noite para o dia, eu lhes disse. O modelo de comportamento não é o daquele que fica sentado a distância e aponta os obstáculos, dizendo: "Se esses obstáculos não existissem, bem que poderíamos ir por ali." O modelo de comportamento é o de quem faz o que pode ser feito dentro das limitações que se apresentam, avançando na direção dos obstáculos e ganhando impulso na direção certa. Quanto mais empresas fizerem o mesmo, mais forte será a pressão sobre os obstáculos. E *vice-versa*. Se ninguém fizer nada contra os obstáculos, nada vai acontecer. É por isso que os modelos de comportamento são essenciais para a sociedade como um todo.

Dei exemplos do que queria dizer com obstáculos: que os clientes do IKEA não usariam listas de itens para conferir as Condições Sistêmicas quando estivessem avaliando o valor dos produtos do IKEA; muitas medidas em sintonia com as Condições Sistêmicas custariam mais caro; alguns funcionários dentro do IKEA ofereceriam resistência com base na premissa de que proatividade é sinônimo de "sandálias, bicicletas com adesivos de flores e de comunismo" (nesse ponto ouvi algumas risadas, o que foi um alívio).

Numa espécie de psicologia às avessas, enfatizei a importância de não negligenciar os obstáculos. Tentar varrê-los para debaixo do tapete seria o pior erro que o movimento verde poderia cometer. A razão era simples, afirmei. Se conseguíssemos ocultar ou diminuir os obstáculos e entusiasmar as empresas proativas a entrar na arena do desenvolvimento sustentável, então elas acabariam batendo cabeça de qualquer maneira e no fim só teríamos criado um meio de nos livrar dos modelos de comportamento. Mas, se conseguíssemos ver os obstáculos claramente, poderíamos abordá-los cautelosamente e começar a atacá-los de uma maneira planejada. E se mais modelos de comportamento começassem a fazer o mesmo — talvez unindo forças — os obstáculos poderiam ser eliminados.

Pensei que a minha mensagem tivesse atingido o alvo formosamente, mas colidi imediatamente com uma resistência. Um dos gerentes reagiu com um longo e impressionante discurso.

Um dos principais valores essenciais do IKEA é "oferecer uma vida cotidiana melhor para o máximo de pessoas possível". Nesse sentido, os nossos preços — e custos — devem ser os menores do mercado. Você acabou de nos dizer (ele levantou quatro dedos irados no ar, um para cada Condição Sistêmica) que devemos:

1. Deixar de usar metais raros, como o chumbo, nos nossos móveis. E encontrar substitutos para eles. E devemos reciclar os metais mais abundantes que mantemos nas nossas linhas de produtos, presumivelmente pedindo aos nossos clientes que tragam os seus móveis velhos para serem reciclados. E devemos deixar de usar o petróleo e o gás natural como matérias-primas para plásticos, e dizer aos químicos que queremos que eles produzam plásticos a partir de elementos renováveis

— por exemplo, carvão e água. E depois pagar alegremente por todas essas mudanças.

2. Pelas mesmas razões, devemos não só começar a eliminar as substâncias químicas que entraram na lista da Agência de Proteção Ambiental, mas nos submeter alegremente a pedir aos químicos para livrar-se de todos os compostos persistentes estranhos à natureza em colas, tintas, aditivos plásticos e assim por diante. E encontrar bons substitutos funcionais e também pagar por eles.

3. E, quando comprarmos madeira para a produção de móveis, devemos exigir métodos de plantio e colheita sustentáveis. O que custa mais caro, é claro. E devemos ir eliminando o uso da madeira de florestas tropicais se fizerem parte de desmatamento, e encontrar substitutos caros, por exemplo, madeira de cerejeira. O que não só será mais caro, mas também irá contra a quarta Condição Sistêmica em nível mundial, uma vez que muitos povos pobres nos países em desenvolvimento sobrevivem de derrubadas de florestas tropicais.

4. Nós simplesmente seremos obrigados a ajudar os povos pobres em áreas de florestas tropicais a estabelecer uma silvicultura sustentável, por exemplo, por meio de plantações. E, para ajudá-los a estabelecer uma sociedade sustentável por conta própria, precisaremos acrescentar custos sociais aos preços que pagamos pelo abate e transporte da madeira. E, aqui da Suécia, as nossas lojas estão localizadas muito longe dos núcleos populacionais, precisando de transportes a distância para levar os móveis entre as fábricas e os clientes, o que contribui para criar engarrafamentos de trânsito. Nós simplesmente precisaríamos ajudar os clientes a organizar transportes mais eficientes para as pessoas assim como para as mercadorias — talvez por ônibus e caminhões adquiridos ou arrendados pelo IKEA.

Quem você acha que vai pagar por tudo isso? A Agência de Proteção Ambiental? O governo? Não, será o cliente. Assim, os nossos produtos serão mais caros que os dos nossos concorrentes e, se pusermos isso em prática, teremos destruído os nossos valores essenciais. Muito obrigado.

O "muito obrigado" calou fundo. Simplesmente por não saber o que dizer, tornou-se fácil lembrar-me da "Técnica do 'Sim, e...'":

— Sim, eu entendo perfeitamente bem o seu ponto de vista. E não faço a menor idéia sobre como resolver isso (porque não sabia). E seria ridículo para mim... um simples médico... aqui, diante da alta cúpula da maior empresa de móveis do mundo, tentar explicar como conduzir os seus negócios nessa arena. Sinto muito, mas não posso responder. Mais alguém?

A "Técnica do 'Sim, e...'", combinada com a "Atitude de Pedir Conselho" deu resultado na hora.

Outro gerente virou-se para o colega que fizera a crítica e disse:

— Só precisamos desenvolver o sofá sustentável, em volumes pequenos de produção para começar, e depois então conseguir os preços mais baixos em ambas as alternativas. Mais tarde, quando os volumes de produção do novo sofá subirem, os custos e os preços cairão e a transição estará feita.

Eu divisei um leve rubor nas bochechas do primeiro gerente, porque a resposta era tão simples. E senti gratidão, é claro, porque um perigoso beco sem saída potencial se transformara em uma possibilidade e em um desafio. A atitude receptiva criara uma resposta muito agradável e todos os gerentes se inclinaram no sentido da proatividade — as pessoas que pensavam em funcionar como advogados do diabo mudaram de opinião e o declararam abertamente durante o seminário.

Uns dois anos depois, no dia 6 de outubro de 1993, durante um seminário para empresas em Estocolmo que o TNS organizou juntamente com a *Veckans Affärer* (a maior revista semanal de negócios da Suécia), ouvi Ingvar Kamprad, fundador e diretor do IKEA, dizer algo como:

— O IKEA planeja lançar móveis de acordo com as Condições Sistêmicas, passo a passo, e depois começar a desencorajar o cliente de comprar o tipo antigo de móveis. "Esses estão fora de moda", diremos, "mas estas novas linhas têm qualidades que não só são inerentes aos móveis, mas ao nosso hábitat como um todo. É claro que eles custam um pouco mais caro, mas você não encontrará outros iguais a estes mais baratos em nenhum outro lugar."

O IKEA implementou a estratégia sobre a qual conversamos naquele primeiro dia da nossa cooperação. Eles desenvolveram uma linha exclusiva de móveis, a "linha gustaviana", que era tão exclusiva que nenhum cliente questionou sobre o custo extra marginal em virtude da preocupação ambiental. Ele ficava oculto na exclusividade. No entanto, o problema era como comunicar o fato durante o período de transição. Se o cliente soubesse que essa e aquela linha de móveis tinha ficado muito "sustentável", então o que os clientes pensariam das outras linhas? Isso não seria contraproducente? Tais preocupações levaram o IKEA a concluir a estratégia dos saltos quantitativos o mais rápido possível, com os passos pequenos mas sistemáticos para todas as outras linhas. Na realidade, essa última tornou-se uma estratégia relativamente mais eficaz com o passar do tempo.

Depois de concluído o seminário inicial para a administração, no segundo dia da minha viagem à matriz do IKEA, Lennart e Russel quiseram saber quanto me deviam. Fiquei envergonhado em falar de dinheiro, mas consegui dizer algo como "umas 5 mil coroas" (uns 600 dólares). Então Lennart interveio: "Não, não", eu continuei: "ou quanto vocês achem que tenha valido".

— Não, você não entende — ele disse. — Se você não cobrar de uma maneira profissional, nunca irá para a frente, e o TNS irá à falência. Você precisa de dinheiro, se pretende disseminar esse diálogo e permitir o acesso a ele a mais pessoas. E, se não fizer isso, será um desperdício como aquele sobre o qual falou durante o seminário. Você deve nos cobrar no mínimo 25 mil coroas (3 mil dólares).

A essa conversa seguiu-se uma carta muito séria de Lennart e Russel para o Grupo de Arlanda — a diretoria do TNS. Eles deixaram claro à diretoria que, a menos que desenvolvessem uma estratégia empresarial profissional para o TNS, perderiam o seu primeiro empreendedor (eu) por exaustão.

Desde aquele dia, houve muitas e muitas razões para que tanto a diretoria do TNS quanto a mim sermos gratos ao IKEA. Não só por causa da atitude protetora deles em relação ao TNS e a mim, mas também por causa da sua experimentada parceria intelectual e por aplicar as conquistas intelectuais em métodos empresariais concretos. A primeira providência deles foi pedir ao TNS para ajudá-los a produzir material pedagógico para os seus instrutores — animações, materiais para sessões rápidas, vídeos, folhetos e assim por diante. Dez anos depois, cerca de quatrocentos instrutores (gerentes do IKEA) aplicaram esse material para orientar cerca de 50 mil funcionários em todo o mundo.

Comecei a admirar a criatividade e a coragem que o processo inspirava. A perspectiva sistêmica ficara mais fortalecida com as contribuições concretas do IKEA e começara a se transformar em um tipo de conceituação global para o jogo chamado "desenvolvimento sustentável". Começara a aparecer como o texto explicativo que acompanha geralmente a caixa de um jogo familiar e o IKEA tratou a questão desse modo. Tornara-se mais divertido participar do jogo agora, quando os participantes compartilhavam da mesma idéia do que se tratava. Evidentemente, era mais divertido aplicar as Condições Sistêmicas para tentar resolver os problemas retrospectivamente (numa perspectiva "rio acima") do que apenas discutir um problema de cada vez como se não houvesse nenhuma ligação de princípio entre eles. E essa estruturação compartilhada de pensamentos foi sem dúvida muito útil para estimular a formação de um sentimento de comunidade. Cada vez me chegavam mais exemplos empolgantes vindos de Russel e Lennart.

Um dia, por exemplo, o pessoal do IKEA construiu uma maquete de uma agência bancária dentro da matriz sueca em Älmhult, com um letreiro em cima para explicar do que se tratava: "Banco de Idéias." Os funcionários colocavam as idéias no "banco". Desse modo, várias idéias provocadas pela perspectiva sistêmica do TNS, como novos sistemas logísticos ou para o tratamento do lixo, assim como em relação a novos produtos, foram encaminhadas à administração. E as idéias inteligentes que poderiam ser logo postas em prática pela empresa eram festejadas e premiadas. Bicicletas e até mesmo um carro elétrico podiam ser vistos entre os prêmios para as boas idéias. Eu pedi a Russel que tirasse uma foto do "banco". A razão principal para isso, além de poder usar como exemplo de atmosfera criativa, foi que gostei do letreiro: *"varning för smärtsamma konsultförsök"* ("cuidado com experiências dolorosas de consultoria"). Simplesmente significava que esse jogo — refletir retrospectivamente (numa perspectiva "rio acima") para eliminar aos poucos as atividades não-sustentáveis — devia ser jogado pela empresa como uma equipe, e não entregue a consultores.

O IKEA criou um folheto intitulado "Lixo É Dinheiro", em que se explicava que o desperdício equivale a custos, porque revela que algo está errado. Por que não reduzir o desperdício ou usá-lo para outra coisa e reduzir os custos ao mesmo tempo? A história por trás do folheto merece ser contada. Roger Johansson era o gerente do IKEA em Gotemburgo. Um dia o telefone tocou no escritório de Roger e ele ouviu uma voz aborrecida do outro lado da linha:

— Você se lembra do empresário que prometeu esvaziar o latão de lixo duas vezes por semana em vez de só uma vez por semana?

— É claro que me lembro. Não faz assim tanto tempo.

— Bem, de qualquer maneira, ele não está fazendo o que prometeu. Pois agora o latão está transbordando de lixo, poluindo o estacionamento aqui embaixo, bem do lado da nossa entrada.

Roger sentiu a pulsação acelerar e a pressão sanguínea subir, e começou a discar o número da empresa de coleta de lixo. Enquanto discava, ocorreu-lhe que gastara apenas 30 segundos para terminar "entre as folhas", numa visão prospectiva (numa perspectiva "rio abaixo"), tentando esvaziar com mais freqüência o latão de lixo. Então, desligou o telefone antes que houvesse uma resposta e começou a pensar (o que havia prometido a si mesmo fazer). Acaso dobrara o movimento de vendas do IKEA em Gotemburgo, justificando assim o dobro de lixo correspondente? Infelizmente, não. Então teve uma idéia melhor do que esvaziar o latão com mais freqüência e telefonou ao colega:

— Vire o latão de cabeça para baixo — disse Roger.

— Me desculpe...

— Vire o latão de cabeça para baixo e despeje todo o lixo no estacionamento.

— Bem, você é o chefe...

Então Roger ligou para os gerentes intermediários — compradores e outras pessoas que, de várias maneiras, influenciavam o fluxo de materiais no IKEA — e todos desceram ao estacionamento para dar uma olhada no lixo.

— Os metais, Condição Sistêmica 1, poderiam ser vendidos como refugo em vez de ir para o lixo? O mesmo se aplica ao papel de parede e ao papel bom: Condição Sistêmica 3. Lixo do nosso restaurante de clientes misturado com substâncias químicas que não analisamos com referência à Condição Sistêmica 2? — e assim por diante.

Os fluxos foram analisados; alguns dos materiais poderiam ser vendidos como refugo, outros enviados para compostagem. Outros ainda poderiam ser reduzidos antes de mais nada por não serem levados ao domínio econômico do IKEA. Roger decompôs os números em índices econômicos: "+" para vendas de refugo ou eliminados aos poucos das compras, e "-" para os custos de determinados procedimentos para classificar as substâncias químicas (por exemplo, de modo que os refugos pudessem ser vendidos). Ele implementou um programa sofisticado para administração dos resíduos numa perspectiva "rio acima" e o folheto "Lixo É Dinheiro" foi produzido.

Um ano antes de Roger implementar esse novo programa, os custos da administração dos resíduos chegavam a 250 mil coroas suecas (30 mil dólares). No ano seguinte, eles caíram para "zero" coroa, e no ano subseqüente a administração dos resíduos deu um lucro de 40 mil coroas (5 mil dólares). Quando contei essa história pela primeira vez nos Estados Unidos, fiz confusão e disse que o título do folheto era "Dinheiro É Lixo" — algo que pode ter ajudado a disseminar o mal-entendido de que "meio ambiente" e "comunismo" andam de mãos dadas.

De qualquer maneira, o IKEA demonstrou que havia muito a ganhar. E o seu pessoal tinha começado a aprimorar o instrumento de planejamento baseado nas Condições Sistêmicas. Eles perceberam como é importante não só avaliar criticamente os fluxos atuais com respeito às Condições Sistêmicas, mas também avaliar criticamente da mesma maneira as possíveis soluções. Isso significava evitar becos sem saída pelo caminho.

Junto com o IKEA, analisando o modo como eles estavam aplicando as Condições Sistêmicas, começamos a desenvolver um conjunto de idéias mais completo e um manual para acompanhá-las. Esse manual foi intitulado "Análise A, B, C, D" (veja o Capítulo 10).

A metodologia com a qual o IKEA lançou no mercado a sua marca de lâmpadas de baixo consumo de energia é um exemplo de como aplicar as Condições Sistêmicas ao planejamento. Russel Johnsson, o diretor de assuntos ambientais naquele momento, narrou a história.

"Substituir uma lâmpada incandescente por uma CFL traz uma economia considerável no consumo de energia e de gastos com eletricidade (aproximadamente de fator 5) e um aumento considerável na vida do produto (fatores de 8 a 10). Mas o preço elevado era um obstáculo para os lares particulares comprovarem esses fatos por si mesmos na prática. O nível de preços típico na Suécia era, na ocasião, de 120 coroas (15 dólares) para uma lâmpada CFL de 11 W (correspondendo a uma lâmpada incandescente de 60 W). A razão para o preço elevado era que os gigantescos fabricantes da lâmpada tinham grandes instalações de produção para lâmpadas incandescentes e não queriam competir consigo mesmos pelo mercado de CFLs de preço baixo. O problema é ainda mais complexo, uma vez que as CFLs, ao contrário das lâmpadas incandescentes, contêm mercúrio.

"O problema da substituição está entre o uso maior de mercúrio (Condição Sistêmica 1), gastos menores de energia (principalmente Condições Sistêmicas 1 e 2) e custos mais altos para as lâmpadas com menor disponibilidade ao público (Condição Sistêmica 4). Uma metodologia mais criativa do que tentar calcular se os impactos excediam em valor o benefício era iniciar o procedimento de planejamento de um ponto em que as substituições não existissem — fazendo *backcasting* a partir das Condições Sistêmicas até encontrar uma estratégia que se submetesse a elas [veja o Capítulo 10].

"Em resumo, o que fizemos foi o seguinte: localizamos um fabricante que poderia oferecer uma combinação boa o bastante dos critérios listados para servir como uma base. Queríamos uma lâmpada CFL bem confiável, com um máximo de 3 miligramas de mercúrio. Isso seria comparável ao exigido pelo sistema de rotulagem ambiental para tais lâmpadas na União Européia, que é no máximo de 6 miligramas de mercúrio (fator 3). Um fabricante chinês, excelente tanto do ponto de vista da concepção de produto quanto de tecnologia de produção, poderia satisfazer essas exigências ao mesmo tempo que era competitivo bastante em matéria de preço. Fizemos saber a esse fabricante e aos seus concorrentes que, desde que se mantivesse à frente dos concorrentes em preço, gasto de energia e conteúdo de mercúrio, ele continuaria fazendo negócios com o IKEA.

"Durante o outono de 1997 começamos a campanha de *marketing* sueca sobre as CFLs. A campanha consistiu nas seguintes etapas, que nos fariam seguir na direção certa:

1. Cortes de preço de um terço para a lâmpada de 11 W (cerca de 5 dólares) e menos que a metade para os outros tamanhos de lâmpada. (No ano 2000, o preço foi cortado ainda mais — um décimo do preço de 1997.)

2. Cooperação com a maior organização ambiental sueca, a Associação Sueca para a Conservação da Natureza (ASCN), em torno de uma campanha de informação pública sobre possibilidades de economia de energia (e custos) para as residências.

3. Anúncios em todos os principais jornais diários, oferecendo a todas as famílias uma lâmpada CFL de 11 W grátis (durante um período de duas semanas), nas lojas do IKEA, para que todos se convencessem de que a CFL era uma escolha muito lucrativa para a família. Algo em torno de 600 mil lâmpadas foram distribuídas. A população da Suécia era de cerca de 9 milhões de pessoas.

4. Antes de lançar a campanha nós, juntamente com técnicos especializados da ASCN, visitamos o nosso fornecedor de lâmpadas CFL na China. Reunimo-nos com a direção administrativa da empresa e fizemos uma vistoria completa da fábrica, com um interesse especial no sistema de administração e métodos ambientais da empresa, as suas operações, as condições de trabalho dos funcionários, e assim por diante. Também visitamos o departamento de pesquisa, desenvolvimento e meio ambiente do fornecedor e discutimos as possibilidades de uma redução adicional do conteúdo de mercúrio e de outros aperfeiçoamentos ambientais potenciais. Documentamos a nossa visita em vídeo e editamos fitas de vídeo que foram distribuídas depois a todas as lojas suecas do IKEA.

5. Informamos aos clientes sobre os graves perigos ambientais do mercúrio e nos oferecemos para receber de volta nas lojas do IKEA (sem despesas para o cliente) todas as lâmpadas usadas contendo mercúrio. Fizemos um contrato com uma importante empresa de reciclagem (RagnSells) para que se encarregasse de todas as lâmpadas devolvidas, incluindo as que usássemos em lojas, armazéns e escritórios. Cerca de 98 a 99 por cento do mercúrio é recuperado por uma empresa especializada na Alemanha. Juntamente com a ASCN, fizemos também uma vistoria completa nessa empresa e a documentamos na mesma fita de vídeo que fizemos sobre a China.

"Como resultado dessa campanha, as vendas de CFLs para as residências particulares suecas aumentaram consideravelmente. A concorrência teve de diminuir os preços e as nossas vendas de CFLs aumentaram. Acreditamos que a nossa campanha foi boa para todo mundo — para os clientes e para o país (precisamos economizar energia para fechar reatores nucleares) — com exceção dos fabricantes e importadores de lâmpadas incandescentes. Calculamos que, se toda residência sueca substituísse 20 lâmpadas incandescentes de 60 W por CFLs de 11 W, a economia de energia anual resultante equivaleria à produção de um dos reatores nucleares suecos. O conteúdo de mercúrio está diminuindo sistematicamente, mas a meta, é claro, é zero mercúrio nas lâmpadas."

Portanto, visualizar um êxito futuro e planejar para atingi-lo é uma maneira de encontrar estratégias para chegar lá (*backcasting**: veja o Capítulo 10). O IKEA leva isso a sério. Um dia, quando eu estava voltando para a matriz sueca para apresentar um seminário para os gerentes verdes, encontrei o telhado e a parede da frente do prédio principal da matriz sueca cobertos de lâmpadas fotovoltaicas. Isso mostrava aos funcionários de uma maneira concreta que o rumo que estávamos tomando não era o de raízes comestíveis encaixotadas, mas algo mais sofisticado que o que temos hoje. Nas palavras de Ingvar Kamprad: "A maior parte das coisas permanecem por ser feitas: um futuro glorioso."

Em 1996, o TNS convidou o primeiro-ministro sueco, Ingvar Carlsson, para uma reunião com vários presidentes de empresa e outros gerentes que tinham acumulado experiências com a Estrutura de Referência do TNS nas suas empresas — Electrolux, Hotéis Scandic, McDonald's sueco, Hemköp e KF, construtora JM e a Federação dos Agricultores Suecos. A reunião foi na Electrolux e o seu anfitrião foi o presidente da empresa, Leif Johansson. Depois de uma apresentação inicial da perspectiva sistêmica do TNS e como ela era aplicada nas empresas, Ingvar Carlsson perguntou aos administradores ao redor da mesa até que ponto chegava a crença naquela convicção nas suas respectivas empresas. O vice-presidente do IKEA, Lennart Dahlgren, respondeu:

— Se a administração do IKEA tentasse reduzir as suas ambições ambientais, seríamos atropelados pelos nossos próprios funcionários e enfrentaríamos uma revolução: a tal ponto a idéia tornou-se inerente ao nosso modo de pensar.

Embora eu tivesse dúvidas — a liderança e o pensamento sistêmico dentro da empresa podem desaparecer em muito menos tempo do que leva para construí-los — agradeci a devoção de Lennart.

Assim, o diálogo inicial com o IKEA expandiu-se a cada vez mais empresas e foi se desenvolvendo em cooperação com elas. Juntos, tínhamos descoberto como os princípios não sobrepostos para o planejamento bem-sucedido em qualquer sistema complexo poderiam ser elaborados em um conjunto de idéias concretas para a tomada de decisões. Antes de entrar em mais detalhes, vamos considerar mais alguns exemplos do mesmo tipo de pensamento.

---

* *Backcasting* é um método de planejamento em que se imagina um resultado de planejamento satisfatório no futuro e em seguida se pergunta: "O que deveríamos fazer hoje para chegar a esse resultado?"

Capítulo 8

Scandic e Sånga Säby: Pilotos de Teste da Sustentabilidade

A Cadeia de Hotéis Scandic é a maior cadeia de hotéis do norte da Europa. No início dos anos de 1990, o grupo vinha padecendo com valores essenciais fracos, perdera a confiança no que estava fazendo, encontrava-se à beira da falência e demitira a equipe administrativa anterior. O novo executivo, Roland Nilsson, e o seu colega imediato, Ola Ivarsson, chefe de compras e diretor ambiental (uma combinação interessante de "pensadores retrospectivos", ou seja, com uma perspectiva "rio acima"), decidiram mudar os Hotéis Scandic.

A fórmula anterior de hotéis de luxo e de classe média não refletia a imagem de uma idéia empresarial bem pensada e focalizada. Roland achava que a qualidade do serviço era fundamental e que essa qualidade devia basear-se em alguns valores mais profundos que não existiam na empresa na ocasião. Nem mesmo o luxo suntuoso e estéril dos melhores hotéis poderia substituir bons valores essenciais. O ambiente, que seria obtido com um melhor treinamento, precisava ser mais doméstico e modesto. A Cadeia Scandic seria transformada no "IKEA dos hotéis", e a tendência geral a ser seguida seria comunicar *värdegemenskap* — valores compartilhados com os clientes.

Depois de um seminário administrativo com o TNS, Roland e Ola decidiram que o foco não-dogmático do TNS em princípios, combinado com o apoio à criatividade individual, oferecia um instrumento excelente para a criação de uma impressão de comunidade e trabalho em equipe. Além disso, a preocupação do TNS com a sustentabilidade — a tendência mais forte a longo prazo — combinava com as idéias da Scandic de "compartilhar os valores dos clientes".

A nossa experiência com o IKEA ajudou-nos a atender a Scandic num nível de profissionalismo um pouco mais elevado e com maior rapidez. Isso, combinado com a paixão de Roland e Ola por transformar os problemas da

Scandic e o grande alívio do pessoal com o novo clima de desafio, criou um ritmo de transição que eu não acreditava que fosse possível.

A nossa apresentação para a equipe administrativa deu-se em fevereiro de 1992. O material pedagógico, baseado na perspectiva sistêmica do TNS, ficou pronto em maio. Em agosto, os vários milhares de funcionários tinham passado pelo treinamento. E em novembro, ainda dentro do primeiro ano de cooperação com o TNS, a Scandic lançara 1.500 medidas de acordo com a Estrutura de Referência do TNS — medidas que foram inventadas pelo pessoal da Scandic. Essas medidas tinham potencial para serem desenvolvidas posteriormente (quer dizer, não eram os primeiros passos para becos sem saída) e também eram todas "frutas ao alcance da mão" — canalizavam recursos para o processo a partir de vários tipos de economias (veja o Capítulo 10).

Todos os novos quartos de hotel da Scandic foram remodelados de acordo com a Estrutura de Referência do TNS. Por exemplo, a Scandic mudou de PVC para madeira nas paredes e pisos de acordo com as Condições Sistêmicas 1 e 2. No piso, a mudança também economizava recursos que poderiam ser usados de melhores maneiras em benefício dos hóspedes, uma vez que o piso de madeira podia ser lixado várias vezes e requeria menos substâncias químicas para a limpeza e manutenção (Condição Sistêmica 4). Eles também adotaram móveis de madeira.

Ola conscientemente fizera o jogo do "desenvolvimento sustentável" com as Condições Sistêmicas como princípios norteadores. Depois de instruir o pessoal sobre a perspectiva sistêmica, ele incentivou a criatividade individual motivada pela compreensão dos princípios. Também foram criadas estruturas de informação pelas quais a equipe administrativa poderia ser informada sobre as boas idéias que aparecessem.

As idéias foram divulgadas por diversos meios — boletins informativos, competições, prêmios, comemorações, e pela criação de estruturas organizacionais para o acompanhamento posterior. Ola agradecia ao pessoal por todas as idéias implementadas e que todos pudessem ver no hotel: novos materiais, novos produtos químicos, lâmpadas de baixo consumo de energia, um dispositivo para apagar as luzes quando ninguém estivesse no quarto, um sistema dosador para sabão e xampu, novas rotinas de transporte, novas rotinas de compras e assim por diante.

Ao mesmo tempo, as "frutas fora do alcance da mão" (veja o Capítulo 10) também foram explicadas: "Essas medidas sugeridas são muito caras para ser adotadas a curto prazo, mas não vamos nos esquecer delas. A lista é a seguinte." Um ano depois, teriam sido lançadas quinhentas medidas dessa lista. Ola calculava lucros a partir de tudo que fosse possível — principalmente economias de energia e de produtos químicos. Além disso, diversas empresas começaram a fazer as suas conferências nos hotéis Scandic, com base no espírito de "valor compartilhado".

Ola era um negociador duro. O seu trabalho como chefe de compras era feito sob medida para aplicar o pensamento retrospectivo (perspectiva de "rio acima") do TNS. Uma das suas primeiras medidas foi mudar a rotina de compra de produtos químicos para lavagem da louça e da roupa suja, como os detergentes. "O que entra, sai", dizia ele, "portanto, vamos nos concentrar no que entra." Na ocasião, os contra-argumentos tradicionais contra os "produtos verdes" eram que eles custavam mais caro e às vezes não davam bom resultado.

Ola analisou a fundo a rotina em vigor e encontrou uma diversidade pronunciada entre os diversos hotéis Scandic no que dizia respeito às marcas de produtos químicos usados. Se ele considerasse produtos químicos "verdes" de alta qualidade e que também tivessem preços relativamente baixos e depois calculasse o custo total caso eles fossem usados em todos os hotéis Scandic, o custo total seria ligeiramente inferior ao custo total atual para todos os produtos químicos que estavam usando. A razão para isso era simples: vários produtos químicos "não-verdes" eram bastante caros — o fraco desempenho em relação às Condições Sistêmicas nem sempre era compensado pelo preço baixo.

A descoberta de Ola levou ainda a outra oportunidade: pelas compras em conjunto da maioria das linhas de produtos verdes mais compensadores entre os produtos químicos de todos os hotéis, os custos poderiam ser reduzidos ainda mais. Está claro que a Scandic poderia ter aplicado a mesma estratégia para comprar marcas únicas de produtos químicos de baixo custo no mercado, e economizar ainda mais dinheiro a curto prazo. Mas isso, num prazo mais longo, custaria mais caro em termos de contradições internas e externas, uma vez que isso ficaria evidente em face dos novos valores essenciais. De modo que a melhora relativa tanto nos custos quanto na qualidade total poderia ser comemorada e usada como encorajamento para outros benefícios semelhantes.

Outro exemplo de criatividade surgiu das negociações de Ola com a Tvätman, a empresa que se encarregava da roupa suja da Scandic.

— Não queremos que usem nenhuma substância química antinatural persistente quando lavarem a nossa roupa suja — Ola lhes falou.

— Não se preocupe — eles disseram —, também recebemos o treinamento do TNS e já implementamos o novo sistema.

— Então queremos que eliminem tanto os alvejantes quanto os sabões em pó que usam atualmente — Ola disse.

— Mas os nossos alvejantes e sabões não causam problemas quanto à Condição Sistêmica 2, uma vez que não são persistentes e estranhos à natureza — contrapôs a Tvätman.

— Sim — disse Ola —, mas achamos que há um conflito com o quarto princípio, uma vez que eles são provavelmente desnecessários e conseqüentemente os recursos poderiam ser usados de melhor maneira para os nossos hóspedes.

— Mas, se eliminarmos os alvejantes e os sabões — Tvätman disse —, a sua roupa de cama ficará cinzenta com o passar do tempo. Pelo menos vamos tentar eliminar um de cada vez.

— Não, queremos fazer tudo de uma vez — insistiu Ola. — Não acreditamos que os nossos hóspedes levem lençóis de casa para comparar a sua brancura com a dos nossos enquanto estiverem no hotel. As pessoas querem que os lençóis pareçam limpos, recendam a limpeza e estejam limpos. E isso é bastante.

— Bem, vamos tentar — cedeu Tvätman. — Mas o custo será um pouco mais elevado.

— Não — disse Ola —, queremos que você aplique os mesmos métodos de lavagem de antes, mas sem os alvejantes e sabões em pó... e esperamos um custo mais baixo.

A mudança na rotina de lavagem de roupas foi implantada. O que aconteceu? Depois de vários anos, nem um único hóspede fez nenhuma reclamação!

No ano 2000, a Scandic ia muito bem economicamente e não mostrava nenhum sinal de declínio. A perspectiva sistêmica do TNS era comunicada tanto interna quanto externamente. Os hóspedes dos hotéis tinham material informativo sobre as Condições Sistêmicas nos quartos, e em alguns hotéis a Estrutura de Referência era exibida até mesmo no balcão da recepção. "A nossa meta a longo prazo é a descontinuidade gradual de tudo o que contribua para a violação das Condições Sistêmicas; já adotamos essas medidas há algum tempo, estamos trabalhando com essa filosofia no momento e continuaremos com esse procedimento no futuro."

A Scandic também entrou no mercado de ações de Estocolmo e começou a se expandir pela aquisição de novos hotéis e a cooperação com outros hotéis (por exemplo, comprou a cadeia finlandesa de hotéis Arctia) e, no ano de 2001, a Scandic — agora um cometa entre as sociedades anônimas suecas — foi comprada pelo Hilton. Num certo sentido, isso poderia ser promissor, uma vez que abre oportunidades para disseminar a perspectiva sistêmica para mais hotéis. Por outro lado, também há uma ameaça, é claro.

O que acontecerá a longo prazo se as empresas se expandirem além das perspectivas "humanas" e se a motivação do negócio forem as ações de curto prazo em vez de os valores essenciais? Será possível manter o ambiente de "valores compartilhados com o cliente" que fez da Scandic o que ela foi nos primeiros dias do novo milênio? Ninguém sabe, é claro. Se fizesse sucesso, o ambiente agradável e educativo poderia encontrar um mercado ainda maior. Roland e Ola provavelmente são os homens indicados para fazê-lo deslanchar, mas eles também me disseram que "às vezes isso é mais difícil fora da Scandic, e não acontece por si só". Afinal, depois de ter convivido com os amigos por muito tempo nas barricadas, você começa a se preocupar e a adotar um sentimento pessoal de responsabilidade.

Há um hotel de conferências nos arredores de Estocolmo, o Sånga-Säby Cursos e Conferências. Ele é o campeão mundial quando se trata do desenvolvimento sustentável em hotéis. Sånga é de propriedade da Federação dos Agricultores Suecos, outra organização que trabalha com a perspectiva sistêmica do TNS. O padrão dos seus processos era quase idêntico ao da Scandic. Os negócios iam tão mal alguns anos atrás que a Federação dos Agricultores estava pensando em fechar as instalações. A concorrência nesse setor empresarial é extremamente dura na Suécia — existem quase tantos leitos de hotel em hotéis de conferências quanto suecos. Uma nova equipe administrativa foi contratada e Mats Fack, presidente da empresa com o colega imediato Jimmy Sjöblom, chefe de questões ambientais, mudou completamente a empresa em dois anos. Os valores essenciais eram oferecer o máximo de competitividade no que dizia respeito à consciência de sustentabilidade. Eles se tornariam simplesmente os melhores nesse campo.

A Estrutura de Referência do TNS foi adotada nos processos internos e os funcionários foram treinados e incentivados a propor eles mesmos as soluções para os problemas. Mats e Jimmy não queriam que o pessoal apenas propusesse as soluções, mas também maneiras de fazer o acompanhamento dos progressos com referência às Condições Sistêmicas. Como esse ou aquele fluxo indesejado podiam ser medidos, por exemplo, e qual seria o melhor indicador para demonstrar a sua descontinuidade gradual sistemática? De acordo com Jimmy, os fluxos críticos relativos às Condições Sistêmicas seriam medidos se a pessoa encarregada dos respectivos fluxos — por exemplo, um comprador que aceita artigos contendo metais pesados desnecessários ou compostos persistentes estranhos à natureza — crie os métodos de acompanhamento.

O próprio trabalho de Jimmy e Mats também ficou muito mais agradável. Em vez de acompanhar e controlar as pessoas, os dois serviam como caixas de ressonância para as sugestões e depois recebiam os índices claros e compreensíveis a serem reunidos no relatório ambiental anual. Esse relatório exibia os indicadores relevantes a cada Condição Sistêmica no Sånga e demonstrava quanto a organização abordara a transigência às Condições Sistêmicas.

Hoje, todas as instalações são alimentadas por energia renovável. A energia é economizada por bombas aquecidas, bom isolamento, sensores que desligam as luzes se ninguém estiver no aposento, e assim sucessivamente (principalmente Condições Sistêmicas 1 e 2). Os compostos persistentes estranhos à natureza são eliminados gradualmente dos produtos químicos usados (Condição Sistêmica 2). Até mesmo a madeira para o mais recente prédio de hotel do conjunto recebeu a certificação da FSC,[1] e a compra de alimentos é feita de propriedades agrícolas com administração proativa (principalmente a Condição Sistêmica 3). A coleta de lixo é seletiva, e o lixo não-seletivo atualmente totaliza 98 gramas por pessoa-pernoite no hotel, a ser reduzida posteriormente a zero, de acordo com Mats (Condições Sistêmicas 1 a 3).

Em 1998, o Sånga obteve muitas provas do seu sucesso. Os negócios iam muito bem e os funcionários estavam orgulhosos por trabalhar no Sånga. Eles haviam recebido o primeiro certificado ISO 14001 entre os hotéis, foram premiados como o primeiro "Nordic Swan", um símbolo entre os hotéis (um rótulo ecológico nórdico para o desempenho ambiental) e, finalmente, receberam o prêmio de "Campeões Mundiais" da administração verde pelo GREEN GLOBE internacional.

Embora os hotéis Scandic e Sånga estejam em princípio no mesmo setor do mercado, não concorrem pelos mesmos clientes. Os hotéis Sånga atraem as pessoas que querem desfrutar tranqüilidade cercadas pela natureza durante conferências que duram tempo bastante para permitir que isso aconteça. Os hotéis Scandic atraem qualquer pessoa que precisa de um hotel, assim como o pessoal de empresas que queira manter conferências agendadas sem necessariamente mudar o ritmo de cidade grande. Ainda assim, os dois hotéis — compartilhando a mesma "linguagem" do desenvolvimento sustentável — estão bem conscientes um do outro. O Sånga, em uma escala reduzida e uma "mobilidade" relativamente mais alta, é o piloto de testes agressivo, ao passo que a cadeia de hotéis Scandic confirma como podem ser as coisas em uma escala industrial mais ampla. As duas empresas consideram a Estrutura de Referência do TNS essencial como um modelo de pensamento participativo para o estabelecimento de um sentido comunitário e o trabalho em equipe.

CAPÍTULO 9

ICA/ELECTROLUX:
TRABALHO EM EQUIPE PIONEIRO

A cadeia de lojas ICA (uma das três maiores cadeias de supermercados da Suécia) e os seus fornecedores perceberam de repente que vinham descendo "pelas paredes do funil" durante um bom tempo. Juntamente com outros parceiros no mercado, a ICA contribuíra para que a sociedade violasse a Condição Sistêmica 2 pelo uso de CFCs nas geladeiras e congeladores, seja como resfriador, seja como um material isolante. "Nas extremidades da folhagem", o problema manifestava-se como um dano produzido à camada de ozônio quando havia vazamento de CFCs (que se dispersava mas não desaparecia), indo parar na estratosfera. Tornara-se uma questão urgente para a ICA purificar as suas operações numa competição cerrada com os demais varejistas do setor de alimentação. Com um número crescente de reportagens alarmantes na imprensa do país, o problema estava sendo reconhecido como agudo.

A ICA mergulhou de cabeça em busca de uma solução: um investimento de uns 125 milhões de dólares em tecnologia de refrigeração produzida pela Electrolux — um sistema refrigerador com base em HCFCs*, tanto em refrigeradores como no isolamento. Esse era o primeiro caso de solução de problema ao nível da "folhagem". Embora sejam sem dúvida menos danosos à camada de ozônio, os HCFCs infringem diretamente a Condição Sistêmica 2: sendo duradouros e sintéticos, os HCFCs aumentariam a concentração na atmosfera, exatamente como os CFCs, se fossem usados em larga escala.

Ainda assim, para a ICA parecia não haver outra solução. Os danos causados pelos CFCs à camada de ozônio era um problema agudo. Por ter recebido o treinamento no pensamento sistêmico do TNS, a administração da ICA

---

* HCFC: hidroclorofluorcarbono. (N. do T.)

queria o benefício adicional de um seminário de The Natural Step. Esse evento funcionou como um projeto piloto interessante no mercado sueco, e "todo mundo" compareceu — os representantes da Associação Sueca para a Conservação da Natureza, da Agência de Proteção Ambiental sueca e da Associação Sueca de Refrigeração. E, é claro, uma vez que se tratava de uma negociação de 125 milhões de dólares, a diretoria da ICA compareceu em peso. A Electrolux mandou dois representantes, considerados especialistas em refrigeradores.

Depois de uma revisão completa da Estrutura de Referência do TNS, o orador passou a palavra e Rolf-Erik Hjertberg, presidente da ICA, começou por dirigir a seguinte pergunta aos dois representantes da Electrolux:

— O uso de HCFCs infringe a Condição Sistêmica 2, ou seria o caso de os HCFCs ou os seus componentes degradados poderem ser usados como elementos mínimos de composição nos ciclos naturais?

A resposta da Electrolux veio do meio da "folhagem".

— Toda a questão relativa aos HCFCs é que eles contêm substancialmente menos átomos de cloro e conseqüentemente são menos danosos à camada de ozônio.

Mas Hjertberg não estava disposto a ceder sem briga:

— Não foi essa a minha pergunta. Eu quero saber se os HCFCs se acumularão no ecossistema da mesma maneira que os CFCs, de modo que um dia os níveis vão se aproximar de níveis de tolerância atualmente desconhecidos que não deveriam ser excedidos na atmosfera.

Outro comentário ao nível da "folhagem" foi dado como resposta:

— Obviamente os sistemas devem ser selados tecnicamente de forma a não apresentarem vazamentos.

O presidente da ICA não pensava exatamente dessa maneira.

— Mas não é exatamente esse o caso com os CFCs que são usados atualmente?

(Tudo tem uma tendência a se dispersar, e a verdadeira pergunta era se os HCFCs, depois da dispersão, poderiam ser processados no ecossistema ou iriam se acumular e criar problemas como fora o caso dos CFCs.)

Nesse momento, um representante da Associação Sueca para a Conservação da Natureza contribuiu para o diálogo com a seguinte observação:

— Já sabemos sobre um problema com os HCFCs: eles são gases causadores do efeito estufa e irão exacerbar o problema se continuarem sendo usados. Esse erro foi reconhecido pelo fabricante, Dupont, e já foi tomada a decisão de retirá-los de produção no futuro.

Começava a ficar evidente para a direção da ICA que os HCFCs deviam seguir o mesmo caminho dos CFCs na década de 1980. Na prática, a sociedade acumulara um débito enorme com os CFCs, que agora escoavam lentamente das geladeiras e outros equipamentos fora de uso em depósitos de lixo. Ninguém seria capaz de dizer com certeza que "as coisas foram bem até agora". Os programas de produção dos CFCs estavam sendo encurtados sistematicamente ano a ano. Originalmente programados para ser gradualmente tirados de fabricação nos primeiros anos do próximo milênio, no Acordo de Copenhague de 1991 foi declarado que os CFCs tinham de ser cortados imediatamente, uma vez que o problema da camada de ozônio tornara-se agudo.

Um investimento nos HCFCs, que infringem a Condição Sistêmica 2, teria aproximado a ICA de uma tecnologia insatisfatória com uma base de vida limitada. A ICA achava que a tarefa gigantesca diante de si era agora de tentar persuadir mais de 2.600 lojas (muitas delas pequenas e com baixas margens de lucro) a desistir dos CFCs e procurar meios de evitar o caminho dos HCFCs (que umas 150 fábricas já tinham sido aconselhadas a adotar).

Certamente não existe comissão oficial preparada para levar a culpa pelas adversidades econômicas sofridas por empresas que cometem erros de planejamento, e sem dúvida é totalmente enganoso investir em legislação antiquada ou forças de mercado obsoletas. A administração da ICA chegou a uma decisão imediata para não repetir o mesmo erro, preferindo revisar a sua estratégia e fazer outras escolhas no seu plano de ação.

Eu notei uma clara irritação por parte da administração da ICA pelo fato de eles já terem aconselhado algumas das suas lojas a fazer pesados investimentos em uma tecnologia sem futuro — a qual não tinha mais nenhuma justificativa em face da recentemente descoberta Estrutura de Referência do TNS. Eles estavam frustrados por estar nas mãos de um pequeno grupo de especialistas multinacionais em refrigeração, que haviam persistentemente introduzido no mercado substâncias ecologicamente absurdas.

Livrar-se dos seus problemas mais sérios a curto prazo e procurar atender às Condições Sistêmicas não era um caminho nem fácil nem barato para a ICA. Ainda assim, eles não hesitaram em decidir. A seguir, são apresentadas as medidas gerais passo a passo desenvolvidas a partir de *backcasting* feito com base na Estrutura de Referência do TNS e esboçadas pela administração da ICA. Essas medidas foram comunicadas tanto internamente na organização quanto externamente, para informar a opinião pública.

- Selar todas as instalações de refrigeração;
- Mudar para os HCFCs nos sistemas existentes só em casos em que não houvesse outra alternativa;
- Mudar para um gás não-CFC nos sistemas existentes, mas considerar até mesmo esses como soluções transitórias se fossem compatíveis com a Estrutura de Referência do TNS. Substituir os sistemas de refrigeração/congelamento e examinar as possibilidades de usar amônia e outros sistemas de maneira coerente com os princípios ecocíclicos; e

• Mudar para um método totalmente novo de preservação de alimentos se as soluções acabassem não sendo satisfatórias.

A direção da ICA encarregou os seus adidos técnicos de acompanhar eventos internacionais. Decidiu-se promover uma conferência internacional, e foi criada uma rede dentro do setor de varejo de alimentos para manter-se a par dos mais recentes avanços tecnológicos na área. Acima de tudo, a ICA priorizou seus recursos, em primeiro lugar para avaliar e depois para proceder à substituição do CFC. Eles agiram de maneira mais rápida que qualquer outra empresa do ramo. Para a ICA, o problema agudo dos CFCs (um problema importante na "folhagem") levou ao desenvolvimento de todo um programa de ação de acordo com a Estrutura de Referência do TNS. Nunca foi uma questão de soluções no nível da "folhagem" — eles sempre estiveram totalmente atentos ao "tronco", ou assuntos básicos.

Durante toda essa mudança, The Natural Step obviamente corria o perigo de se tornar um mau elemento aos olhos da Electrolux. No entanto, a reação foi totalmente o oposto do que temíamos. Na realidade, a Electrolux também estava achando que tinha "caído diretamente nas paredes do funil", e esse sentimento se intensificou quando o Greenpeace despejou publicamente refrigeradores à base de CFC na entrada principal da sede da empresa algumas semanas depois.

De maneira nenhuma The Natural Step tentara influenciar a ICA ou fazer algum tipo de *lobby* junto à empresa. O que tínhamos feito, na verdade, foi oferecer os mecanismos intelectuais necessários para uma reação sensata e alguma ajuda no seu posterior trabalho de planejamento. Todo o resto, incluindo sem dúvida a decisão muito competente de tomar providências, partiu da ICA.

Não demorou muito tempo, a direção da Electrolux mostrava-nos também que eles eram feitos de mais fibra do que alguns poderiam pensar. Gustaf Uggla, o gerente de relações públicas da corporação, providenciou para que me reunisse com o chefe de produção de artigos brancos para discutir as Condições Sistêmicas com ele. Essa primeira reunião foi tão positiva que eles me contataram novamente, e dessa vez me convidaram a conhecer a direção da empresa. Nessa segunda ocasião, estava lá o diretor-gerente da empresa, assim como o pessoal de desenvolvimento técnico, *marketing* e de relações públicas. Procedemos como na reunião com os gerentes da ICA — quer dizer, esboçamos o planejamento e depois deixamos a discussão totalmente em aberto.

Como sempre, as discussões começaram "pela folhagem":

— Veja você, a Electrolux usa uma técnica durante a aplicação de camadas de isolamento que dão às nossas geladeiras propriedades de isolamento melhores que quaisquer dos nossos concorrentes — um dos técnicos me falou. —

Por causa disso, as nossas geladeiras usam menos energia que as deles. E isso a despeito do fato de que, já em 1989, demos os primeiros passos para a descontinuidade gradual dos CFCs, reduzindo em 50 por cento o componente de CFC nas camadas de isolamento. Você, obviamente, está a par do fato de que a energia é amplamente gerada pela queima de combustíveis fósseis, o que causa um aumento líquido mundial nos gases produtores do efeito estufa. Portanto, as superiores propriedades isolantes das geladeiras da Electrolux são um fator positivo no problema do efeito estufa como um todo, não um fator negativo como indicado por aquela mulher da Agência de Proteção Ambiental que assistiu ao seminário.

Eu respondi o seguinte:

— Então você quer dizer que devemos aceitar tanto o mal quanto o bem? Desprezando a Condição Sistêmica 2 você atende à Condição Sistêmica 1?

— Sim — o técnico disse —, mas há um fator ainda mais decisivo. O maior impacto ambiental de um refrigerador não ocorre durante a sua fabricação, porque só produzimos cada geladeira uma vez só, mas durante o seu longo período de uso, quando ela usa a energia continuamente, diariamente, durante anos.

Isso era lógico e poderia ser confirmado por qualquer análise do ciclo de vida. No entanto, o argumento não fornecia nenhum tipo de esperança para o futuro, logo eu simplesmente apontei para o quadro da Estrutura de Referência que estava pendurado à parede e disse:

— Isso parece muito bom quando você tem pleno controle da situação hoje em dia. Mas e depois?

— O que você quer dizer com "e depois"? — ele perguntou.

— Bem, aplicando a técnica de *backcasting*, os HCFCs provavelmente não estarão mais em cena quando a Electrolux do futuro desenvolver geladeiras que atendam às Condições Sistêmicas. Isso nos leva a propor uma questão óbvia: em que o planejamento atual da Electrolux facilitará a descontinuidade gradual no uso de HCFCs no futuro? Vocês não estão investindo pesadamente o bastante na tecnologia de HCFC?

Seguiu-se um longo silêncio, após o qual foi-me devolvida uma nova pergunta:

— Você pensa que é fácil fabricar geladeiras?

É claro que eu jurei que em toda a minha vida nunca me ocorrera um pensamento desses, e assegurei-lhes que tinha o maior respeito pela competência deles e pela natureza espinhosa do problema.

Uma semana depois fui contatado uma vez mais pelo diretor de relações públicas, Gustaf Uggla, que me fez um resumo da avaliação da reunião e me falou sobre as propostas que estavam sendo discutidas em reuniões. Aparentemente, durante trabalhos anteriores de pesquisa e desenvolvimento na década de 1980 e início dos anos de 1990, a Electrolux identificara quais equipamentos e investimentos seriam necessários para passar de CFCs via HCFC para uma substância totalmente livre de CFC conhecida como R134a. Agora a direção da empresa chegara a uma nova decisão com relação aos artigos brancos. Em reformas estruturais futuras, eles ignorariam a fase do HCFC e entrariam diretamente na de R134a no compressor e depois para o pentano na camada de isolamento. Durante a fase de transição, a Electrolux usaria R134a no processo industrial.

Gustav Uggla explicou isso para mim pelo telefone:

— Pela Estrutura de Referência do TNS, explicada de maneira tão fácil que qualquer criança poderia entender, solucionamos uma briga interna que já dura dois anos na Electrolux. Ainda estamos discutindo sobre uma substância que é duradoura e antinatural, e que portanto infringe a Condição Sistêmica 2. No entanto, esse avanço tenta resolver o problema agudo da camada de ozônio porque o R134a não contém nada de cloro. Além disso, ele se encaixa confortavelmente no programa de ação porque, técnica e economicamente, facilita a próxima fase de desenvolvimento, que usará misturas de isobutano como agentes refrigerantes. O isolamento será conseguido pelo uso de pentano. Em outras palavras, a Electrolux apresentou um plano que elimina gradualmente todos os produtos sintéticos duradouros e antinaturais. Nos volumes de produção atualmente projetados, não haverá nenhuma formação de isobutano e pentano no ecossistema. Nem a Electrolux precisará usar recursos de matéria-prima em produção futura. Até mesmo o metal das geladeiras da Electrolux será incorporado em ciclos técnicos, e porque a empresa planeja introduzir uma infra-estrutura mais compacta fomentando fluxos locais entre clientes e fábricas recicladoras, a empresa, na verdade, terá concluído um plano que integra todo o seu processo industrial de refrigeradores na Estrutura de Referência do TNS.

Eu quis saber por que a Electrolux simplesmente não pulava a etapa do R134a e ia diretamente para a do isobutano. A razão era que restavam alguns problemas antes que a mistura de butano no resfriador pudesse tornar-se segura (o gás é explosivo). E se fosse para as geladeiras ecológicas da Electrolux começarem a explodir diante dos clientes, então seria difícil encorajar a empresa para um avanço palpável rumo a um mercado de artigos brancos ambientalmente amigável!

Eu estava orgulhoso com a administração da Electrolux por ter estabelecido tão rápido um novo rumo, e a minha sugestão de que a Electrolux deveria ser nomeada a ganhadora do Prêmio Ambiental de The Natural Step daquele ano ganhou aprovação imediata. A empresa recebeu o prêmio na televisão sueca.

Alguns meses depois, os CFCs desapareceram de todo os resfriadores nas geladeiras novas da Electrolux. Dentro de outros seis meses, foram fabricadas as primeiras camadas de isolamento por injeção de pentano, o que fez da Electrolux o primeiro grande fabricante de artigos brancos a comercializar refrigeradores/congeladores totalmente livres do gás fréon.

Por ter estabelecido corretamente um rumo a ser seguido, a Electrolux foi capaz de avançar rápido e acabar sobrepujando as suas próprias metas pelo caminho. E as mudanças na Electrolux pressionaram os seus principais concorrentes a seguir a sua liderança. A Electrolux foi uma empresa que deu realmente um bom exemplo.

CAPÍTULO 10

A Estrutura de Referência do TNS (Análise A, B, C, D)

As primeiras experiências com as empresas, tais como o modo como o IKEA usou a perspectiva sistêmica recém-adotada, revelaram alguns benefícios muito concretos de poder definir o ponto final do planejamento (sustentabilidade) no nível dos princípios. Se fosse para ser coerente com esses princípios, seria sensato entender os problemas correntes segundo essa perspectiva em particular. Dessa maneira, as pessoas poderiam descobrir as verdadeiras causas dos problemas e não só os sintomas associados às atividades não-sustentáveis. Conforme o IKEA descobriu, o principal problema com o PCB não eram os mecanismos propriamente ditos pelos quais ele prejudicava a capacidade reprodutiva dos mamíferos marinhos, por exemplo. O problema, ao contrário, era que o PCB estava inerentemente ligado a um problema muito mais fundamental que precedia os seus efeitos tóxicos: era feito sob medida para aumentar a concentração na biosfera se usado em grande escala na sociedade. (A matéria tem uma tendência para se dispersar, mas não para desaparecer. O PCB é estranho à natureza, logo não é usado nos ciclos naturais; tem os níveis básicos normalmente iguais a zero; e é persistente, portanto não se degrada. Além do mais, o seu limite ecotóxico não poderia ser previsto em razão da complexidade.)

Portanto, o conhecimento no nível dos princípios possibilita não só a descontinuidade gradual dos compostos antinaturais persistentes com efeitos danosos conhecidos; permite também criar uma política para a descontinuidade gradual de *todos* os compostos antinaturais persistentes para os quais não existem salvaguardas mesmo em sistemas técnicos muito rigorosos. E ainda mais importante que isso, ao serem substituídos os velhos compostos por outros novos, poderão ser evitados os erros de princípio anteriores.

Planejar antecipadamente a partir de um ponto de partida de sucesso no futuro é chamado *backcasting*. O termo, cunhado originalmente pelo dr. Robinson, da University of British Columbia, simplesmente diz respeito a "ver o passado a partir do futuro". Muitas vezes me perguntam se é sempre fácil apurar se algo é totalmente estranho à natureza ou verificar com exatidão o grau da "persistência". A resposta é Não, é claro, mas o princípio é aplicável apesar disso. Além do mais, ele põe o ônus da prova no fabricante, não no Greenpeace nem em mais ninguém. Eu acredito que, no futuro, os químicos formarão um grupo profissional que se orgulhará em nem sequer sonhar em sugestionar o lançamento de novos compostos no mercado sem ter uma visão nitidamente clara sobre esses aspectos.

Previsão

A maneira mais comum de planejar é olhar no espelho retrovisor, analisar o que está acontecendo no presente e tentar remediar os problemas percebidos no futuro. A isso chamamos "previsão". Como uma técnica de planejamento, projetar o presente no futuro tem muitas desvantagens. Talvez a sua falha mais crucial seja que tudo o que parece importante no presente vem a definir o futuro. O planejamento tradicional é planejar de acordo com as condições prevalecentes. Na prática, isso significa que as estratégias de planejamento baseiam-se nos níveis de impostos atuais, nos custos atuais da tecnologia sustentável, nos combustíveis atuais e nos sistemas de geração de energia atuais. Isso é especialmente arriscado porque muitas das tendências são as principais motivadoras dos problemas. Assim, arriscamos a conservar no futuro os problemas atuais.

Backcasting

Empresas como o IKEA e a Scandic descobriram que, quando era usada a Estrutura de Referência do The Natural Step, as operações podiam ser especificadas com a ajuda de uma "perspectiva futura". Para começar, eles imaginaram um resultado bem-sucedido no futuro. Então, perguntaram o que poderiam fazer no presente para alcançar aquela meta.

O *backcasting* é especialmente eficaz quando há um alto nível de complexidade, uma necessidade urgente de uma mudança fundamental, ou quando as tendências dominantes fazem parte do problema.[1] Uma vez que todos esses três atualmente estão muito em evidência, o *backcasting* pode desempenhar um papel de destaque no planejamento de um futuro sustentável.

Refletindo sobre todas as boas idéias que os funcionários do IKEA e da Scandic desenvolveram a partir do conceito de obedecer às Condições Sistêmicas no futuro, ocorreu-me que as pessoas aplicam o *backcasting* em relação aos princípios o tempo todo e geralmente saem-se muito bem. Digamos que uma família vá se mudar de Chicago para uma casa nova em Miami, porque alguns integrantes da família conseguiram um novo emprego lá. Mudar de casa é sem dúvida um projeto complexo, com muitos detalhes a serem encaixados em um conjunto de princípios básicos. Em primeiro lugar, a nova casa deve estar localizada em um lugar que possibilite aos familiares ir ao trabalho e retornar sem dificuldade. Segundo, eles devem ter um padrão correspondente ao da vizinhança. Terceiro, a casa deve satisfazer a certas exigências mínimas (número de quartos, por exemplo). Quarto, a casa em si deve atender certas exigências gerais (oferecer um ambiente interno agradável e seguro).

Os quatro princípios são funcionalmente diferentes, e para que tudo dê certo a família deve planejar numa perspectiva retroativa até que todos os princípios sejam atendidos. A família deve decidir como tornar todos os detalhes do planejamento coerentes com esses princípios. Por exemplo, o primeiro princípio pode ser resolvido com o transporte público (que limitaria em que regiões morar) ou com um ou mais carros (o que amplia a possível região, mas pode influenciar negativamente o segundo princípio; isso, por sua vez, pode alterar as opções para atender ao terceiro e quarto princípios). Se a família não prestar atenção suficiente aos princípios do projeto e não for esperta o bastante para organizar os detalhes de maneira dinâmica, de modo que eles se ajustem a todos os princípios, poderá terminar em um castelo em Nova Jersey que não poderá pagar, tentando entender o que deu errado. Isso geralmente não acontece quando as pessoas planejam a própria vida, porque as pessoas são espertas ao planejar e porque as conseqüências do fracasso geralmente são muito diretas. (E, além disso, não há ninguém mais a quem culpar!)

O primeiro passo no processo de planejamento para uma empresa que quer entrar em um processo de desenvolvimento sustentável é projetar os objetivos globais da empresa. Isso é feito como um "processo de transferência" que muda das Condições Sistêmicas para a sustentabilidade na biosfera inteira para os objetivos da empresa em questão (veja o Capítulo 6). Um ponto importante é que os objetivos e diretrizes podem então ser os mesmos para todas as empresas, incluindo fornecedores, clientes e parceiros. Todas as empresas podem ter uma "linguagem comum" por meio da qual possam promover o intercâmbio de informações durante a transição. O objetivo final de qualquer empresa é não contribuir para a violação das Condições Sistêmicas.

De que maneira o intercâmbio verbal poderia mudar o pensamento dos encarregados de tomar decisões era algo fascinante de ser estudado e forneceu uma grande quantidade de material essencial para o diálogo interminável que eu tinha com John Holmberg. Nós simplesmente não "pensávamos" em descrever os elementos essenciais do desenvolvimento sustentável; estávamos obcecados pela idéia de estudar o pensamento como tal — considerando-o de um ponto exterior ao pensamento. Dessa maneira a "linguagem do TNS para o desenvolvimento sustentável" desenvolveu-se e se fortaleceu. O modo como os estrategistas inteligentes pensam pode ser estruturado como algo que John e eu denominamos "Análise A, B, C, D".

Análise A, B, C, D

A Estrutura de Referência do TNS parecia permitir que as equipes parecessem ainda mais capazes do planejamento sistêmico que as pessoas consideradas individualmente (veja o Capítulo 2). Com o intercâmbio da estrutura de referência dos princípios de sucesso futuros (as Condições Sistêmicas), as equipes propunham soluções — etapas sucessivas na direção certa com tanta clareza quanto era o costume entre as pessoas planejando individualmente. No TNS, estudamos o trabalho em equipe e propusemos um modelo para explicar o que acontecera. Encare esse modelo como um manual para a Estrutura de Referência do TNS, ou o texto de instruções da caixa do jogo familiar do "desenvolvimento sustentável", explicando os princípios do sucesso e uma estratégia para seguir esses princípios.

A. Compartilhando a Estrutura de Referência do The Natural Step

Discuta a estrutura de referência com todos os participantes. Discuta o funil, os mecanismos pelos quais as empresas que chegaram às suas paredes podem sofrer conseqüências econômicas, as Condições Sistêmicas que definem a abertura do funil e o benefício que reside nas estratégias para evitar as paredes do funil.

B. Como é hoje a organização?

Com o auxílio de uma revisão ambiental, analise as operações atuais em relação às Condições Sistêmicas. Desenhe os fluxos críticos das matérias-primas e da energia com relação às Condições Sistêmicas. Atacando as causas pela raiz, deveria ser possível aos experientes encarregados de tomar decisões nas empresas e aos políticos prevenir danos antes que esses aconteçam. Isso poderia ser conseguido fazendo-se perguntas mais inteligentes, orientadas pelas Condições Sistêmicas. Em vez de só fazer perguntas como, "Emitimos gases causadores do efeito estufa, metais tóxicos ou CFCs?" e "Compramos madeira de florestas tropicais?", etc., seria conveniente fazer perguntas como: "Somos dependentes de comprar qualquer coisa da crosta terrestre? Nesse caso, vamos usar esse material para construir estruturas técnicas que legaremos aos nossos filhos? Ou a razão para a mineração é que precisamos cobrir perdas desses materiais? Esses materiais estão escassos ou abundantes na natureza, e como isso influencia a nossa política relativa ao pleno ciclo vital desses materiais?

"Somos dependentes de comprar ou produzir substâncias químicas que são persistentes e estranhas à natureza? Nesse caso, como são protegidos esses compostos de modo que não possam vazar para a natureza (uma tarefa complicada em atenção à segunda lei da termodinâmica)? Emitimos produtos químicos de ocorrência natural cuja concentração na natureza esteja aumentando em razão de emissões muito grandes da sociedade?

"Somos dependentes de comprar materiais renováveis de fornecedores que não cuidam dos seus ecossistemas e que não têm sistemas administrativos para esse propósito? Estamos ampliando as nossas necessidades de transportes rodoviários de longa distância que poderiam ser trocados por outras estratégias empresariais como a concessão de licenças?

"Somos dependentes de qualquer atividade que não ponha em risco os nossos clientes, nosso pessoal e a humanidade em geral? Somos justos, além disso, com os fornecedores que talvez vivam em regiões em desenvolvimento no mundo? Alguns de nossos concorrentes estão aprendendo a atender às mesmas necessidades humanas de maneiras mais inteligentes e menos consumidoras de recursos que nós no momento?"

Perguntas desse tipo, dispostas de acordo com as Condições Sistêmicas, levam a uma lista de fluxos e atividades que são decisivas com referência às Condições Sistêmicas. A essa altura, devem ser também considerados indicadores eficazes para determinar esses fluxos, assim como as pessoas que são principalmente responsáveis pelos fluxos, e que podem, por conseguinte, influenciar diretamente o futuro a esse respeito. Além disso, quando são selecionados e criados instrumentos, deve ser feito o *backcasting* das Condições Sistêmicas (veja o Apêndice 3): "Se no futuro vamos ter de obedecer às Condições Sistêmicas, como devemos selecionar e criar instrumentos para monitorar a descontinuidade gradual dos nossos fluxos críticos e ajudar-nos a chegar lá?"

C. Como é a organização em uma sociedade sustentável?

Usando a aplicação das Condições Sistêmicas, analise como serão as operações em uma sociedade sustentável. O processo criativo de identificar os problemas críticos nas atividades atuais — a "lista B" — estimula a criatividade para identificar as soluções. O processo é conduzido como uma sessão de geração de idéias tradicional, onde é proibido criticar uns aos outros com comentários do tipo: "Essa solução só funciona em outras culturas", ou "Isso é irreal uma vez que é muito caro", e assim por diante. Assim que algo seja uma solução teoricamente possível para os problemas da lista B, deveria fazer parte da lista C. Não há nenhuma restrição nesse momento além das Condições Sistêmicas. A mesma estrutura de referência se aplica tanto às soluções quanto à identificação dos problemas.

D. As soluções da lista C são priorizadas em um programa de atividades iniciais para a mudança

Existem três critérios pelos quais são selecionadas as soluções de alta prioridade. Os critérios são pesquisados por meio de três perguntas:

- **Direção.** A medida segue a direção certa — quer dizer, é conveniente para reduzir a contribuição da empresa à violação das Condições Sistêmicas pela sociedade? Considerando que essa é a lente pela qual a lista C é criada, isso significa apenas que a medida é avaliada criticamente uma vez mais — em relação a todas as Condições Sistêmicas — antes de ser definida de fato.

- **Base.** A medida é tecnicamente flexível de modo a poder ser desenvolvida posteriormente com referência às outras opções da lista C? Quer dizer, deveria servir como uma "base flexível" para medidas adicionais e não um beco sem saída. Considere um exemplo da ICA (uma cadeia de supermercados da Suécia, veja o capítulo anterior). Eles pensaram em investir grandes quantidades de dinheiro em uma fábrica de reciclagem feita sob medida para coletar mercúrio e cádmio de baterias domésticas. Isso ia na direção certa, uma vez que reciclar mercúrio e cádmio de baterias reduz a velocidade do vazamento desses metais pesados na natureza (respondendo "Sim" à primeira pergunta). No entanto, de uma perspectiva de *backcasting*, não serviria como base ao desenvolvimento posterior (respondendo "Não" à segunda pergunta). Uma vez que mercúrio e cádmio são metais pesados, que normalmente são muito escassos na natureza, seria muito caro proteger os fluxos entre as residências, lojas e fabricantes no futuro. Assim, a ICA percebeu que seria mais inteligente investir o dinheiro em tecnologias de bateria ambientalmente muito mais saudáveis que não precisassem ser protegidas com tanto rigor (e a um custo tão elevado).

- **Fruta ao alcance da mão.** É provável que a medida dê um bom retorno sobre o investimento — quer dizer, seja saudável do ponto de vista empresarial.

É a combinação de "Sim" a todas essas três perguntas que fornece a estratégia: as medidas que podem servir como degraus na direção certa são adotadas e, uma vez que representam um negócio saudável ao mesmo tempo, o dinheiro alimentará as etapas subseqüentes.

A Estrutura de Referência Aplicada a Propósitos Científicos

As experiências empresariais do IKEA, da Scandic e da Electrolux foram acompanhadas de um desenvolvimento científico contínuo muito profundo. John e eu respondíamos a cada vez mais perguntas e críticas de um grupo sempre crescente na comunidade científica internacional, que tomara conhecimento do TNS e do nosso trabalho. Isso motivou um processo muito criativo no qual John e eu reformulamos o teor das Condições Sistêmicas inúmeras vezes para evitar mal-entendidos e torná-las mais consistentes como ponto de partida. E isso levou às primeiras dissertações de doutorado nas quais a Estrutura de Referência do TNS desempenhou um papel essencial.

Fiquei orgulhoso quando John Holmberg defendeu a sua dissertação de doutorado em 1995: "Princípios Socioecológicos e Indicadores da Sustentabilidade." A dissertação de John definitivamente colocou o pensamento sistêmico na arena científica sueca. Mais tarde, o nosso colega próximo Christian Azar, da mesma instituição, defendeu a dissertação: "Problemas Ambientais a Longo Prazo, Medidas Econômicas e Indicadores Físicos." Esta também fora influenciada pelo pensamento sistêmico e continha um capítulo sobre indicadores que haviam sido elaborados a partir da Estrutura de Referência do TNS.

Como conseqüência dessas dissertações, mais artigos científicos foram publicados em torno da nossa instituição. Por exemplo, como aplicar a Estrutura de Referência do TNS para o desenvolvimento de indicadores em municípios, ou como seguir um produto "do berço ao túmulo" — quer dizer, como usar a Estrutura de Referência do TNS para a Análise do Ciclo de Vida (LCA)*. Também usamos a Estrutura de Referência do TNS para estudar como vários instrumentos para o desenvolvimento sustentável se relacionam com a sustentabilidade: Acompanhamento Ecológico em conjunto com o professor Mathis Wackernagel, por exemplo, e os conceitos de Fator 4 e Fator 10 em conjunto com o professor Weizsäcker e o professor Bio Schmidt Bleek (veja referências no Apêndice 3).

Duas novas dissertações de doutorado estão atualmente em curso como um empreendimento conjunto entre o TNS, o meu instituto em Chalmers e a Universidade de Karlskrona. As estudantes de Ph.D. Ulrika Lundberg e Sophie Byggeth estão analisando vários aspectos do desenvolvimento de produtos e como a Análise A, B, C, D pode ser aplicada para dar uma perspectiva de sustentabilidade ao desenvolvimento de produtos nas fases iniciais do planejamento assim como ao longo de todo o ciclo de produção. Essa cooperação é fruto da minha amizade e parceria crescentes com o dr. Göran Broman, o professor de Sophie Byggeth.

Göran conseguiu satisfatoriamente fazer da Estrutura de Referência do TNS uma parte obrigatória do currículo para os engenheiros na universidade dele, em Karlskrona. "Não consigo ver como alguém pode se tornar um engenheiro nos nossos dias, sem ter uma idéia dos sérios desafios dessa nossa época e uma

---

* *Life Cycle Assessment* (LCA). (N. do T.)

percepção estratégica sadia de como superá-los", diz ele. A inteligência de Göran, a sua honestidade (também com ele mesmo) e lealdade, influenciaram-me em um nível tão profundo que tenho dificuldade de explicar. Conviver com uma pessoa "quase perfeita" é o máximo na realidade, mas como traduzir esse sentimento num texto interessante de ser lido (ou até mesmo verossímil)? Göran é uma pessoa sempre muito crítica, mantendo a gente sempre em guarda, mas essa é a dele, que só é assim por enxergar adiante dos outros.

Também começamos a ver trabalhos científicos e dissertações de doutorado serem produzidos fora da Suécia. Hilary Bradbury, do MIT, redigiu uma dissertação sobre os aspectos sociais da "história de aprendizado" do TNS, realizando entrevistas detalhadas com as pessoas que tomaram parte do período inicial (incluindo a minha esposa). Brian Nattras, da University of British Columbia, fez uma dissertação de doutorado sobre o processo de implementação do TNS em quatro empresas (Hotéis Scandic, IKEA, as empresas americanas Interface (de carpetes e forrações) e a Collins Pine (de silvicultura).

A Estrutura de Referência para o Consenso Científico

Usei o que tínhamos aprendido sobre a aplicação da estrutura de referência nas empresas em tentativas de lidar com exemplos de empresas maiores. Selecionei diversas áreas da sociedade com problemas profundos do ponto de vista da sustentabilidade e tentei imitar o processo que testemunhara nas empresas. Conversei com diversos interessados — principalmente cientistas e médicos — e pedi-lhes que me ajudassem a introduzir um processo de consenso em áreas como os setores de energia, fluxos de metais, agricultura e silvicultura. Em retrospecto, as tentativas iniciais com a energia e os metais não são exemplos tão marcantes de como usar a Estrutura de Referência do TNS. Mas à medida que a estrutura de referência se desenvolvia em um modelo cada vez mais aprimorado de planejamento, as realizações posteriores na agricultura e silvicultura produziram exemplos bastante bons de como a Análise A, B, C, D também pode ser de utilidade para os cientistas em um processo de consenso.

Politicamente, o mais interessante desses documentos de consenso foi o da agricultura (veja o Apêndice 1). Esse campo fora o assunto de uma controvérsia muito acentuada no debate público sueco sobre as questões de sustentabilidade durante muitas décadas, e a relação entre os "agricultores ecológicos" e os mais tradicionais adeptos da "agroindústria" foi um assunto quente no início dos anos de 1990, para dizer o mínimo. Por um bom tempo, ambos os lados publicaram artigos críticos uns contra os outros e se agrediram. Agora, representantes de ambas as partes tinham aceitado o meu convite para ser os parceiros em um processo intelectual. A tensão, baseada naquelas polaridades tradicionais, era facilmente detectada ao redor da mesa quando representantes dos agricultores ecológicos foram confrontados com os agrônomos e veterinários da comunidade dos agricultores industriais.

Foi apresentada a Estrutura de Referência do TNS e a Análise A, B, C, D e em seguida aplicados aos problemas da agricultura contemporânea. Na ocasião, eu ignorava quase tudo sobre a agricultura. De certa maneira, isso veio a calhar para o meu papel na presidência do processo de consenso. Primeiro, tudo precisou ser explicado muito claramente para que um médico pudesse entender: o jargão agrícola teve de ser substituído por palavras bastante neutras. Segundo, a perspectiva era nova para os debatedores. Tudo — tanto os problemas quanto as soluções — seria considerado pela lente das Condições Sistêmicas do TNS, que ajudaram a reduzir as palavras e perspectivas carregadas que, caso contrário, teriam provocado tensão emocional a partir das brigas que continuavam por anos entre os "verdes" e os "agricultores industriais".

Embora tenham sido gastos vários meses em brigas e discussões, o processo ficou mais equilibrado, e depois de um período de dois anos os logotipos do TNS, da Federação dos Agricultores Suecos e da Associação Sueca para a Agricultura Ecológica estavam no mesmo documento de consenso que sugeria mudanças bastante radicais na agricultura sueca. E mais interessante ainda, o processo ajudara substancialmente a Federação dos Agricultores Suecos a mudar não só os seus programas científicos como também os programas comerciais.

O Processo de Consenso Científico

As experiências que se seguiram a todos os documentos de consenso científico podem ser resumidas no seguinte "manual".

Uma ou algumas pessoas podem querer aplicar a Estrutura de Referência do TNS e a sua Análise A, B, C, D a uma certa área problemática. O elemento crucial nessa fase inicial é encontrar possibilidades para a Estrutura de Referência do TNS solucionar vários tipos de resistências à proatividade pela descoberta de argumentos neutros/lógicos/egoístas. Isso é conseguido por uma significativa "observação do problema do ponto de vista dos antagonistas, mas pela lente da Estrutura de Referência do TNS".

Escolhe-se então um grupo um pouco maior, de cinco a dez pessoas (não mais que isso), que deve constituir a equipe editorial juntamente com o(s) iniciador(es). Esse grupo discute então a Estrutura de Referência do TNS, de forma que esse venha a se converter no modelo de pensamento participativo para o trabalho subseqüente.

Os integrantes da equipe editorial devem compartilhar algumas das seguintes características. Eles devem ser reconhecidos como técnica e politicamente experientes na área. Devem ter integridade pessoal e ser criativos; devem valorizar mais o trabalho de atingir metas e participar da reflexão conjunta do que o prestígio pessoal; e devem ter um nome razoavelmente bem conhecido aos olhos da "caixa de ressonância" (veja abaixo). Pela minha experiência, nessa fase primária do processo, essas características são muito mais importantes do que ter um "grupo selecionado por ser politicamente representativo da comunidade". Com isso quero dizer que o trabalho intelectual deve ser iniciado e, se houver a participação de pessoas céticas antes de os problemas terem sido estruturados de uma maneira significativa, o delicado processo de iniciação poderá emperrar.

Se os integrantes da equipe editorial forem inteligentes e bem-informados o bastante e tiverem integridade pessoal suficiente, em geral não terão nenhum problema para produzir uma apresentação razoavelmente justa em face dos contra-argumentos mais comumente apresentados. Isso é fundamental para poder chegar a soluções efetivas. Na minha opinião, os aspectos "políticos" da equipe editorial devem ser considerados apenas para evitar uma seleção desequilibrada de pessoas, que depois dificultariam a obtenção de uma "caixa de ressonância" politicamente representativa para apoiar o trabalho. Mas nem sempre isso chega a ser um problema como pode parecer. A maioria dos cientistas, os funcionários da Agência de Proteção Ambiental e outros especialistas não têm atividade política. Mas muitas vezes são surpreendentemente bem-informados sobre política.

Um secretário (às vezes o iniciador, às vezes alguém eleito pelo grupo) assume a tarefa de redigir todas as novas versões do documento à medida que este for aprimorado. Essas versões são produzidas depois de cada reunião, talvez mensal ou a cada dois meses. As reuniões também poderiam ser um pouco mais freqüentes, mas a redação leva tempo para ficar boa, e cada integrante do grupo editorial deve dedicar algum tempo para avaliar o texto antes da próxima reunião.

Finalmente, quando a equipe editorial sentir-se entusiasmada com o seu texto, este pode ser distribuído para uma "caixa de ressonância" com mais pessoas. Então o projeto muda de feição e precisa tornar-se mais político.

As pessoas da "caixa de ressonância" devem ter um nome de respeito e devem ser escolhidas por sua integridade combinada com a sua posição política. "O nome do sr. ou sra. Fulano de Tal seria útil para reunir um consenso sobre esse assunto?" Nesse momento, o documento é de boa qualidade e (A) apresenta a Estrutura de Referência do TNS e a sua aplicação sobre a área problemática, incluindo o seu pano de fundo, por que uma análise desse tipo é necessária, as eventuais restrições (o que não tenha sido estudado, por exemplo) e, finalmente, a análise; (B) apresenta os problemas atuais com referência às Condições Sistêmicas, um por um; (C) apresenta várias medidas alternativas para resolver o problema; e (D) apresenta algumas sugestões para atingir o objetivo final — quer dizer, as maneiras de escolher as soluções potenciais por meio de uma "base flexível/fruta ao alcance da mão".

Quando os documentos são distribuídos à "caixa de ressonância", pedimos comentários e propomos a seguinte pergunta: "Se levarmos em consideração os seus comentários e procurarmos atendê-los, você assinará este documento?" Toda a equipe editorial deve analisar os comentários da "caixa de ressonância" (não o secretário ou secretária apenas).

Consideramos muito importante que o grupo trabalhe junto a cada pessoa nessa fase final. Os pontos devem ser analisados de maneira a satisfazer as pessoas por trás deles, sem pôr em risco a filosofia global do documento. Há uma porção de coisas sobre o que pensar e isso exige que a equipe seja criativa e experiente no assunto.

A versão final do documento é distribuída então uma vez mais à "caixa de ressonância". Depois do endosso final ele é publicado, juntamente com os nomes da diretoria editorial e da "caixa de ressonância", acompanhado de uma descrição da metodologia.

Três experiências merecem ser mencionadas pela sua importância:

1. O processo tende a causar um impacto político mesmo antes de o documento ser publicado. As pessoas começam a comentar sobre ele antes da publicação, especialmente se a equipe editorial for constituída de pessoas interessantes o bastante. A razão para isso é simples: o processo é pelo menos tão importante quanto o documento. Todo mundo ao redor da mesa aprende durante o processo e começa a comentar com os colegas influentes sobre o que refletiram. Isso aumenta ainda mais, é claro, quando a "caixa de ressonância" agrega mais pessoas ao processo.

2. Geralmente o documento não cria nenhuma turbulência nos meios de comunicação de massa. Você poderia esperar que isso acontecesse, mas os meios de comunicação de massa geralmente não se interessam muito pelo consenso. Muito ao contrário, a experiência sueca é de que os documentos tendem a "passar despercebidos ao radar" quando seguem o seu caminho até a mesa das pessoas que tomam decisões. Essa é uma maneira mais sutil de fazer a diferença.

3. Grande parte do sucesso depende das pessoas que participam do processo. Isso se aplica ao presidente, também. (Muitas vezes, ele é o iniciador do processo, mas nem sempre é.) O presidente das reuniões tem um papel fundamental, pelo menos no início. Se ele estiver preparado para receber todo o tipo de adversidade com um sorriso e sem perder a concentração, o processo será fácil até o fim. Se ele perder de vista a meta e começar a sentir-se pessoalmente envolvido nas disputas pelos detalhes, o projeto provavelmente tenderá ao fracasso. A razão é que o presidente deve ter autorida-

de nas reuniões, sem tiranizar os participantes (deve ser sinceramente respeitado, por isso a sua escolha é tão importante). Ele realmente deve dominar não só a Estrutura de Referência do TNS mas também saber como aplicá-la, de forma a identificar sempre a possibilidade de fundir os pontos de vista divergentes em uma nova base, aplicando a técnica da "Simplicidade sem Redução". Essa última é na maioria das vezes a única opção, uma vez que normalmente é uma luta vã tentar convencer as pessoas a endossar um ponto de vista antiquado, imutável, inflamado e contraditório sobre vários detalhes específicos. O que deve ser feito é tentar descobrir os princípios para uma compreensão recíproca durante as reuniões, de modo que a diretoria editorial sinta entusiasmo pelo processo e a sua continuidade. A satisfação intelectual pelo progresso rápido é a recompensa para a diretoria editorial. Na verdade, se você não tiver dinheiro, e se os participantes forem ativos no campo da sustentabilidade assim mesmo, essa pode ser a única recompensa.

O processo de consenso é difícil, mas, quando funciona, é bonito, especialmente porque tem uma tendência a tornar-se autônomo. As maiores dificuldades ocorrem no início. Se funcionar no início, então os participantes poderão adaptar a técnica depois. E o presidente recostar-se na cadeira e aproveitar a viagem.

CAPÍTULO 11

O Caso McDonald's

Em 1992, um município nas imediações de Gotemburgo, Mölndal, recebeu um prêmio do TNS pelas suas corajosas atividades contra o restaurante McDonald's local. O município aplicara a legislação sueca para processar o McDonald's, tentando forçar a empresa a usar embalagens reutilizáveis
— o lixo local produzido não era compatível com as resoluções da Agenda 21*
do município. Para nós do TNS, pareceu importante dar o prêmio a Mölndal
antes que o caso fosse a julgamento, não porque quiséssemos identificar vencedores e perdedores, mas para destacar os agentes sociais de visão e corajosos
o bastante para agir, apesar da incerteza inevitável inerente aos métodos não-
tradicionais empregados. O McDonald's fez um acordo com o município antes do julgamento.

Um ano depois, Paul Lederhausen, o empresário que introduziu o Mc-
Donald's na Suécia, veio me procurar. Ele assistira a um seminário que outro
dos nossos clientes, os hotéis Ekoxen, patrocinava para impulsionar a própria
transição. O sr. Lederhausen falou-me que apreciara a minha atitude construtiva durante a apresentação, embora, é claro, não tivesse gostado que tivéssemos premiado Mölndal por tê-los processado. Mas agora ele precisava de ajuda e queria saber se o TNS poderia assessorá-lo.

— Não importa o que façamos, somos sempre penalizados — queixou-
se ele. — É como se o McDonald's fosse o símbolo sueco tradicional de uma
corporação superficial e pouco ética, apesar do nosso empenho em aprimorar
os nossos valores sociais e ecológicos. Por mais que façamos, somos desenco-

---

* Agenda 21 é um processo de planejamento estratégico participativo (também adotado no Brasil)
que considera a interdependência das dimensões ambiental, econômica, social e institucional, visando à sustentabilidade. (N. do T.)

rajados. É como se os nossos críticos precisassem de um bode expiatório, porque eles não querem que melhoremos. Recentemente, trocamos o revestimento plástico das embalagens dos nossos hambúrgueres para melhorar o nosso desempenho ambiental. Não demorou mais de duas semanas para um professor sueco aparecer na televisão nacional e explicar que o papel pesa mais que o plástico. Por sua vez, isso significa que o transporte de todas as embalagens de papel consumirá mais combustível fóssil do que economizaremos com a matéria-prima para a produção do plástico. Assim, de acordo com o professor, perdemos terreno do ponto de vista ecológico. Por mais que façamos, somos castigados. O que faremos?

Respondi que o motivo da frustração era provavelmente que, apesar de uma intenção verdadeira de melhorar, eles não tinham uma compreensão clara da meta. Por conseguinte, a mudança de material não representara uma etapa planejada por uma visão em retrospectiva de um sucesso futuro imaginado, mas em vez disso uma providência *ad hoc*. Portanto, a mudança de plástico para papel não podia ser explicada como um passo natural na direção de uma atividade empresarial sustentável. O que, por sua vez, tornou difícil responder ao professor.

A minha conversa com o sr. Lederhausen levou a um seminário empresarial uns dois meses depois, com a equipe administrativa do McDonald's sueco, na matriz nas imediações de Estocolmo. O sr. Lederhausen — que estava para se aposentar — estava presente, assim como o filho dele, Mats, que logo assumiria o cargo de presidente do McDonald's. Lembro-me de que refleti sobre a difícil tarefa que Mats teria pela frente. Havia muita turbulência, para não dizer uma crise, tanto ao redor quanto dentro do McDonald's, e ali estava ele, o futuro presidente da empresa, indicado pelo "papai". Poderia haver um começo mais difícil? Será que os funcionários seriam leais a ele?

Desde aquele seminário, o TNS da Suécia e o McDonald's sueco tornaram-se parceiros muito próximos nas defesas de um futuro sustentável. Aprendemos um com o outro, trocamos experiências e compartilhamos a dor que sempre se segue por fazer algo diferente. No TNS, surpreendemo-nos, depois de encontrar o McDonald's indo para o fundo em uma pesquisa do Instituto Gallup sobre a percepção do mercado em relação a padrões ecológicos e sociais, ao ver a corporação tornar-se um das três empresas mais respeitadas do setor na Suécia. Por meio de uma abordagem passo a passo sistemática, o McDonald's sueco passou a adotar a energia renovável, fazendo as suas compras de alimentos sempre que possível de fornecedores agrícolas com notórios programas administrativos voltados para o desenvolvimento sustentável, desenvolveu programas de reciclagem em todos os seus restaurantes e conseguiu que a equipe administrativa americana atravessasse o Atlântico para aprender o que

estava acontecendo de novo na pequena e remota parte do mundo a que chamamos Suécia.

Depois de uns dois anos da implantação desse processo, Mats Lederhausen, o novo presidente da empresa, telefonou-me para fazer uma pergunta estranha: "Será que precisamos mesmo de hambúrgueres em uma sociedade sustentável?" Embora eu entendesse que aquele era o jeito normal de Mats ser
desafiador — tratava-se de uma pergunta retórica que não traduzia necessariamente a opinião dele —, a pergunta me fez perceber como se pode ir fundo no
processo quando se tem um conjunto de idéias que permite propor todos os tipos de perguntas. Não é preciso pensar muito para imaginar o que teria acontecido se eu tivesse feito a mesma pergunta ao sr. Lederhausen quando ele me
telefonou naquele dia, queixando-se do que o professor dissera na televisão sueca. Se eu tivesse perguntado: "Será que precisamos mesmo de hambúrgueres?",
esse teria sido certamente o fim da conversa. No entanto, quando o presidente
da empresa faz a mesma pergunta alguns anos depois, a coisa muda de figura.
Vi ali a marca de um administrador verdadeiramente profissional. Um gerente
desse quilate pergunta: "O que estou fazendo aqui; qual é o verdadeiro propósito de tudo isso; e, com base em tais considerações, em que premissas as minhas suposições podem ser questionadas?" Duvido que qualquer outra atitude
pudesse resultar em aprimoramentos sistemáticos mais produtivos.

Não respondi à pergunta de Mats, é claro, mas a considerei como um
ponto de partida estimulante para um diálogo. O processo iniciado por Mats
levara à introdução de rotinas de compra cada vez mais radicais em relação à
carne e à introdução de "hambúrgueres vegetais". E levou a algo que provavelmente colocou o McDonald's sueco em uma posição mundial excepcional como uma das empresas mais radicais a trabalhar para o desenvolvimento sustentável. O chefe de assuntos ambientais, Bertil Rosquist, propôs a brilhante
idéia de documentos "denunciadores".

Os Documentos Denunciadores do McDonald's

Um dos maiores problemas das empresas que adotaram o caminho da sustentabilidade é saber onde desenhar os limites ao redor da própria empresa com
respeito à questão da responsabilidade. É virtualmente impossível ser sustentável — mesmo que você esteja fazendo tudo o que pode — porque vivemos
em uma sociedade onde virtualmente nada é planejado de uma maneira sustentável. Por exemplo, como você chamaria um caminho de "desenvolvimento sustentável" se todo o transporte dos seus produtos é feito pelos meios de
transportes existentes atualmente?

A solução de Bertil resultou da pressão da Estrutura de Referência do TNS
sobre o processo para se obedecer as Condições Sistêmicas, e da expressão da

política ambiental global para "a descontinuidade gradual da contribuição do McDonald's para a violação das Condições Sistêmicas por parte da sociedade".

Bertil começou o processo investigando as áreas da sociedade onde o McDonald's exercia maior influência sobre a própria sociedade. Os resultados foram os seguintes:

- Energia e transporte, uma vez que eles adquiriam muitos desses serviços;
- Agricultura, uma vez que vendiam alimentos;
- Construção, uma vez que o McDonald's e/ou os seus franqueados reformavam ou construíam os restaurantes;
- Embalagem, uma vez que as empresas de alimentos tinham regras rígidas sobre embalagem; e
- Produtos químicos e detergentes, uma vez que as empresas de alimentos tinham regras sanitárias rígidas.

Bertil introduziu um processo no qual o McDonald's, juntamente com o TNS e vários outros especialistas externos nos seus campos respectivos, produziria documentos A, B, C, D — denominados "Documentos Denunciadores" — sobre cada uma daquelas cinco áreas. A idéia era esboçar os problemas existentes no momento, bem como as suas soluções, e depois atrair os fornecedores para o processo. Os fornecedores eram convidados a iniciar o processo tão logo os documentos eram redigidos.

A atitude implícita era: "Prezados fornecedores, vocês sempre foram bons e leais a nós. Portanto queremos continuar negociando com vocês. Estamos em uma fase complicada de transição — existe um funil que influenciará fortemente o modo como conduziremos os nossos negócios no futuro. Produzimos, aplicando nisso o máximo da nossa capacidade, alguns pensamentos sobre os problemas existentes no momento — dentro das suas áreas de competência. Também consideramos que é possível dar alguns passos para resolver esses problemas, juntamente com algumas idéias de medidas prioritárias. Gostaríamos de lhes dar o nosso apoio nesse sentido negociando com vocês. Se encontrarem alguns erros nesses documentos, por favor ajudem-nos a corrigi-los, e se perceberem algo de que tenhamos nos esquecido, por favor acrescentem."

Considerei essa medida uma maneira agradável e convidativa de introduzir os fornecedores a um diálogo sistemático e abrangente. E era inteligente — o McDonald's poderia assumir uma responsabilidade mais ampla pelos seus negócios com relativamente menos trabalho. Isso porque a responsabilidade seria compartilhada de uma maneira justa.

Os documentos foram distribuídos no momento do início da campanha com os fornecedores. Um deles declarou:

— Forneço produtos químicos para o McDonald's da Suécia. Está declarado no Documento Denunciador sobre Produtos Químicos que se espera que eu comece a descontinuidade gradual de todos os produtos químicos que sejam persistentes e estranhos à natureza. Mas hoje só posso garantir que os meus produtos químicos não são tóxicos. Quanto tempo eu tenho para assegurar que não estou violando a Condição Sistêmica 2?

O meu colega Jonas Oldmark, que participou dessa reunião, ficou preocupado por não saber como teria respondido a essa pergunta. Mas a resposta da cúpula administrativa do McDonald's foi entusiástica e direta:

— Deixamos isso a seu cargo, uma vez que você é um profissional em produtos químicos: que demore o tempo que for necessário. Apenas aja de modo transparente conosco e mantenha-nos informados dos seus progressos.

É claro! Jonas observou o fornecedor, e a resposta calhou como planejado. Era uma resposta amigável, porque transmitia confiança no fornecedor. Ainda assim, era tão exigente quanto as circunstâncias exigiam. A responsabilidade era transferida totalmente ao fornecedor. Considerando a falta de um cronograma, Jonas concluiu que essa era a maneira perfeita de manter o fornecedor engajado no processo.

Hoje, Mats Lederhausen, ex-presidente do McDonald's sueco, tornou-se o vice-presidente sênior da Corporação McDonald's. Ele é o diretor de estratégia corporativa e dá as diretrizes sobre uma vasta gama de assuntos para a equipe administrativa sênior. Recentemente, ouvi o presidente do McDonald's, Jack Greenberg, afirmar em um vídeo aos fornecedores europeus:

— O McDonald's entrou em um processo rumo à sustentabilidade. O McDonald's da Suécia, trabalhando em conjunto com a organização ambiental sueca TNS, é um dos nossos modelos de comportamento.

Considerando que este livro é um testemunho pessoal, posso mencionar algumas reflexões que são exclusivamente pessoais e que têm muito pouco a ver com a ambição do TNS de ministrar o pensamento sistêmico. O McDonald's sueco é um das empresas mais éticas com que já tive contato na vida. Por "ético" quero dizer a vontade de lutar pelo que defendem, e fazê-lo não importa o quanto doa às vezes e mesmo que custe algum sacrifício. Estive pensando muito nisso, e concluí que a vida é maravilhosa quando se é pego de surpresa de vez em quando.

As pessoas que administram o McDonald's sueco são simplesmente honradas e decentes. Mas talvez os elevados padrões morais do McDonald's sueco possam também, um pouco paradoxalmente, ser atribuídos às baixas expectativas que as pessoas têm deles nessa área. O McDonald's muitas vezes é usado como um exemplo de uma empresa superficial, apenas com interesses comerciais. Era assim na Suécia também, não muitos anos atrás. Acredito que seja mais fácil refletir sobre a ética, e perceber a necessidade de lutar por ela, quando ela é questionada. E *vice-versa*. Se você trabalha em uma empresa onde todos consideram a ética como algo dado como certo, mesmo assim ainda há a necessidade de se preocupar com ela.

QUARTA PARTE

O Próximo Passo

CAPÍTULO 12

PROJEÇÃO INTERNACIONAL

O mundo precisava de bons exemplos e modelos de comportamento em todos os níveis e escalas — empresas, municípios e nações — e precisava deles mais do que nunca. Eu vira a possibilidade de o meu próprio país assumir a liderança nessa área. A Suécia é um belo país, com as suas áreas enormes de paisagens naturais. E acredito que essa paisagem seja endêmica à cultura dos seus habitantes, que gostam de atividades ao ar livre, como velejar e caminhar. A Suécia também é uma nação relativamente pequena e homogênea, altamente industrializada. E tem um número surpreendente de grandes corporações empresariais de alta projeção que estão profundamente envolvidas no mercado internacional. O país tem uma reputação internacional de responsabilidade social. Se a Suécia não pudesse fazer algo, que país poderia?

Usei muito o argumento sobre a Suécia como um modelo de comportamento durante as minhas conferências, como um desafio, e ainda para encontrar outro argumento para a proatividade junto às pessoas que tentei recrutar para a rede de discussão do TNS na Suécia. Mas nunca me ocorreu, a não ser como uma percepção intelectual superficial, que um modelo de comportamento nacional não é na realidade modelo de comportamento nenhum, a menos que o povo dos outros países o conheçam. Entretanto, a necessidade de modelos de comportamento e de liderança era tão forte na ocasião que muitas pessoas *queriam* descobrir modelos de comportamento. Desse modo, eu encontrava cada vez mais artigos sobre o TNS em publicações internacionais.[1] Antes de me dar conta, estava sendo convidado para fazer uma palestra sobre a experiência do TNS sueco no exterior.

No início, o Grupo de Arlanda — a diretoria do TNS — mostrou-se hesitante, para dizer o mínimo. O mesmo aconteceu com os líderes de algumas das empresas com que trabalhamos. Muitos consideravam o TNS fraco demais para arcar com a responsabilidade da minha viagem ao redor do mundo. Além disso, até mesmo a "alma" de The Natural Step estava em risco. A sua ingenuidade e a sua confiança no diálogo e nas pessoas poderiam acabar numa tradicional e minguada "função de consultoria empresarial" se fôssemos expostos em demasia no exterior. Eu poderia até mesmo ser "seqüestrado" pelos líderes empresariais americanos e conseguir um novo emprego nos Estados Unidos.

Entretanto, as possibilidades de eu deixar permanentemente a Suécia, física ou emocionalmente, por mais atenções que despertássemos no exterior, eram nulas. Quando viajo, começo a sentir falta de casa desde o instante que passo pela minha caixa do correio. A minha família e eu estamos profunda e irreversivelmente enraizados no lugar onde moramos atualmente. Portanto, eu não me preocupava com os riscos. Mas, apesar de o meu raciocínio ser diferente do da diretoria, concordei com ela. Eu simplesmente não quis viajar, tão no início, e a nossa decisão em conjunto foi pela conveniência de continuar cuidando do interesse que fora despertado na Suécia, e os "reflexos internacionais" desse modelo de comportamento sueco que fossem tratados por alguém, ou por si mesmos.

Mas em 1995 surgiu um caso internacional que chamou a atenção. A Foster Foundation, da Austrália (entre outras coisas dedicada à silvicultura), contatou-nos solicitando uma licença para trabalhar com o TNS na Austrália. Isso aconteceu no começo, apenas uns dois anos depois do lançamento do TNS sueco, e na ocasião não tínhamos certamente nenhum plano para a promoção internacional da organização. Nem tínhamos recursos para promover ou apoiar organizações no exterior. Finalmente, a Austrália parecia ficar tão longe da Suécia que era uma boa história eles terem ouvido falar de nós — uma história boa o bastante para endossar a determinação deles de trabalhar com o TNS e desejar-lhes boa sorte. Assim, sem nenhuma experiência em negócios internacionais, assinamos um acordo com Leigh Crocker, da Austrália. Ele parecia estar-se saindo bem e nos enviou cartas sobre os seus progressos, mas, sobrecarregados com todo o trabalho no nosso próprio território, eles foram percebidos apenas como boas notícias dos nossos antípodas na Austrália.

Um argumento, porém, era difícil de refutar. Mats Lederhausen afirmava que um modelo de comportamento na Suécia, não sendo conhecido por ninguém fora da Suécia, não só era uma extravagância em si mesmo mas também significaria uma oportunidade perdida para a Suécia. Sendo ele um verdadeiro especialista em cooperação internacional em uma das empresas líderes do mercado mundial de franquias, os argumentos de Mats ganharam peso. Ele alegava que, se o TNS fosse bem recebido no exterior — e realmente vários artigos em publicações internacionais falavam a favor disso —, aquilo reverteria em benefício da Suécia. Também poderia levar a uma espiral positiva ininterrupta que seria um crime não tentar. Por que não fazer um teste ou pelo menos me permitir aceitar alguns convites para ver o que aconteceria? Sempre poderíamos mudar de idéia depois, e por certo o TNS não morreria só por causa de umas duas viagens ao exterior, certo?

Assim eu aceitei fazer algumas palestras na Austrália, nos Estados Unidos e no Reino Unido. Fui recebido de uma maneira muito generosa, fui novamente convidado e, antes de me dar conta disso, estava rodeado de vários novos e bons amigos de todos os países que visitara. Por receio de não mencioná-los todos, decidi mencionar só as pessoas que tomaram parte dos "momentos decisivos", quer dizer, das ocasiões pelas quais o curso do TNS tomou outro rumo, quase sempre inesperado e às vezes doloroso.

Os meus novos amigos tentaram começar organizações nacionais do TNS nos respectivos países. No entanto, logo se evidenciou que isso não era fácil. E só muito tempo depois foi que entendi por quê. Ninguém tinha, na ocasião, sequer começado uma organização do TNS. Isso incluía a mim, uma vez que o TNS da Suécia crescera organicamente como conseqüência do "Listão" e do diálogo entre os cientistas e os encarregados de tomar decisões que se seguiram. O coração do TNS era um processo, não um conjunto de mecanismos que pudessem ser vendidos diretamente. Imaginei até que ponto a experiência sueca teria algum valor fora da Suécia.

A Necessidade de "Embalar" o Capital Intelectual

Sem dúvida, alguns dos conceitos do TNS tinham aplicações internacionais. Se a matéria não aparece nem desaparece em reações químicas na Suécia mas tem uma tendência a se dispersar e alcançar vastas áreas da natureza, o mesmo provavelmente se aplicava também fora da Suécia. E se eu e outros suecos buscamos o conhecimento mas muitas vezes acabamos afogados em informações, isso provavelmente acontece em outros países também. E uma vez que todos nós da rede do TNS sueco gostamos bastante de ser tratados com uma atitude "Sim, e..." e participar de diálogos respeitosos elaborados a partir de um princípio de entendimento transparente e estruturado, em vez de apresentar argumentos de ataque e de defesa elaborados a partir de presunções não experimentadas e mal-entendidos confusos, bem, o mesmo provavelmente se aplicava também às pessoas fora da Suécia.

Contudo, muito pouco da nossa experiência estava "embalado" para uma arena internacional. A primeira pessoa a dizer isso para mim foi Hans Dahlberg, o primeiro presidente do TNS no Grupo de Arlanda. Ele tentou explicar isso já no início do TNS, mas a minha limitada experiência nos negócios não me permitiu realmente entender o que significava a "embalagem" do conhecimento. Para mim, conhecimento era conhecimento, e a embalagem tinha a ver com escrever sobre ele e apresentá-lo. Mais tarde em San Francisco,

Paul Hawken, o ativista americano mundialmente famoso e autor de *Ecology of Commerce* (HarperBusiness, 1993), disse a mesma coisa.

Paul e eu tínhamos sido convidados por Peter Senge, o pensador sistêmico e autor de *The Fifth Discipline* (Doubleday/Currency, 1990), para nos apresentarmos no MIT, em Boston. Estou certo de que posso falar por nós três quando digo que ficamos impressionados com as semelhanças do nosso modo de pensar. No entanto, ao contrário de mim, tanto Peter quanto Paul tinham experiência a longo prazo na criação de organizações, e ambos disseram a mesma coisa que Hans Dahlberg: "O TNS não pode simplesmente ser transferido para outras culturas; deve receber uma embalagem."

Mais tarde, em um restaurante de San Francisco, Paul explicou a questão de uma maneira que finalmente me fez entender:

— O progresso do TNS da Suécia baseia-se mais numa atitude do que em qualquer outra coisa, e numa confiança sistêmica e dedicada nessa atitude. Ele iniciou um processo de aprendizagem que deu origem a diversos bens valiosos. Algum capital intelectual pertence a essa categoria. As Condições Sistêmicas e o *backcasting* a partir delas para o planejamento estratégico são exemplos disso. Outros exemplos são a pedagogia, as metáforas como "tronco e ramos" e "simplicidade sem redução", para transmitir o estilo característico do pensamento sistêmico do TNS.

"No entanto, para mim, os seus mecanismos sociais são no mínimo importantes, como a muito concreta 'Técnica do Sim, e...' para facilitar a lembrança de como comunicar uma atitude que as pessoas apreciam desde os tempos antigos. Esse foi realmente o ponto de partida, porque sem os mecanismos sociais e a sua maneira sistemática de aplicá-los, o capital intelectual do TNS nunca teria evoluído.

"Virtualmente, porém, nenhum dos seus bens atuais pode ser 'vendido' como coisas em que se pudesse pôr as mãos — coisas como carros e forrações. O que você tem é um capital virtual, e esse capital foi reunido e embalado da maneira como ele é por suecos na Suécia. Certamente, essa história merece ser contada, e é provável que também desperte algum interesse em outros países como os Estados Unidos. No entanto, você não pode 'vender' simplesmente o capital intelectual que o TNS desenvolveu na Suécia.

"Existem duas razões para isso. A primeira é que a alma do TNS baseia-se no respeito mútuo e na confiança entre você e os seus colegas cientistas e o pessoal das empresas da rede do TNS sueco. Isso significa que lá existe uma responsabilidade conjunta pelo processo. Vocês todos são os donos do TNS, que é um bem em si mesmo. A segunda é que os meios pelos quais vocês têm transmitido o capital intelectual — com o "Listão" e tudo mais — não é necessariamente pertinente em outras culturas. Concluindo, a maneira de comunicar deve ser desenvolvida como um processo de cada vez, e esse processo deve ser conduzido pelas pessoas pertencentes à cultura do lugar onde o TNS será estabelecido. Juntos, podemos descobrir todos os bens que podem ser considerados como denominadores comuns em outras culturas, podemos embalá-los juntos e depois podemos ampliar o diálogo cada vez mais rapidamente na arena internacional."

Paul ofereceu-se para fazer um teste nos Estados Unidos e quis saber se eu teria paciência para esperar por um processo muito longo, ou se queria um lançamento rápido com o que tínhamos àquela altura. Fiquei imensamente grato pelo interesse de Paul e percebi, é claro, que ele tinha razão quanto ao processo e tudo mais. E percebi que podia confiar na integridade dele. Ele era um homem com grandes relacionamentos no país dele e, se ele estivesse interessado em repetir o processo nos Estados Unidos... bem, o aprendizado do TNS havia decolado. Eu disse que sim, é claro.

Paul recebeu permissão para encontrar o estilo norte-americano para os norte-americanos, e eu e os meus colegas da Suécia estaríamos à disposição para o que Paul precisasse. Paul dedicou quatro anos de luta — às vezes dolorosa — até que o TNS se tornasse uma realidade nos Estados Unidos. (Considerando agora, posso dizer que foram precisos oito anos na Suécia até nos estabelecermos, portanto os pensamentos de Paul quanto a acelerar o aprendizado a partir da experiência inicial pareciam estar corretos.)

A experiência no Reino Unido foi semelhante. Foram precisos alguns anos até que me encontrasse com Jonathon Porritt — uma personalidade de destaque no Reino Unido nas frentes ambientais, da mesma maneira que Paul nos Estados Unidos. E foram precisos alguns anos difíceis a Jonathon, ao seu secretário-geral, David Cook, e aos colegas no Reino Unido, até que eles estivessem prontos e funcionando. Esses dois, Paul e Jonathon, ensinaram-me mais sobre o trabalho internacional do que mais ninguém. Isso porque em parte eles sabiam muito sobre o assunto, em parte porque eu estava desesperado para aprender, e em parte porque os dois incorporam como ninguém o que vem a ser um trabalho internacional. Ambos são brilhantes; ambos são carismáticos. Mas as suas extremas diferenças de personalidade provavelmente não teriam se encaixado bem se fossem obrigados a trocar de lugar — Paul indo para o Reino Unido e Jonathon para os Estados Unidos.

Paul é um poeta nas barricadas "verdes", transmitindo "alma" à turbulenta comunidade empresarial nos Estados Unidos. Mestre com as palavras, ele é capaz de fazer as pessoas sentirem a própria relação espiritual com o desenvolvimento sustentável. Paul cria um desejo nas pessoas de participar de melhores metas para a vida, acabando por estimular a ação. Acho que esse é o estilo norte-americano. Jonathon é um gigante em uma arena mais acadêmica. Ele é um gênio do pensamento crítico. Ele não tem ilusões; sabe que nada acontece de graça e as pessoas temem a sua agudeza nos debates. Acho que esse é o estilo do Reino Unido.

Paul e Jonathon criaram os seus respectivos modelos empresariais. Nos Estados Unidos, em um corajoso processo de pesquisa onde o dinheiro de investimento foi obtido junto a alguns dos diversos fundos existentes como uma parte integrante da cultura social dos Estados Unidos, o processo de tentativas e erros produziu dores e progressos de uma maneira muito turbulenta. Enquanto, no Reino Unido, um rígido planejamento empresarial foi criado e seguido. De vez em quando, pessoas das respectivas equipes dos Estados Unidos e do Reino Unido me telefonavam para expressar a suas preocupações com um e outro. No Reino Unido, as pessoas às vezes tinham medo de que a experiência dos Estados Unidos fosse muito tempestuosa e complacente, e nos Estados Unidos as pessoas tinham medo que a rigidez do Reino Unido fosse muito acadêmica e inflexível para fazer as coisas acontecerem na vida real. O fato é que eles foram ambos extremamente úteis para encontrar maneiras diferentes de transmitir a mesma coisa e ajudar-nos a todos a encontrar os denominadores comuns. Esse último aspecto era o mais importante, acredito, exatamente como Paul Hawken havia me dito.

A Necessidade de Estudos de Caso

Quando comecei a colecionar experiências de corporações empresariais internacionais no exterior, uma coisa me ocorreu como específica das empresas suecas, algo que de fato me deixou bastante orgulhoso do meu país nativo. Os presidentes de empresa suecos puderam iniciar mudanças muito significativas nas suas respectivas organizações e implementaram essas mudanças com base numa compreensão intelectual da Estrutura de Referência do TNS. Geralmente muito esclarecidos, eles entendiam o conceito do funil, os benefícios próprios do planejamento antecipado a tempo de evitar as paredes do funil e os princípios estratégicos de lançar tais "frutas ao alcance da mão que eram bases flexíveis" para chegar à abertura do funil. A grande questão a respeito disso é que não havia casos anteriores em que se apoiar — eles *eram* os casos. E, com poucas exceções, o método deles era atrair os funcionários para o processo por meio de treinamento e por um processo de comunicação direta. Essa foi tanto uma maneira de obter a contribuição intelectual dos funcionários como de descobrir "bases flexíveis e inteligentes ao alcance da mão", e uma maneira de montar equipes — um exemplo de pensamento organizacional e liderança horizontais. Eu vira isso acontecer tantas vezes em corporações empresariais suecas que foi com alguma surpresa que várias vezes fui exposto no exterior à seguinte pergunta: "Será que a Suécia não é um pouco excepcional na sua maneira de obter o consenso? Você tem estudos de caso fora da Suécia?"

Uma vez que, no início, eu não tinha relatos de casos fora da Suécia, a minha resposta era que, sendo o funil um fenômeno global, também o era a ciência em que se baseava a Estrutura de Referência do TNS. Essas coisas não eram influenciadas por atitudes ou culturas, argumentava eu, e os benefícios exclusivos da aplicação da Estrutura de Referência do TNS não se restringiam ao estímulo à elaboração de um sentimento comunitário e de valores compartilhados com os clientes, mas também se estendiam à possibilidade de prever e evitar certos custos que estavam aumentando no mercado mundial. Quanto menos regularmente propensa ao consenso fosse uma cultura (e se o trabalho em equipe é o que você quer), mais eficazes devem ser os instrumentos. E finalmente, dizia eu, esses instrumentos foram desenvolvidos para enfrentar os problemas de controvérsias que eu encontrara na Suécia.

As mais das vezes as pessoas ouviam o que eu dizia e provavelmente entendiam tudo, mas nos seus olhos eu sempre via sinais de ceticismo. Como convenceriam a diretoria e os acionistas de que um funil influenciaria os seus negócios de uma maneira negativa se não mudassem de direção? Portanto, no início, era simplesmente mais difícil colecionar bons estudos de caso no exterior. No entanto, com o passar do tempo, a experiência internacional foi aprimorando cada vez mais a estratégia do TNS: "Procure primeiro as empresas proativas, treine-as para torná-las ainda mais bem-sucedidas; depois procure as outras."

O Primeiro Modelo de Comportamento Norte-Americano do TNS: Ray Anderson e a Interface

Ray Anderson é o diretor-presidente da Interface, Inc., o maior fabricante mundial de carpetes e forrações. Ray teve o primeiro contato com The Natural Step em agosto de 1994, ao ler o livro de Paul Hawken, *The Ecology of Commerce*. Mas Ray diz que passou direto pelas referências ao TNS sem que lhe estimulassem a memória. No entanto, pouca coisa mais escapou à leitura de Ray, que classificou o livro de uma verdadeira epifania. Inspirado pela obra de Hawken, Ray decidiu conduzir a sua bilionária indústria mundial rumo à sustentabilidade. Tratava-se de uma proposta bem ambiciosa para um fabricante de tapetes, carpetes e forrações, tecidos e produtos arquitetônicos intensamente derivados do petróleo. Mas Ray estava decidido, conforme os eventos subseqüentes os provariam.

Um ano depois, em 1995, Ray conheceu Paul. Por essa época, Ray estava bem no meio da revolução dentro da Interface, e procurava orientação especializada sobre como orientar a sua empresa em direção à sua nova meta da sustentabilidade. Paul tornou-se um conselheiro de Ray e, já na primeira reunião, Paul aprofundou Ray nos conhecimentos do TNS: o funil, as Condições

Sistêmicas para a sua abertura, e como adotar estrategicamente a metodologia das Condições Sistêmicas. Quando começou a tornar públicas as suas aspirações para a Interface — conduzir uma revolução industrial e influenciar toda a indústria a participar do movimento da sustentabilidade — Ray mencionou The Natural Step como um fator importante no movimento.

Ainda outro ano transcorreria, porém, antes de Ray e eu nos encontrarmos. Em junho de 1996, viajei para Atlanta, Geórgia, nos Estados Unidos, a pedido de Ray e Paul e fiz palestras sobre o TNS para dois públicos diferentes. O primeiro foram cerca de quatrocentas pessoas da comunidade em geral que estavam interessadas o bastante nas questões ambientais para ir ao jantar no Jardim Botânico de Atlanta e me ouvir falar sobre o TNS. Naquela noite, Ray comprometeu-se e à Interface publicamente — como a primeira corporação norte-americana — com o objetivo supremo de adotar as Condições Sistêmicas do TNS.

— Não nos percam de vista — desafiou Ray no seu inconfundível sotaque sulista ao concluir a sua fala.

Eu conhecera o que havia de melhor na América e imediatamente me apaixonei por aquela vitalidade especial — quase juvenil — da qual Ray era um exemplo encantador. Na Suécia aprendemos que até mesmo as equipes de hóquei no gelo medíocres são perigosas quando vêm dos Estados: o disco deve terminar na meta da equipe adversária, a paixão para fazer isso acontecer é absoluta e não se ganha nenhum ponto a mais pelo estilo de jogo.

A segunda palestra em Atlanta foi na manhã seguinte, no Georgia Institute of Technology (o Georgia Tech), uma das principais universidades de tecnologia dos Estados Unidos. O público, que consistia de cerca de duzentos cientistas e engenheiros, deu-me a oportunidade de mergulhar profundamente na ciência por trás do TNS sem medo de perder a minha audiência. Durante o almoço que se seguiu à apresentação matutina, encontrei-me cara a cara com vários dos líderes acadêmicos da instituição, incluindo o dr. Jean Lou Chameau, então diretor da universidade, atualmente o decano de Engenharia e proponente ávido da sustentabilidade. Também no almoço daquele dia estavam o dr. Gary Schuster, decano da Faculdade de Ciências; e o dr. John White, então decano de Engenharia na Georgia Tech, atualmente diretor da University of Arkansas, outra importante instituição americana de ensino superior.

A conversa durante o almoço com o dr. Schuster foi especialmente estimulante, uma vez que ele assumiu o papel de advogado do diabo de uma maneira muito desafiadora. Ray me advertira de que esse era o estilo de Gary, assim fui bem preparado àquele almoço e decidira aprender com Gary aplicando a velha "Técnica do 'Sim, e...'". O ceticismo cordial e bem-humorado de Gary não deixou nenhuma dúvida de que o papel de advogado do diabo era um método de aprender com outros — sem dúvida não tinha a ver com rigidez nem com a defesa de velhos preconceitos.

A prova definitiva da força e da veracidade do TNS ocorreu um mês depois, quando o dr. Schuster me convidou para participar do Conselho da Diretoria da Faculdade de Ciências. No entanto, de maior importância ainda foi o fato de que o Georgia Tech passou a designar desse momento em diante as tecnologias sustentáveis como uma das suas três principais iniciativas no novo século, juntamente com a biotecnologia e a tecnologia das telecomunicações. Ray Anderson e eu fizemos um bom trabalho no Georgia Tech naquele dia, se posso dizer assim.

Como a Interface tinha operações na Europa para a fabricação dos seus produtos, encontrei-me aconselhando a equipe administrativa européia da Interface sobre a estrutura de referência e como adotá-la. Assim, tornei-me um integrante da equipe consultiva de Ray, que ele começou a chamar de a sua "Equipe do Sonho Ecológico". Paul Hawken pediu a Ray para participar da diretoria do TNS-EUA, e desde então Ray tornou-se para nós um importante conselheiro e mentor da comunidade empresarial.

Ray chama a iniciativa da Interface de "a escalada do Monte Sustentabilidade". As Condições Sistêmicas do TNS, expressas no tempo presente — "As concentrações de substâncias extraídas da crosta terrestre não aumentam sistematicamente na natureza" —, representam o pico da montanha da Interface. Para Ray, isso não significa apenas que a Interface obedecerá as Condições Sistêmicas do TNS até as últimas conseqüências. Ray quer que a Interface seja um instrumento para a restauração (quer dizer, limpar a biosfera das violações anteriores das Condições Sistêmicas pela sociedade) e para ajudar os outros (por exemplo, fornecedores da Interface) a fazer o mesmo. Ray compara o TNS como a bússola e o ímã, atraindo a Interface para aquele pico do Monte Sustentabilidade.

O modelo para a transformação da Interface de uma empresa típica do século XX para uma empresa prototípica do século XXI é explicado em detalhes no livro de Ray, *Mid-Course Correction: Toward a Sustainable Enterprise, the Interface Model* (Peregrinzilla Press, 1998).* O livro dedica a melhor parte de um capítulo ao TNS e assim ajudou a difundir o significado do TNS pelas comunidades ambientais, empresariais e educacionais, não só nos Estados Unidos, mas também na Europa e na costa asiática do Pacífico.

A exemplo da maioria dos bons administradores, Ray vive cercado de colegas competentes e leais que também se tornaram meus amigos e colegas. Mike Bertolucci, Jim Hartzfeld, Joyce LaValle, Steve Martin, Andy Wales e o che-

---

* O livro foi escrito no final do século XX. (N. do T.)

fe da divisão européia da Interface, John Walker, são alguns dos companheiros de armas na defesa da Terra.

Convidando Cientistas para o Processo Internacional

As dificuldades que tínhamos em coletar bons exemplos em empresas não-suecas era um problema que poderia ser tratado de maneira profissional e pacientemente. A nossa resposta era procurar primeiro as empresas mais proativas. A experiência de aprendizagem e a amizade que eu desenvolvera com Ray Anderson contribuiu para apoiar ainda mais essa idéia. Em razão das dimensões continentais do país, havia, é claro, mais empresas proativas nos Estados Unidos que na Suécia. Outro problema era mais difícil, e tem me assombrado desde que comecei o TNS.

A idéia suprema do TNS era servir de ponte entre a ciência e os executivos, as pessoas que tomam as decisões, fornecendo informações conceituais que fossem relevantes ao planejamento estratégico. Para manter essa idéia viva, e ajudar com isso a produzir mais conhecimento substancial para o diálogo, os cientistas são tão importantes quanto os encarregados de tomar decisões. Quando o TNS começou na Suécia, eu era um cientista respeitado na pesquisa médica do câncer. Isso deu impulso para a produção de numerosos trabalhos científicos de alto nível e dissertações de doutorado, que resultaram na Estrutura de Referência do TNS. Mas não tínhamos nenhum envolvimento científico no exterior. Na verdade, o problema era maior com a comunidade científica que com a comunidade empresarial. Pode ser difícil vender um conjunto de idéias às empresas se não houver nenhum caso nacional com que se identificarem e que possa servir de exemplo, mas no que diz respeito à comunidade científica isso é inerentemente impossível.

Ciência se constrói a partir de um processo de aprendizagem sistemático, no qual o pensamento crítico questiona e remodela o conhecimento existente. Sem nenhum valor aparente em si mesmo, é como cortar a carne morta do conhecimento velho de modo a poder confiar nele como uma base para os saltos rumo ao novo conhecimento. Onde se encontram os cientistas que, aos olhos de outros cientistas, por causa dos seus êxitos dentro dos respectivos campos, estejam preparados para assumir a liderança na nova arena? Se eles são bem-sucedidos e inteligentes, por que perderiam tempo mudando de arena? Além disso, a nova arena ligada ao desenvolvimento sustentável era inerentemente transdisciplinar, envolvendo física, química, biologia, ecologia, economia, psicologia e sociologia, para mencionar algumas das mais importantes. E a ciência transdisciplinar tem a reputação de ser um tanto excêntrica.

No começo de uma nova disciplina, cometem-se inevitavelmente muitos erros quando o novo conhecimento não pode ser encontrado pela aplicação dos instrumentos científicos existentes, mas deve confiar no desenvolvimento e na aplicação de instrumentos não tradicionais. Além do mais, por razões estatísticas muito simples, a maioria das mentes brilhantes permanece ainda nos campos tradicionais da ciência. Isso também se aplica às pessoas que participam das comissões de avaliação para liberação de fundos de pesquisa científica. No início, a ciência transdisciplinar do desenvolvimento sustentável não só enfrentou uma relativa falta de reputação mas também uma relativa falta de dinheiro.

Sem dúvida, John Holmberg e eu passamos por dificuldades na primeira experiência científica importante fora da Suécia. Paul Hawken e Peter Raven — um dos maiores cientistas mundiais no campo da biodiversidade vegetal e também o gerente do Jardim Botânico do Missouri — aceitaram orientar um processo de consenso científico nos Estados Unidos. Juntamente com Paul Hawken e a equipe do TNS-EUA, Peter Raven organizou a reunião, chamada de Encontro "Wingspread"[1] do TNS (em homenagem ao maravilhoso hotel onde ela aconteceu). Peter Senge ofereceu-se para ser o mediador e numerosos cientistas muito prestigiados e mundialmente famosos da física, química, ecologia, ecologia industrial e outras disciplinas compareceram ao encontro. John e eu fôramos convidados a explicar a experiência sueca e tínhamos planejado todo o encontro conjuntamente com Peter Raven, Paul Hawken e Peter Senge. Embora não tivéssemos experiência fora da Suécia, percebemos que precisávamos ser extraordinariamente cuidadosos para que o processo fluísse de maneira construtiva. Aquelas eram pessoas brilhantes e entenderiam rapidamente o que estávamos tentando dizer. Depois, então, apenas poderíamos esperar que eles se oferecessem voluntariamente para participar do processo e unissem forças conosco para ajudar a desenvolver as idéias.

A reunião transcorreu maravilhosamente, conforme o planejado. No primeiro dia, os cientistas ouviram o nosso arrazoado sobre as Condições Sistêmicas, atentos ao que dizíamos, discutiram em grupos nos intervalos, não encontraram pontos fracos na sustentação científica em si, mas tiveram algumas dificuldades para entender a questão. Para que servia tudo aquilo?

No segundo dia falamos sobre a aplicação em relação à tomada de decisão — o pensamento sistêmico, o *backcasting*, o pensamento em retrospectiva, os modelos de pensamento participativos para a criatividade de grupo e os outros conceitos que antecedem a necessidade dos princípios básicos. O segundo dia tornou-se um grande sucesso no momento, embasado no processo mais lento e pensado com muita moderação do dia anterior. A Estrutura de Referência do TNS era então entendida da mesma maneira como na Suécia — como um conjunto de idéias para a tomada de decisões, sustentada pelo pensamento científico de uma maneira pertinente; não como uma substituição ao conhecimento específico "entre as folhas", mas antes uma ajuda para estruturá-lo no sentido de fazer as perguntas certas e tomar decisões estrategicamente sadias.

Um manifesto com esse conteúdo, elaborado por alguns dos mais importantes cientistas do mundo, foi assinado ao final dos trabalhos.

Só uns dois anos depois, quando John Holmberg descobriu que havia algo errado, foi que também percebi. Em nenhum momento disséramos aos cientistas que não havia nenhuma instituição para apoiar um acompanhamento posterior. Pelo menos não enfatizáramos claramente essa informação tão essencial. O TNS baseia-se no compromisso pessoal e na responsabilidade, e devíamos ter deixado bem claro desde o princípio que as pessoas no evento estavam lá para tomar conhecimento do seu suposto interesse, não para apoiar o processo mas para conduzi-lo de fato. Uma vez que o TNS baseava-se, e ainda se baseia, em algumas idéias vigorosas, mas conta com recursos financeiros muito pequenos que, por sua vez, levam à necessidade de amplos compromissos pessoais, a nossa negligência em dizê-lo abertamente fora um grande erro. Assim, os cientistas devem ter ficado esperando algumas iniciativas espetaculares do TNS, que nunca aconteceram.

Alguns dos cientistas ainda participam do movimento e agem como mentores e partidários do trabalho do TNS nos Estados Unidos. Mas, embora ninguém o tenha dito explicitamente, ainda me acompanha um forte temor de que muitos dos outros participantes do encontro "Wingspread" tenham achado que foram usados como penhores no processo. Eles assinaram um documento afirmando que algo era realmente bom, e então nada aconteceu. Isso salta à vista da boa ciência, que deve se basear em um processo contínuo de reflexões críticas e criatividade. Por causa disso, decidimos não publicar o manifesto nem usá-lo em nenhuma atividade de promoção pública. Ele não seria usado enquanto o processo realmente não começasse nos Estados Unidos.

Vários cientistas jovens e muito inteligentes entraram em cena e diversos dos melhores antigos — como Peter Raven — ainda participam das nossas atividades como mentores e partidários. Tenho fortes esperanças de que o processo ganhará impulso novamente. Depois daquela primeira reunião no exterior, John Holmberg conduziu um encontro de consenso semelhante na Austrália e outro no Reino Unido e juntos conduzimos um na África do Sul, em dezembro de 1999.

Na reunião da África do Sul, fomos extremamente claros — diretos até mesmo antes da reunião. Explicamos que tudo aquilo era do interesse pessoal deles assumir a responsabilidade por uma organização nova no país, avaliar criticamente os instrumentos e conceitos do TNS que haviam sido desenvolvidos até então e depois dar prosseguimento nacional e internacionalmente ao processo científico como preferissem. O resultado foi um diálogo muito profundo entre os cientistas sul-africanos e o escritório sul-africano do TNS. Independentemente do que aconteça, nenhum cientista na África do Sul poderá alegar que o TNS tenha lhe dado falsas expectativas.

Em abril de 1999, em Portland, Oregon, o conceito do TNS estendeu-se da Suécia para formar The Natural Step Internacional (TNSI). Os criadores dessa organização (os amigos dos Estados Unidos, Reino Unido, Austrália, Nova Zelândia, Japão, África do Sul, Canadá e Suécia) definiram os valores essenciais, um logotipo conjunto, acordos de licenciamento, listas de conferência de exigências para criar novas organizações nacionais do TNS — a coisa toda.[2] Esse evento foi um êxito importante para mim e para os meus colegas da Suécia. Conseguíramos o nosso intento. O TNS estava estabelecido internacionalmente e um grupo de pessoas muito inteligentes sentia-se responsável por dar prosseguimento aos trabalhos do TNS de uma maneira muito importante, transparente e convidativa. Para mim era como se tivéssemos alcançado a meta depois de correr uma maratona de dez anos. Hoje faço parte de uma equipe, com pessoas que admiro imensamente e que conseguiram fazer bem-feito algo que eu mesmo nunca consegui: criaram por iniciativa própria uma organização de The Natural Step nos seus países.

Treze anos atrás, aconteceu de eu dar a partida em um processo para o qual a Suécia estava pronta naquele momento. Por tentativa e erro, e com um crescimento orgânico, chegamos ao que o TNS é na Suécia hoje. Com a entrada no processo de tantas pessoas brilhantes e maravilhosas, da Suécia e de outros países, e uma vez que algumas dessas pessoas estavam dispostas a correr um risco pessoal ao entrar na organização, posso dizer hoje que tenho uma experiência de treze anos em um processo de aprendizagem maravilhoso que supera qualquer coisa com que eu pudesse ter sonhado. Sem essas pessoas, eu teria tido uma experiência de um ano que teria hoje treze anos de idade.

CAPÍTULO 13

ACUMULANDO ABORRECIMENTOS

The Natural Step estava no auge. Éramos influentes não só na Suécia, mas também começáramos a ganhar impulso no exterior:

O dr. Karl-Henrik Robèrt realizou com sucesso a tarefa extraordinariamente difícil de conseguir que os cientistas concordassem sobre condições sistêmicas fundamentais para uma sociedade sustentável. Hoje podemos todos nos beneficiar disso. Os conceitos de The Natural Step permitem que os administradores do mais alto escalão encarem as considerações ambientais de uma maneira sistemática e as integrem na estratégia da corporação visando a prosperidade a longo prazo.

— John Naisbitt, *Megatrends*

O pensamento sistêmico precisa ser introduzido não só entre as empresas, mas também na sociedade como um todo, para ter o potencial de exercer uma influência mais profunda e significativa. Ao conhecer o trabalho do dr. Robèrt ganhei uma verdadeira esperança de que isso possa acontecer. Ele aplicou o raciocínio sistêmico à nossa última fronteira: o planeta Terra.

— Iva M. Wilson, presidente,
Philips Components, América do Norte

The Natural Step preocupa-se em reestruturar a economia industrial como um todo para fazê-la se adaptar melhor aos processos naturais de crescimento, decadência e reciclagem. A virtude do programa é que tem como objetivo promover a mudança ao nível sistêmico, onde os problemas se originam, e envolver construtivamente pessoas de todas as idades em todos os setores da vida. Só se pode esperar que The Na-

tural Step se espalhe rapidamente da Escandinávia para todos os países
fortemente industrializados.

— Dr. Willis Harman, co-fundador da
World Business Academy

Quando conhecemos The Natural Step, percebemos que tínhamos encontrado um sistema de idéias em que nos basear.

— Tachi Kiuchi, presidente, Mitsubishi Electric America

O trabalho de Karl-Henrik Robèrt e colegas pelo movimento de The
Natural Step na Suécia é um dos maiores exemplos para o mundo atual
de aprendizagem para a sociedade como um todo. A aprendizagem baseada no diálogo sistêmico e continuado não só está transformando a
atuação daquele país no campo do desenvolvimento industrial sustentável, como também representa uma grande promessa de solução para
muitos dos problemas mais renitentes da sociedade contemporânea.

— Dr. Peter Senge, Center for Organizational Learning,
MIT

The Natural Step é o movimento internacional mais importante no seu
papel de encorajar as empresas a serem promotoras da sustentabilidade.

— Philip Sutton, diretor de Política e Estratégia,
Green Innovations, Inc., Austrália

Tendo a célula viva como ponto de partida, Karl-Henrik Robèrt ajuda-
nos brilhantemente a entender as condições não-negociáveis de uma
sociedade sustentável. Ele e The Natural Step oferecem um modelo
científico, muito inspirado e operacional, para nos ajudar, tanto como
indivíduos quanto como corporações, a estabelecer um novo rumo.

— Dr. Göran Carsted, presidente do IKEA,
América do Norte

Assim como na natureza, a virtude do trabalho no sentido da sustentabilidade é a sua significação. Ao tentar diligentemente entender as con-
dições-limite que prescrevem a consumação ou a extinção da vida, os
princípios de The Natural Step oferecem um instrumento extremamente importante para a ação.

— Paul Hawken, autor e fundador do TNS nos Estados Unidos

O Presente de Aniversário do Rei

Então, em 1996, depois de oito anos de luta, o TNS conseguira o seu intento. Olhando para trás, acho que o nosso momento de glória aconteceu em um único dia — 28 de novembro de 1996. O TNS apresentou ao rei sueco (o nosso patrono) um seminário internacional como um presente durante as comemorações do seu aniversário de 50 anos de idade. Para tanto foram reunidos quatrocentos empresários suecos no "Cirkus", um grande salão de conferências em Estocolmo. Compareceram também os colegas do TNS de outras organizações e redes filiadas em outros países — Paul Hawken e Ray Anderson, dos Estados Unidos, Jonathon Porritt, do Reino Unido, e cientistas como Peter Raven e um físico de Berkeley, Don Aitken, surpreenderam e deliciaram a audiência com apresentações muito inspiradas. Sua Majestade, o rei Carl Gustaf, iniciou o seminário agradecendo-nos pelo presente de aniversário.

Senhoras e senhores, amigos da natureza e do meio ambiente:

Quando eu era criança, gostava mais de ganhar presentes em embalagens difíceis nos meus aniversários — acho que como todas as crianças. Mas hoje, já amadurecido, tanto em idade quanto em sabedoria, gosto também de presentes com outras aparências.

Há algum tempo, neste mesmo ano, quando comemorei o meu 50º aniversário, recebi um presente difícil de embrulhar mas fácil de aceitar. The Natural Step prometeu-me providenciar um simpósio em minha homenagem até o fim do ano. Não me informaram que era para inaugurá-lo, mas tenho o prazer de fazê-lo como um sinal da minha gratidão pelo presente e pelo importante trabalho que a organização vem fazendo em favor do meio ambiente na Suécia e em outros países.

A organização realmente cresceu desde que foi fundada sete anos atrás, quando me pediram para ser o seu patrono. Os projetos e programas dessa organização foram exportados para numerosos países e espero que esse crescimento continue. Porque, como todos nós sabemos, a não-sustentabilidade é um problema que não reconhece fronteiras geográficas. Portanto, a cooperação internacional em termos práticos é essencial para que sejamos bem-sucedidos.

Para poder agir, numa comunidade ou num município, decisões precisam ser tomadas. Para isso, são necessárias pessoas dedicadas assim como lideranças — pessoas que saibam para onde ir e como. Experiência e conhecimento são pré-requisitos necessários.

Mas as soluções nem sempre são simples. Pode haver mais de uma resposta a uma pergunta. E, mesmo se pudéssemos fazer antecipadamente estimativas perfeitas sobre os efeitos de diferentes medidas sobre a natureza, teríamos de considerar também a economia. Para sermos capazes de agir, antes precisamos de uma definição de sustentabilidade, depois uma estratégia de ação, incluindo prioridades do ponto de vista econômico. Também é importante que a sociedade em geral, ao promulgar a sua legislação e as medidas a serem taxadas, leve em consideração os ecossistemas, para sustentá-los em vez de destruí-los.

The Natural Step criou um modelo exclusivo para atingir a meta da sustentabilidade. Esse conjunto de preceitos inclui os princípios gerais para a sustentabilidade assim como uma estratégia pela qual se pode ser capaz de otimizar a economia fazendo a coisa certa no momento certo. Esse pretenso modelo de pensamento visa ajudar as pessoas, organizações, corporações empresariais e municípios a se entenderem a partir de um mesmo ponto de partida e seguindo os mesmos caminhos. O diálogo será mais eficaz e a cooperação muito mais fácil.

É claro que um modelo não resolve os problemas de verdade. Mas é um instrumento útil para atingir a meta da sustentabilidade. Ele apresenta um conjunto de preceitos comuns segundo os quais as diferentes pessoas e organizações podem atender às suas necessidades peculiares.

Espero com ansiedade o que vamos ouvir dos oradores a seguir. Estou convencido de que este dia irá contribuir para o desenvolvimento da sustentabilidade não só na nossa sociedade como talvez até mesmo no exterior, uma vez que temos aqui numerosos convidados estrangeiros importantes.

Muito obrigado pela sua presença e por compartilhar as suas opiniões conosco. Bem-vindos e boa sorte!

Quando ouvi a fala do rei e as apresentações que se sucederam, achei que a situação era quase surrealista. De certa maneira, era mesmo. Ali estávamos nós, representantes do TNS, e essa organização era apresentada como um tipo de esperança para a humanidade. Mas na realidade éramos apenas um grupo de indivíduos que sabiam que fazíamos parte de um diálogo de aprendizagem e que tinha alguns dispositivos intelectuais que pareciam ter produzido alguma mudança. Mas não tínhamos nenhum suporte organizacional para atender às expectativas que agora provavelmente se acumulariam rapidamente. Já haviam me contado histórias de pesadelo sobre corporações empresariais que tinham sucumbido por causa de — não apesar de — produtos muito engenhosos e inteligentes. Tais produtos podem causar um impacto muito forte e muito rápido no mercado. Portanto, eles têm de ser controlados pelos outros, porque os primeiros empresários que os desenvolveram não podem atender a um mercado cujas expectativas crescentes superam a sua capacidade de fornecimento. Lembro-me da minha esposa ter sussurrado para mim:

— Kalle, estou um pouco preocupada com todo esse sucesso. Será que não está na hora de recuar um pouco?

E já havia alguns rumores e sinais preocupantes flutuando ao redor, naquele sentido, que causavam uma vaga perturbação.

Durante o seminário do rei, duas coisas aconteceram que simbolizaram — analisando agora em retrospecto — que a organização do TNS estava à beira da sua primeira crise importante. Uma foi quando Russel Johnsson e Lennart Dahlgren me escutaram responder meio irritado a uns colegas durante um intervalo do seminário do rei. Eu tivera a impressão incorreta de que eles se haviam esquecido de levar os livros de resumos para o simpósio, o que teria sido uma grande decepção para mim. Eu trabalhara duro e muita coisa estava em jogo naquele seminário. Talvez por isso não tenha escutado bem o bastante. Logo se revelou que a nossa pobre organização apenas não tivera tempo e recursos para se organizar para a distribuição de nenhum folheto; em vez disso, os livros de resumos haviam sido dispostos em pilhas junto à porta para os participantes apanharem.

Tratava-se de uma controvérsia secundária, e eu me tranqüilizei imediatamente quando percebi o meu erro, mas era tarde demais. Lennart e Russel ficaram profundamente impressionados com a devoção do meu pessoal exíguo em cuidar de um evento tão importante, mas não tão impressionados com o meu modo de mostrar a minha gratidão por isso. Mais tarde, eles tiveram uma conversa séria comigo sobre isso e me aconselharam a nunca me esquecer da atitude humilde que fizera do TNS um sucesso. Eles também me aconselharam a começar a encontrar um meio de mostrar-me "apenas presente" aos meus colegas e reduzir a minha contribuição nas operações cotidianas. Era essencial que as pessoas ao meu redor tivessem a possibilidade de crescer, e eu tinha a tendência a ocupar muito espaço.

Durante a conversa com Russel e Lennart, experimentei uma mistura de medo e gratidão. Medo porque, até então, não notara nenhum problema ligado à minha pessoa — nenhum. Seriamente, nunca me ocorrera que pudesse me tornar um entrave para o TNS, que eu começara e ao qual amava tanto. E senti gratidão, porque o clima da reunião era da velha camaradagem, que desde aquele momento senti que podia considerar como certo em relação a Russel e Lennart. Eles me convidaram para jantar e foram críticos, não porque estivessem irritados comigo, mas porque sentiam a responsabilidade pessoal de fazer o TNS seguir em frente. A conversa me ajudou muito, e ainda hoje não passam muitos dias sem que eu volte a me lembrar daquele jantar tão significativo com Lennart e Russel.

Em outro intervalo, Mats Lederhausen me procurou para comentar que estava sendo escrito um livro em que um professor de física mostrava sérias preocupações com o TNS e o nosso modo de lidar com as questões científicas.

O velho professor Tor Ragnar Gerholm era famoso na Suécia como uma pessoa "do contra". Ele vinha lutando contra os "verdes" e a favor da energia nuclear havia muito tempo. No entanto, o TNS não assume posições em assuntos dessa natureza — apenas respondemos de maneira que já se tornou uma tradição entre nós: "Desde que a energia nuclear seja sistematicamente desenvolvida de acordo com as quatro Condições Sistêmicas, deve ser permitido produzi-la para competir com outras fontes de energia que são produzidas segundo os mesmos princípios." Sempre deixamos as conclusões às pessoas, para não misturar a clareza da metodologia de planejamento com as nossas crenças e valores.

Assim, no início, não levei a sério o comentário. O que fosse que o professor escrevesse no livro, poderíamos responder do nosso modo tradicionalmente neutro. E se algum dos princípios científicos adotados pelo TNS estivesse equivocado, simplesmente poderíamos corrigi-lo, da mesma maneira como o TNS havia procedido até então. Mas as notícias sobre o livro começaram a somar a outras nuvens escuras no horizonte. E algumas dessas eram mais preocupantes do que outras.

Tensões no Escritório

Os meus colegas haviam começado a falar sobre tensões no escritório do TNS. O pessoal simplesmente não se sentia mais à vontade. "PUA não era mais o secretário-geral certo." E, quando comentei com os meus colegas a respeito disso, as respostas que obtive foram tão evasivas que nunca consegui captar o que estavam tentando me dizer. Recordando o que aconteceu, agora percebo o que havia de errado comigo. A minha conduta pessoal desde o começo do TNS era ser geralmente realista e encorajador, porque não tinha nada diferente a oferecer, como dinheiro. Assim as pessoas tinham receio de me desapontar dando notícias ruins de maneira clara e direta, especialmente porque a maioria do pessoal era mais jovem do que eu. Provavelmente eram precisos empresários experimentados como Lennart e Russel para tratar comigo nesses níveis, e muito poucos na cadeia de trabalho do TNS tinham sofisticação bastante em questões organizacionais do TNS como eles.

Eu chegara ao meu limite. Lembro-me de que PUA fizera uma palestra vários anos antes, por volta de 1993, durante um seminário ao corpo de funcionários no hotel de conferências Sånga Säby. Ele explicara que aquele estilo de liderança era o melhor nas fases iniciais do desenvolvimento organizacional, mas mais tarde, quando a organização precisasse passar a uma fase mais consolidada, o TNS precisaria de mais alguém. Eu mal prestara atenção, porque pensara que se tratava de algo que PUA lera em algum lugar, talvez em algum livro de administração de empresas, mas que certamente não se aplicava ao nosso caso. Quem sabe PUA estivesse mesmo inventando aquilo? No intervalo, enviei uma mensagem pela rede para ele, só para ter certeza de que essa explicação alternativa não era negligenciada. Mas um dos colegas da alta hierarquia, Lars Bern, também ouvira o que PUA dissera. Lars tinha uma longa experiência no nível de eúpula administrativa em grandes corporações empresariais da Suécia. Ele se curara de um câncer e eu o ajudara um pouco a esse respeito. Tínhamos nos tornado bons amigos e Lars decidira investir parte da vida dele no TNS. Ele certamente concordara com PUA na ocasião sobre a necessidade de mudar o secretário-geral. Ele fez mais do que isso nessa fase.

Lars tinha autoridade para me falar de frente o que pensava, do mesmo modo que Lennart e Russel haviam feito, e me pediu — não, implorou inúmeras vezes — para simplesmente demitir PUA. PUA não era mais o homem para conduzir o TNS. O TNS tinha se tornado uma organização estabelecida, a lua-de-mel com as empresas terminara e daquele momento em diante as nossas expectativas de apresentar resultados de maneira rápida e profissional cresceriam de hora em hora. Mas PUA continuava conduzindo as coisas *ad hoc**, porque não sabia agir de outra maneira.

A minha resposta a tudo isso foi simplesmente tentar manter tudo como estava e conversar com as pessoas para se acalmarem. Logo essa se mostrou uma estratégia condenada. As tensões cresciam. As pessoas começaram a se reunir em grupos no escritório e faziam reuniões secretas para se rebelar contra PUA. Ficou óbvio que eu estava diante da minha primeira crise administrativa e percebi logo que conversar apenas não resolveria. As mesmas pessoas que haviam admirado PUA enormemente pelo seu modo talentoso e criativo de criar projetos inesperados nos primeiros dias agora sentiam uma profunda desconfiança quando se tratava da capacidade de transmitir confiança a todos os interessados, especialmente nas empresas.

Embora não pudesse simplesmente despedir o meu bom amigo PUA, falei com ele sobre nós dois começarmos a procurar um novo secretário-geral — alguém que fosse capaz de consolidar a organização, o que quer que isso significasse. Faríamos uma tentativa de manter PUA como um tipo de conselheiro sênior do TNS e do novo secretário-geral. Lars Bern disse acidamente que era uma idéia bonita, mas que não funcionaria. Apesar da argumentação dele, e apesar da autoridade que a experiência de Lars nas empresas lhe conferia, decidi tentar salvar PUA. Quis ser delicado, encontrar um novo secretário-geral juntamente com PUA, e depois renovar as minhas ambições de arrumar a casa. Falhei.

---

* A expressão latina *ad hoc*, além de significar "designado, nomeado para uma tarefa", também se traduz por: "com o único objetivo de legitimar ou defender uma teoria, e não em decorrência de uma compreensão isenta e objetiva da realidade". (N. do T.)

O Ataque

Apenas algumas semanas depois do seminário do rei, tive motivos para acrescentar ainda outra preocupação à pilha das outras. De repente, um editorial do *Svenska Dagbladet* expunha-me como um diletante da ciência. O mesmo jornal que nos atacara alguns anos antes (na ocasião chamando-me de desonesto) repetia o feito. Mas, uma vez que as alegações de desonestidade não funcionaram, talvez pensassem que o rótulo de estupidez o fizesse.

O editorial baseava-se no livro que Mats mencionara durante o seminário do rei e que então devia evidentemente ter sido impresso. O livro, escrito por um físico nuclear aposentado, o professor Tor Ragnar Gerholm, intitulava-se *Letter to The Natural Step*. Ironicamente, essa "carta" não chegara à caixa postal de The Natural Step. Mas a editora, Timbro, distribuíra-o de graça a um grande público-alvo de pessoas influentes e corporações empresariais. A Timbro usa dois chapéus: um é o seu chapéu de editora: haviam publicado vários livros na Suécia ao longo dos anos, muitos deles de bons e respeitados autores. Ao mesmo tempo, a Timbro é um grupo de *lobby* dos "neoliberais". Eles acreditam na "mão invisível" do mercado, a qual supostamente tornaria espontaneamente as pessoas social e economicamente felizes, desde que essa mão pudesse ser deixada em paz, sem a influência política. Os neoliberais temem ao máximo a influência da esquerda.

A Timbro, que fora fundada muitos anos antes, granjeara eficazmente fundos suficientes que lhe possibilitava sobreviver dos juros deles. Uma vez que não precisava trabalhar o tempo todo para garantir a sobrevivência, podia usar o tempo que fosse necessário para tornar-se bastante poderosa em fazer *lobby*, e podia distribuir livros de graça. Essa parte das atividades da Timbro — lutar pelas forças do mercado livre contra a influência política — desempenhava um papel cada vez mais importante nas suas atividades. Acredito que esse interesse crescente pelo *lobby* e as convicções quase religiosas da "mão invisível" custara-lhe alguma credibilidade e influência. Mas não posso ser tão objetivo a esse respeito, é claro. Lars Bern indicara, em um dos seus livros sobre o TNS, que a maioria dos sistemas religiosos tem um poder obscuro ao lado daquele que se preocupa com a luz, e que é um erro qualquer novo sistema religioso deixar de levar isso em conta. Existe também um "pé invisível", pronto para chutar o traseiro de alguém. Nunca tive a oportunidade de saber sobre as possíveis reflexões da Timbro sobre a questão do pé.

Letter to The Natural Step parecia ser sobre as falhas na filosofia do TNS, assim como sobre a ciência que o sustentava — pelo menos de acordo com o editorial do *Svenska Dagbladet*. O livro supostamente provava que fizéramos a maior confusão com tudo o que podia ser confundido. E a razão era simples de entender. Eu, o líder do TNS, acreditava que tinha formação científica, o que eu não tinha.

O ataque inteiro do *Svenska Dagbladet* parecia se basear na premissa de que eu era o demônio que guiava o TNS e que, ao me derrubar, o resto do TNS também cairia. Eles pareciam ter esquecido, ou omitido de propósito, o fato de que o TNS atuava em cadeia e que era um movimento social que tirava o seu poder da cooperação entre um número crescente de cientistas e líderes empresariais. Toda a estupidez atribuída a mim era, na realidade, uma ofensa a todos os envolvidos. Concluí que quem quer que tivesse unido forças por trás do ataque era inteligente o bastante para evitar uma provocação aos partidários do TNS mais que o necessário, simplesmente restringindo o ataque à minha pessoa. Mas ainda assim fiquei um pouco confuso.

Ninguém teria prestado alguma atenção ao TNS a menos que a indústria da Suécia tivesse escutado a mim e aos outros cientistas envolvidos, ou se nenhum diálogo e nenhuma mudança tivessem acontecido em conseqüência disso. Mas em um mercado livre e por sua livre e espontânea vontade, as corporações empresariais suecas de alta visibilidade haviam lançado programas muito significativos e proativos. E a maioria delas informara um retorno social e econômico muito bom também. Na verdade, a cooperação das empresas com o TNS poderia até mesmo ser usada como um argumento para a "mão invisível".

Considerando que não recebêramos a "carta" do professor Gerholm, tivemos de pedi-la à Timbro. Eles foram generosos e a enviaram de graça também. Depois de ler o texto, encontrei uma explicação para o meu espanto inicial, mas obtive mais umas duas para considerar. Primeiro, o professor Gerholm não expressara nenhuma crítica à Estrutura de Referência do TNS, nem dissera nada sobre as empresas que o aplicavam. Em vez disso, a filosofia do livro era apenas sobre a necessidade de liberdade para as forças do mercado e a capacidade de tais forças do mercado para apoiar a criatividade individual. E era sobre o perigo de pôr em risco aquelas forças com um excesso de interferência política. Nesse caso, o apoio presumido oferecido pelo TNS a tais políticas não acarretava nenhuma conseqüência. Os princípios científicos que sustentavam o meu pensamento eram totalmente falhos.

É claro! Gerholm, assim como a página editorial do *Svenska Dagbladet*, simplesmente tentava proteger a "mão invisível". Portanto, as várias corporações empresariais que agiam de modo proativo tomando parte no diálogo com o TNS dificultavam ainda mais as coisas. A visibilidade dessas empresas e as suas atividades dariam ainda mais munição a tentativas restritivas de certas campanhas políticas.

Na realidade, havia exemplos de corporações empresariais que, de maneira efetiva e bem-sucedida, influenciaram políticos a implementar impostos "verdes" e outras medidas para obter mais impulso para os seus novos produtos na competição com empresas menos proativas. Exemplos eram a maneira como foram lançadas baterias sem cádmio no mercado sueco pela Electrolux, ou como a OK Petroleum fizera o mesmo com a gasolina mais limpa e os combustíveis renováveis. Lembro-me de que Jonathon Porritt e Paul Hawken, independentemente um do outro, me felicitaram pelo ataque. Esse era o ritual de iniciação de que tinham me falado e o TNS fora "escolhido" por causa da nossa influência inquestionável. Talvez eu tenha me sentido um pouco lisonjeado mas, principalmente, o apoio amigável dos colegas ajudou muito.

Portanto, o que agora me confundia quanto ao livro do professor Gerholm não era o espírito que o motivava, ou a filosofia por trás do ataque. A coisa difícil de entender era a metodologia escolhida para o ataque. A crítica científica fora isolada totalmente a uma fonte — os princípios científicos do meu primeiro livro, *Det Nödvändiga Steget (O Passo Necessário)*. Esse livro desaparecera das estantes das livrarias havia vários anos, uma vez que reunia os meus pensamentos iniciais no período inicial do TNS. O TNS era uma organização educativa que queria usar o conhecimento de ponta, logo não usávamos o livro. Se o professor Gerholm estivesse academicamente interessado no nosso trabalho, deveria ter consultado algumas das publicações científicas ou dissertações de doutorado, ou talvez estudado os nossos materiais mais atuais. Ele também poderia ter consultado o meu livro mais recente. Mas o que o levara a consultar o meu primeiro livro — voltado ao público geral e contendo os meus motivos pessoais e pensamentos iniciais — era realmente um enigma.

Seja como for, de acordo com *Letter to The Natural Step*, eu provavelmente "me expressava bem". Mas, conforme mostrava a interpretação do *Svenska Dagbladet* da carta do professor Gerholm, eu certamente não entendia a natureza da ciência. De acordo com o livro, eu usava argumentos errados ao considerar a natureza como um dos meus pacientes. Mas a natureza não era nenhum paciente. Na verdade, a natureza nunca se sentira tão bem na vida.

Ali estava eu, atacado por um professor de física. Mas a ciência em si não era o objetivo no caso. Ela só era usada como um instrumento para se alcançar uma meta filosófica. O professor Gerholm parecia ser apenas um ator, dirigido pelos mesmos interesses que estavam por trás da página editorial do *Svenska Dagbladet*. (Não era até depois de isso ser revelado em público.)

Assim sendo, fiquei confuso com o fato de o professor ter limitado o seu ataque científico a um livro que estava esgotado. Mas, quando li o conteúdo da crítica, fiquei atordoado. Atacar o meu livro, se você realmente quisesse atacá-lo, seria fácil para um professor de física. Por tratar de todas as minhas idéias e sonhos iniciais, não era um alvo difícil. Então por que falsificaram as citações do meu livro? Na verdade, todas as citações que sustentavam o ponto de vista do professor Gerholm quanto a falhas científicas — e as que foram usadas pelo *Svenska Dagbladet* — eram erros de pensamento que ele antes inventara e depois corrigira no mesmo diapasão. Exemplos eram citações nas quais eu parecia alegar que as reações químicas não envolviam nenhuma mudança de massa material (o que é errado), considerando que o texto original explicava que o número e o tipo dos átomos não mudavam (o que é certo). Havia uma citação na qual eu supostamente confundia o princípio da conservação da matéria com a primeira lei da termodinâmica, e outra na qual eu aparentemente acreditava que a destruição do meio ambiente poderia ser medida em termos de entropia. Mas, novamente, o texto original não dava nenhuma sugestão dessas idéias. Outra "citação" do meu livro era uma frase inteiramente nova que fora criada pela colagem de uma meia frase minha com outra metade de um texto de Karl-Erik Eriksson a que eu me referia em um apêndice. Tudo feito para parecer uma tolice. A minha maior frustração foi ver uma citação — a única que não fora falsificada — que realmente *era* idiota. O único problema era que eu também usara a citação para demonstrar uma maneira errônea de pensar. Mas ali eu a encontrava... assinada por mim.

Mostrei o livro do professor Gerholm ao professor Karl-Erik Eriksson e pedi o seu conselho. Ele havia debatido contra o Tor Ragnar Gerholm muitas vezes ao longo da história do movimento verde na Suécia, especialmente durante o debate público sobre energia nuclear. Ambos são físicos nucleares, mas tinham posições radicalmente divergentes no debate — Eriksson era contra e Gerholm a favor. Karl-Erik ficou tão confuso quanto eu, e não conseguiu compreender. O professor Gerholm era conhecido como um adversário muito duro e até mesmo cruel, mas não era conhecido como desonesto.

Considerando que o TNS se posicionava como uma organização que funcionava como uma ponte entre a ciência e os encarregados de tomar decisões, um ataque contra a nossa cabeça de ponte científica era um ataque destruidor. E se tratava de um ataque esperto, uma vez que os executivos encarregados de tomar decisões que participavam do nosso diálogo não precisavam ser atacados. E sem dúvida fora assim que o *Svenska Dagbladet* aproveitara a oportunidade. Embora a página editorial do jornal não tivesse uma reputação científica, e embora o livro do professor Gerholm se baseasse em falhas obviamente fabricadas, tais fatos não nos interessavam muito. Esse não era o tipo de crítica com que eu estava acostumado nos processos de análise de colegas em publicações científicas ou dentro do trabalho público do TNS. Não era basicamente uma questão de certo e errado, mas de probidade e motivos pessoais muito além do certo e do errado. Só de pensar em começar um debate público sobre quem disse o que e por que, e sobre como isso ou àquilo era um mal-entendido me deprimia. Especialmente porque toda a concepção do TNS baseava-se em aplicar a "Técnica do 'Sim, e...'" para fomentar o diálogo e o aprendizado. Como aplicar essa estratégia quando mentiam a nosso respeito e quando a causa não era estudar a realidade ao mesmo tempo? Era preciso fazer alguma coisa, e depressa.

Vários amigos da indústria entraram em ação e a história toda ficou ainda mais estranha. A Timbro alegava (e ainda alega) ser "O Caldeirão de Idéias da Indústria". Mas ali estava eu sendo protegido contra a Timbro pela indústria — por pessoas como Leif Johansson e Gustaf Uggla, da Electrolux; Russel Johnsson, do IKEA; Ola Ivarsson, da Scandic; e Mats Lederhausen, do McDonald's — todos de nível acadêmico, principalmente em ciências naturais e engenharia. Eles não precisavam da ajuda de Tor Ragnar Gerholm para entender as leis naturais que embasavam a Estrutura de Referência do TNS. Mas o ataque ao TNS criara um problema para eles e eles queriam que eu tomasse alguma providência sobre o assunto.

Uma vez que toda pessoa bem-informada da Suécia sabia quantos recursos tinham sido gastos pelas respectivas empresas daqueles homens para adotar as orientações dadas pela Estrutura de Referência do TNS, vários clientes e parceiros comerciais das empresas começaram a fazer perguntas sobre o TNS. Certamente, era impossível sentar ao telefone e atender a todo mundo na Suécia que tivesse dúvidas sobre o TNS, resolvendo todas as questões que passassem pela ciência que estava agora sob debate. Embora os meus amigos na indústria quisessem alguma ação para corrigir a situação, deixaram uma coisa muito claro: proibiram-me de aceitar um debate na página editorial do *Svenska Dagbladet*. A razão era óbvia. Os redatores não eram cientistas; nem mesmo curiosos e interessados de uma maneira amadora. Totalmente ao contrário, já haviam assumido uma posição sem prestar atenção até mesmo a convenções menores sobre a avaliação crítica da fonte, e tinham publicado afirmações sobre os meus supostos erros científicos sem sequer me permitir responder a eles antes de serem publicados. A intenção era destruir, logo, por mais que eu argumentasse, nunca ganharia aquela batalha no terreno deles. Em vez disso, instruíram-me a desafiar Tor Ragnar Gerholm para um debate oficial. O desafio foi publicado na página editorial do *Svenska Dagbladet*, e a data escolhida foi para depois do ano-novo, no dia 12 de fevereiro de 1997.

Enquanto isso, a minha vida era deplorável. Os funcionários do TNS continuavam dizendo que não estavam mais satisfeitos ali e ainda mais agora que estávamos sob ataque. Afinal, PUA e eu encontramos o nosso novo secretário-geral, algumas semanas apenas depois do seminário do rei, e, é claro, depositamos muita esperança nele. Magnus Huss era um agrônomo que fora um conselheiro ambiental do departamento de finanças do governo sueco e tinha uma longa experiência em nível de cúpula administrativa na administração de resíduos. Ele era muito agradável e muito firme. E trouxe consigo, do trabalho anterior, um jovem engenheiro extraordinariamente inteligente, Jonas Oldmark, com quem estabelecera uma parceria muito estreita. Eu esperava que os dois, juntamente com PUA, pudessem criar um clima melhor no escritório. Isso aconteceu, mas não a tempo de remediar a situação em que nos encontrávamos. Lembro-me de ter olhado através da minha janela do escritório para as ruas nevadas de Estocolmo e refletir sobre a possibilidade de perdermos tudo.

Os meus medos se aprofundaram quando Magnus me disse que ele e PUA não estavam se dando bem no trabalho e também que PUA decidira deixar a organização. Conversei com eles, tentando convencê-los de que o momento não era bom para reduzir ainda mais a força de trabalho da equipe, mas nada adiantou. PUA achava que os seus dias no TNS haviam chegado ao fim e que a nossa relação dali por diante seria só como amigos em nível pessoal. Pelo menos PUA achava que eu fizera tudo o que estava ao meu alcance, mas, uma vez que não fora o bastante, ele não estava especialmente contente. Senti uma enorme tristeza. PUA era uma pessoa tão amável, engraçada e criativa para se trabalhar junto. Sem ele não teríamos chegado aonde chegáramos, e ele sempre fora totalmente leal. Por que era impossível mantê-lo no TNS?

Lembrei-me das palavras de Lennart e Russel: "Dê mais espaço aos seus colegas, para que possam crescer." Seria tudo culpa minha? De qualquer maneira, agora era tarde para fazer alguma coisa. E tudo o que eu fizera não parecera ajudar. Portanto, por uns tempos, decidi deixar de lado as questões organizacionais, para que Magnus Huss trabalhasse à vontade. Eu precisava me concentrar totalmente no debate público com Tor Ragnar Gerholm e decidi deixar que aquele fosse o momento da verdade.

No dia 12 de fevereiro de 1997, fui para a sala do seminário com a minha esposa Rigmor. Gustav Uggla, da Electrolux, fora escolhido pelos meus amigos das empresas para me orientar, e foi o que ele fez. Juntamente com alguns consultores com os quais a Electrolux costumava trabalhar, tive de treinar como um boxeador campeão dos pesos-pesados durante o feriado inteiro de Natal. Na minha pasta, eu tinha várias transparências em que fotocopiara o que escrevera de fato no meu primeiro livro, e embaixo de cada um desses exemplos eu fotocopiara o que Tor Ragnar Gerholm alegava que eu tinha escrito — "citação" por "citação". As transparências estavam reunidas em uma pasta de arquivo que a minha assistente pessoal no TNS, Kerstin Abrahamsson, preparara para mim.

O editor-chefe da revista ambiental internacional *Tomorrow*, Claes Sjöberg, organizava o seminário e ganhava dinheiro com isso. *Svenska Dagbladet*, em um novo editorial, decidiu lançar a idéia de que era The Natural Step que ganharia dinheiro, mesmo de um evento intelectual decisivo na nossa história. Claes Sjöberg corrigiu a situação, é claro. Pouco antes do seminário *Svenska Dagbladet* ainda publicou outro artigo no qual alegava que o TNS estava à beira da falência porque não ganhávamos bastante dinheiro. A meu ver, eles pareciam no mínimo tão desesperados quanto eu.

Miljörapporten conseguira convidar 250 pessoas do meio ambiental da Suécia — os administradores "verdes" e o pessoal das universidades. E do outro lado, os "do contra", sem nenhum interesse nas questões da sustentabilidade — os partidários de Tor Ragnar Gerholm e da Timbro. A minha esposa e eu ouvíamos os murmúrios de todas as vozes escada abaixo quando passamos pela entrada e pelo corredor, onde jovens de alguma organização distribuíam panfletos sobre a necessidade de mais energia nuclear e menos restrições políticas. Quando entrei no salão do seminário, aproximei-me de Tor Ragnar Gerholm, desejei-lhe boa sorte e fiquei esperando um combate intelectualmente compensador.

Um primeiro embate, para esquentar a audiência, estava na agenda. Lars Bern, embora tivesse acabado de deixar o TNS por causa do meu modo inadequado de lidar com PUA e a minha atitude dominadora de impedi-lo e aos outros de tratar do assunto em meu lugar, enfrentava o vice-presidente da Timbro, Matthias Bengtsson. Esse era um embate desigual. Matthias representava o "caldeirão de idéias" da indústria, mas Lars — com uma longa carreira na cúpula administrativa de algumas das empresas mais prestigiadas da Suécia — representou a indústria propriamente dita. E, mais ainda, Lars — doutor em química — estava interessado no assunto, o meio ambiente. Matthias, por outro lado, não tinha outro interesse no meio ambiente que não fosse por considerá-lo um suposto empecilho à sua amada "mão invisível".

Lars estava em boa forma e era o vencedor notório. Isso era tão óbvio que representava um risco imprevisto. O sr. Bengtsson teve um desempenho tão ruim que acredito que até mesmo os seus partidários não gostaram — na realidade, não havia nenhum sinal de apoio na platéia. A certa altura, Matthias afirmou que o problema da extinção de espécies era altamente superestimado e que na verdade havia muito menos espécies ameaçadas de extinção do que o público acreditava. Quando lhe perguntaram, ele não soube responder quantas espécies o público pensava que tinham desaparecido nem quantas tinham desaparecido de fato. Os murmúrios de descrença e desconfiança na platéia começaram a aumentar. Receei que o clima do debate se deteriorasse e saísse do controle. Se a platéia começasse a gritar, sempre poderia ser alegado depois que as condições para o debate entre a Timbro e o TNS não eram justas. E, para ser honesto, nem eu teria podido apresentar números exatos.

Claes Sjöberg salvou a situação. Ele simplesmente perguntou em seguida ao sr. Bengtsson se ele sabia que um número muito elevado de espécies só vivia em certos hábitats e que não existiam fora desses. O sr. Bengtsson disse que sim. E, além disso, será que ele percebia que, se tais hábitats fossem totalmente erradicados, por exemplo pela derrubada de florestas tropicais, as espécies que só viviam ali desapareceriam também? O sr. Bengtsson novamente disse "sim". E ele tinha consciência de que áreas muito grandes de florestas tropicais haviam sido destruídas? Novamente um sim, ainda mais fraco dessa vez. "Portanto, o que o senhor quer dizer, sr. Bengtsson, é que os ecologistas exageram às vezes?" O sr. Bengtsson concordou vivamente com uma inclinação de cabeça ante essa verdade inquestionável. O problema fora resolvido e o terreno estava pronto para o professor Gerholm e para mim.

Desnecessário dizer que eu estava nervoso. Haviam tentado me humilhar e ao TNS em público, e, considerando as tensões organizacionais que estávamos sofrendo sob outros aspectos, muitos interesses estavam em jogo naquele momento. Mas uma coisa me deixava ainda mais preocupado. O que fizera o professor Gerholm ousar aparecer para o debate? Pessoalmente, se eu soubesse que baseara a minha argumentação em citações falsificadas, acharia a situação bem difícil se estivesse no lugar dele. Mas ali estava ele, aparentemente autoconfiante. O que será que tinha planejado para me surpreender? Eu decidira que, se ele pretendesse apresentar novos dados ao debate, quaisquer que fossem eles, para fugir à verdadeira questão crucial de citar erroneamente os fundamentos científicos do TNS, não permitiria que o fizesse. O que quer que ele quisesse apresentar de novo para ser discutido eu proporia que fosse discutido depois. Mas a agenda daquele debate estava fechada.

O professor Gerholm não tentou esconder nada. Ao contrário, reafirmou o mesmo que apresentara no livro. E a cada vez, eu projetava a transparência do arquivo que Kerstin preparara para mim — no alto o texto original; embaixo a citação falsificada do professor. Silêncio — um parada de bola. Outra afirmação, outra transparência, outra parada de bola. O professor Gerholm começou a suar, só um pouco no início; então o terno dele ficou escuro de tão encharcado. Fomos fotografados depois do debate, e o fotógrafo me disse que nunca vira ninguém com um terno tão ensopado.

Lennart Dahlgren, do IKEA, tinha me dito muito firmemente antes do seminário que, se as coisas começassem a ir do modo como esperávamos, em nenhuma circunstância eu devia ser arrogante nem exibir nenhum sinal de vitória. Embora o professor Gerholm fosse conhecido na Suécia como um debatedor endemoninhado, com um potencial demagógico capaz de destruir até os argumentos mais engenhosos, eu era um cientista jovem e forte que liderava uma organização influente. Tor Ragnar Gerholm, por outro lado, certamente falsificara as citações. Mas era um homem velho, aposentado, que poderia facilmente contar com a simpatia da platéia. Humildade e cortesia; humildade e cortesia...

— Vamos, professor Gerholm, contanto que possamos concordar nos assuntos científicos, e contanto que fique bem claro a todos na platéia que a Universidade de Chalmers e a Universidade de Estocolmo (essa última fora o lar acadêmico do professor Gerholm antes da aposentadoria) têm a mesma visão de mundo científica, bem, então, podemos relaxar... não há prejuízo para ninguém.

Como uma última cartada no jogo, tirei da manga uma análise que fizera de um livro do professor Gerholm. *Futurum Exactum* fora publicado na década de 1970 e era sobre o compromisso com a energia nuclear. Eu usara esse livro para demonstrar até que ponto se pode ir com o uso de citações, mesmo sem falsificá-las. Simplesmente por colocar as citações certas no contexto "certo", consegui mostrar que na realidade o professor Gerholm já pensava em termos das Condições Sistêmicas no início dos anos 1970 e que ele estava desesperadamente preocupado com o desenvolvimento não-sustentável.

Como se isso não fosse bastante, o fascinante livro do professor Gerholm demonstrava na verdade que ele não acreditava na forma de energia nuclear existente no momento como uma fonte da energia para o futuro. Em vez disso, ele se concentrava totalmente na nova e promissora forma de energia por fusão nuclear que estava em desenvolvimento. (Uma vez que nada acontecera nesse campo desde aquele momento, poder-se-ia chegar à conclusão de que havia pouco espaço para a esperança na energia nuclear, pelo menos se você desse ouvidos ao professor Gerholm.) O mais forte defensor da energia nuclear tinha, na verdade, condenado essa forma de energia e ninguém pensara nisso. A razão era, é claro, que na década de 1970 havia ainda esperança quanto à energia por fusão nuclear, e as usinas por fusão poderiam ser consideradas em fase preparatória. À época do nosso debate, os ecologistas tinham se esquecido de *Futurum Exactum*. Provoquei alguns sorrisos quando elegi o professor Gerholm um ecologista das frentes de batalha.

Claes Sjöberg concluiu o seminário perguntando ao professor Gerholm se ele tinha sido citado corretamente. Tor Ragnar Gerholm inclinou a cabeça concordando, sem mais comentários. E chegara o momento da sessão de perguntas e respostas com a audiência.

Um jornalista perguntou ao professor Gerholm como ele se colocara nessa situação. O que o professor Eriksson dissera ao classificar o professor Gerholm como um homem honesto tornou-se realidade. Ele não tinha agido com interesse acadêmico. Ao contrário, fora contratado como consultor por algumas pessoas ligadas à Federação dos Empregadores Suecos (FES). O trabalho dele resultara em um relatório que fora engavetado para uso posterior. Considerando que a intenção inicial era não publicar o relatório, o professor Gerholm permitira-se ser negligente na leitura e nas citações. Mais tarde, quando sentiu-se que o TNS começara a tornar-se mais influente, as pessoas por trás da cena simplesmente telefonaram ao professor Gerholm, comentando que ele escrevera um excelente trabalho e sugerindo que fosse em frente e o publicasse. Assim, quando desafiei o professor Gerholm depois de uns dois anos, ele simplesmente pensou que iria falar sobre física com algum médico em público — nada que o assustasse, realmente. O ancião se esquecera do modo como o livro foi produzido e nem sequer se incomodara em avaliá-lo antes do debate.

Assim, todas as peças se encaixavam. O objetivo era destruir, não fazer avançar o diálogo científico sobre o desenvolvimento sustentável.

O que Aprendemos

O acompanhamento do que se seguiu ao debate foi tão interessante para mim quanto o próprio debate. No dia seguinte, em outro editorial do *Svenska Dagbladet*, afirmava-se que eu "matara o professor Gerholm num abraço" — uma idéia impossível de entender, é claro, por alguém que não tivesse presenciado o seminário. E só 250 dos 9 milhões de suecos o fizeram. Não havia uma palavra sobre como o "abraço" fora dado, e também nem uma palavra sobre as falsificações de Gerholm documentadas que eu expusera no seminário. Um professor de ecologia humana, o professor Bengt Hubendick, enviou uma mensagem irada ao jornal sobre desonestidade intelectual, perguntando se as pessoas do *Svenska Dagbladet* haviam assistido ao mesmo seminário que ele. Não foi publicada, é claro. Outras pessoas, algumas delas colegas meus, afirmaram que parte da falta de impacto público da derrota de Gerholm poderia ser atribuída a mim. Eu fora muito cortês e cuidadoso para não parecer arrogante. Às pessoas não acostumadas à argumentação científica, a minha atitude reticente pode ter ocultado os resultados espetaculares do debate. De acordo com alguns, eu poderia ao menos ter parecido feliz quando as ações do professor Gerholm foram expostas!

Apenas uma minúscula peça de cobertura de mídia fora do *Svenska Dagbladet* apareceu depois do seminário. Foi de autoria de Helle Klein, uma jornalista sênior de um dos dois principais jornais noturnos, em que ela comentava a derrota da Timbro. Depois disso, e sem ligação aparente com o debate, uma reportagem na televisão sueca mostrava o professor Gerholm como um integrante da Global Climate Coalition*. A Coalizão era um movimento oposicionista que tratava da turbulência política em torno do efeito estufa e que tentava minimizar todas as conseqüências políticas para as forças "livre mercado". Juntamente com alguns veterinários e dentistas e outras pessoas do meio acadêmico, o professor Gerholm tentava parecer um especialista em meteorologia, coisa que ele e a maioria dos outros "especialistas" não eram, é claro. Também se revelou que ele era um membro dos "Moonies"**, uma organização bastante duvidosa para o financiamento de tais atividades.

---

* "Coalizão Global sobre o Clima", um grupo que representa 230 mil empresas, com sede em Washington (EUA). (N. do T.)

** "Moonies", ou seguidores da Igreja da Unificação, fundada na Coréia em 1954 por Sun Myung Moon. A sede atual fica em Nova York, EUA. (N. do T.)

O professor Gerholm também não desistira, contudo. Ele escreveu um relatório muito longo no qual tentava explicar por que fora importante falsificar as minhas citações. Em algumas instâncias os motivos teriam sido "pedagógicos" e, em outras, por "cortesia". Esse relatório não foi publicado como um novo livro, é claro, porque (com uma exceção) ninguém o procuraria — o TNS publicou-o na nossa própria revista. Desde o debate, as pessoas que trabalhavam no *Svenska Dagbladet* mostravam abertamente que se sentiam culpadas em relação à conduta imprópria que acontecera. Por exemplo, alguns dos editores de outras páginas no mesmo jornal fizeram comentários na sua própria página editorial. Um deles chegou a referir-se à página editorial como um caso de "psicose de grupo".

Antes do debate, a Timbro advertira que o ataque ao TNS era apenas o começo e que dali por diante seriam impiedosamente reveladas todas as falhas do movimento ambiental na Suécia como um todo. Aparte um ataque vago e frouxo à Associação Sueca para a Conservação da Natureza que não levou a lugar nenhum, não vimos ainda nada disso. Mas o presidente da Timbro recentemente conseguiu um emprego novo como um dos dois editores-chefe do *Svenska Dagbladet*, e Matthias Bengtsson escreve artigos como um colaborador constante.

As pessoas dos meios de comunicação de massa me explicaram que o silêncio repentino depois do debate era típico dos jornalistas assim como era "entre vocês, médicos". Geralmente não mostramos os erros profissionais uns dos outros, pelo menos enquanto não estamos sob ataque. Assim, os resultados do debate não foram um sucesso público para o TNS, mas representaram um fim aos ataques contra nós e resultaram numa comemoração interna juntamente com os nossos clientes na indústria. Juntos, tínhamos saído vencedores.

Lentamente, o TNS recuperou-se da sua depressão. Diversas pessoas maravilhosas deixaram a organização, entre elas os meus amigos PUA e Lars Bern, além de um colega extremamente competente, Anders Frisk. Outro grande amigo, Pelle Landstedt, pensara em sair. Mas, quando fomos atingidos pelos ataques da Timbro e do *Svenska Dagbladet*, ele decidiu ficar por pura lealdade. Um pouco depois, quando a batalha havia terminado, ele foi para a África do Sul e fez um trabalho de mestre, estabelecendo o TNS lá.

Outros ainda sofreram com tudo o que aconteceu comigo: Kerstin Abrahamsson, por exemplo. Kerstin era a minha secretária no hospital onde comecei o TNS e tornou-se o segundo funcionário do TNS. Ela é a pessoa mais leal e dedicada que conheci em toda a minha vida profissional; sem ela, nunca teríamos conseguido nada. Juntamente com Magnus e Jonas, aos poucos fomos virando o jogo. O pessoal que saíra foi substituído por gente nova e todo mundo estava agora até mais feliz do que antes.

Hoje, do seu posto de dirigente, Magnus conseguiu consolidar o TNS em torno de uma equipe muito firme e autoconfiante, e fez isso sem prejuízo dos nossos princípios empresariais. Imaginação e austeridade, em combinação com uma atitude integralmente honesta e não-sentimental em relação às empresas, eram as características de Magnus que nos eram úteis.

Discutimos uma porção de vezes entre nós essa dramática história, é claro. O que tínhamos aprendido? Parte da nossa experiência era simplesmente desagradável, algo de que não precisamos. "Má-fé" ou, nas palavras de Sartre, *"mauvaise foi"*, é inventar erros, pô-los na boca do seu oponente e depois corrigi-los você mesmo. Sartre considerava essa a pior forma de desonestidade intelectual. Passar tempo refutando mentiras e discutindo com pessoas que eram genuinamente ignorantes no nosso campo de especialização não era muito compensador. Mas será que isso era tudo? Será que éramos os caras bons e eles os maus, e tudo ficaria bem então?

No fim, a questão não era sobre ganhar uma batalha. Em primeiro lugar, o pessoal da Timbro certamente não pensava que estávamos certos só porque as coisas não aconteciam da maneira deles. Em segundo, a Timbro tinha pouca importância no cenário ambiental, uma vez que não estavam interessados nele. O que importava era que papel o TNS desempenhara no problema em que fôramos envolvidos e o que poderíamos fazer para facilitar as coisas para nós da próxima vez em que fôssemos atacados. E isso acontecerá, desde que continuássemos a ter êxito.

Algumas coisas evidenciaram-se durante o questionamento que fizemos a nosso respeito. John Holmberg, o meu colega mais próximo na pesquisa científica, achava que, embora o ataque da Timbro tivesse errado o alvo, havia bons motivos para considerar seriamente o episódio todo. Será que fôramos realmente críticos a nosso próprio respeito e humildes o bastante o tempo todo? Não teríamos parecido um tanto pretensiosos de vez em quando? E será que não tínhamos alguns eventuais comunicadores sem experiência na nossa rede de trabalho que não tomavam o cuidado devido ao explicar os princípios científicos por trás da Estrutura de Referência do TNS? De acordo com John, algumas das falsas afirmações do professor Gerholm poderiam ter-se originado de tais fontes.

Afirmara-se que eu considerava as Condições Sistêmicas como se fossem leis da natureza. Uma lei da natureza nunca pode ser violada, mas um princípio de alguma coisa pode — mesmo que a condição para essa "alguma coisa" seja tão incontestável quanto qualquer lei natural. De acordo com John, e tenho certeza de que ele tem razão, teremos de proteger o TNS de dentro, sendo ainda mais críticos com as nossas atividades, de forma que os rumores dessa natureza não tenham possibilidade de nos debilitar da próxima vez que estivermos sob ataque. Se tivéssemos sido ainda mais humildes e até mesmo mais bem-sucedidos em comunicar as questões científicas, quem sabe uma reação pública tivesse forçado a Timbro a um questionamento mais radical sobre a sua derrota do que era o caso no momento.

O nosso novo secretário-geral, Magnus Huss, propôs outra reflexão. Ele achava que o TNS era ocasionalmente percebido como sendo social-democrático, apesar de os nossos valores essenciais proibirem qualquer vinculação política ou outras afirmações. PUA fora um social-democrata atuante no início da sua vida profissional e, embora isso não o pudesse desqualificar de maneira nenhuma para o trabalho na cúpula do TNS, certamente poderia ter influenciado a Timbro a acreditar que éramos um perigoso grupo de social-democratas disfarçados, apenas usando argumentos científicos para atacar a "mão invisível". Esses dois argumentos não eram especialmente difíceis de absorver. Uma avaliação autocrítica contínua da ciência, e meios ainda mais ágeis de comunicar uma neutralidade política rígida, são elementos fundamentais para uma organização do nosso tipo.

O conceito do TNS não é um conjunto de afirmações pré-fabricadas. É o oposto — um manual para descobrir o conhecimento em conjunto, e ele evolui organicamente pelo compromisso com os seus interessados. Ele se baseia na boa e antiga metodologia científica do pensamento crítico, do aprimoramento, de mais crítica e assim por diante, em um ciclo construtivo. Outro recurso é o nosso interesse pelos bons exemplos, em vez de ser contrários. Além do mais, apresentamos a maneira como os outros aplicaram o nosso conceito, em vez de recorrer à ostentação ou ser contrários aos que não querem trabalhar do nosso lado.

Quando atacados ou criticados, aplicamos a "Técnica do 'Sim, e...'" por duas razões:

- para transmitir a nossa verdadeira mensagem, isto é, evitar debates que sejam baseados em mal-entendidos (é mais provável de ocorrer mal-entendidos quando as pessoas se colocam na defensiva); e
- para ampliar a nossa aprendizagem por saber escutar. A "Técnica do 'Sim, e...'" deixa as pessoas mais relaxadas, o que as ajuda a manter a acuidade intelectual e a integridade.

Por mais inocente que isso possa parecer, ninguém na rede de trabalho do TNS que eu conheça é um santo (mesmo que Kerstin esteja perto disso). A santidade não seria nem mesmo desejável, uma vez que o conceito do TNS tem a ver com o envolvimento de todos, com base na igualdade. Assim devemos ajudar uns aos outros e manter uma avaliação autocrítica contínua do nosso desempenho. É o único caminho. Na própria fração de tempo em que pensamos que "Agora conseguimos; o resto é uma questão de ensinar aos outros", estamos acabados.

Muito antes do ataque do professor Gerholm, perguntaram-me várias vezes se o TNS já fora criticado. O debate com o professor Gerholm deu-me a oportunidade de realmente refletir sobre isso. Inicialmente, eu me sentia envergonhado quando pensava no assunto. Agora me recordo como respondia de maneira diferente a cada vez que essa pergunta me era feita, dependendo do meu humor no momento. O primeiro erro no caso foi não refletir sobre o contexto da pergunta.

Essas perguntas podiam ter sido feitas só por curiosidade, é claro. Outras vezes a pergunta talvez carregasse alguma crítica mal disfarçada: "Esse conceito parece tão bom, e coisas assim me deixam desconfiado." De qualquer maneira, quando lhe perguntam sobre críticas, trata-se de um questionamento neutro, e você deve responder. Então o que você diz? Comentar sobre alguns ataques tolos e como o atacante foi inteligentemente derrotado não é bom. Fingir que nunca somos atacados ou que só sofremos ataques tolos também não é bom, uma vez que não é verdade. E ser um santo e dizer que sempre que somos atacados simplesmente apenas melhoramos é até pior. Em vez de tentar responder à pergunta geral se já fomos atacados, tentei fazer uma demonstração sistêmica dos diferentes tipos de críticas que sofremos na Suécia:

- **Rumores.** Houve rumores de que desconfiamos dos políticos e do processo democrático. E o oposto, que vivemos dando tapinhas nas costas dos políticos, sendo "bons" o tempo todo. Exatamente os mesmos rumores têm ocorrido com relação à nossa atitude em relação às empresas: às vezes somos inimigos do livre mercado, encaminhando-nos para o "fascismo ecológico", ao mesmo tempo que temos uma convicção ingênua do que as forças do livre mercado podem conseguir. Somos muito simplistas, muito científicos/acadêmicos, muito ricos, muito pobres e assim por diante. A julgar pelos rumores, pelo menos os que ouvi, devemos ser totalmente centrados e focalizados, uma vez que eles se espalham por todos os lados. Em conseqüência disso, os rumores críticos não causam nenhuma preocupação verdadeira e não devem ocupar muito o nosso tempo.

- **Crítica informada.** Essa é a crítica das pessoas que sabem do que estão falando. Esse é o principal recurso do TNS, o nosso maior bem — muito embora seja emocionalmente difícil desfrutá-lo na ocasião. Escutar a crítica informada, aprender e evoluir com ela está no âmago do que o TNS é, ou pelo menos quer ser. E, até aqui, fomos bons o bastante nisso para nos transformar no que somos hoje. E novamente: sempre que pensamos que agora conseguimos, e que agora vamos "convencer" os outros que conseguimos, não há mais nenhum TNS. A tentação de esquecer isso deve aumentar a história de sucesso, é claro, e nos impõe uma ameaça da qual nunca nos livraremos. Assim, temos apenas que trabalhar duro e esperar conseguir o máximo de ajuda dos críticos que estão a postos para nos ajudar em vez de nos destruir.

- **Desinformação.** Esses ataques não têm sido comuns. Só experimentamos os dois que já narrei.

Finalmente, o que aconteceu ao professor Gerholm e o que pensamos dele? Tentamos ser corretos — chegamos a fazer uma matéria "à vontade com o professor Gerholm" na nossa revista do TNS, e lhe oferecemos espaço ali de graça. Dissemos que ele se sentisse livre para nos criticar e que teria a sua crítica publicada. Mas, depois do debate, ele não mostrou mais nenhum interesse por nós.

Não tive nenhum problema com as nossas diferenças filosóficas e pessoais — o professor Gerholm e eu temos personalidades simplesmente diferentes. O meu ponto de vista é que quanto mais retardarmos para tomar medidas por vontade própria do ponto de vista da sustentabilidade social e ecológica, mais próximos estaremos de que uma dura legislação política tente nos obrigar a isso — exatamente o que o professor Gerholm quer evitar. O professor Gerholm, por outro lado, parece pensar que a sociedade já está tão claramente no caminho certo do ponto de vista ecológico e social que uma maior influência política só pode ser negativa.

Discrepâncias pessoais entre pessoas como o professor Gerholm e eu não são importantes para uma organização de ligação como o TNS. Essa organização tenta explicar e disseminar um conjunto de idéias para o planejamento que seja neutro para as pessoas que o aplicam. No TNS acreditamos que esse conjunto de idéias não estará sujeito a abusos ou mau uso, ou pelo menos que será usado mais freqüentemente de uma maneira construtiva do que destrutiva. O professor Gerholm provavelmente acredita no oposto, e temos de viver com isso.

The Natural Step ficou um pouco menor. Tínhamos passado por uma provação, havíamos crescido juntos e nos sentíamos mais fortes e mais autoconfiantes que nunca. Eu não tinha mais medo de me expor muito em público, porque agora tínhamos um planejamento empresarial que deixava explícito que nos concentraríamos em uma vida mais introvertida. O aspecto da "moldagem de opinião" fora resolvido; muito poucos duvidavam que o meio ambiente fosse uma questão importante e agora era mais uma questão de "como" do que de "por quê". Um dos primeiros passos era considerar como a Estrutura de Referência do TNS se relacionava com vários instrumentos e conceitos, como o Fator 4, o Fator 10, o ISO 14001, o Emissão Zero e Análise do Ciclo de Vida, a Pegada Ecológica e...* Havia muitas expressões a serem con-

---

* Esses conceitos são explicados ao longo do livro, com exceção de Pegada Ecológica (em inglês, *Ecological Footprinting*), que é uma ferramenta de contabilidade ecológica que utiliza a área como unidade de medida e que traduz as diferentes categorias de consumo humano em áreas de terra produtiva. (N. do T.)

sideradas e uma grande confusão sobre como esses instrumentos todos se relacionavam entre si.

Em 1998, fui convidado para um seminário da UNEP* em Paris, para um encontro com várias organizações influentes que estavam trabalhando com alguns desses instrumentos. Esse trabalho provocou a redação de um artigo, publicado no *International Journal of Cleaner Productions,* no ano 2000 (veja o Apêndice 3). Nesse artigo, elaborei um modelo de cinco fases para o planejamento em qualquer sistema complexo e usei o modelo para inserir a Estrutura de Referência do TNS no contexto de outras iniciativas e conceitos para o desenvolvimento sustentável. Fui então convidado a liderar um trabalho extenso onde os pioneiros de muitos conceitos (Emissão Zero, Produção mais Limpa, Pegada Ecológica, Fator 10, Tecnologia Sustentável, Capitalismo Natural) tinham os respectivos conceitos estudados da mesma maneira. Esse artigo estava programado para ser publicado no mesmo periódico em fevereiro de 2002. A conclusão foi que os diferentes conceitos ressaltavam vários aspectos do desenvolvimento sustentável e que eram complementares a esse respeito — o que sugere sinergia e cooperação em vez de concorrência entre as respectivas ONGs que defendem os conceitos.

Considerei o trabalho cada vez mais compensador e foi com um grande sentimento de satisfação que comecei a trabalhar mais intensamente com o desenvolvimento científico e com corporações empresariais que queriam receber treinamento em níveis mais aprofundados.

---

* UNEP: United Nations Environment Program, programa de proteção ambiental das Nações Unidas. (N. do T.)

QUINTA PARTE

Rumo ao Futuro

CAPÍTULO 14

O Problema Crítico da Energia

Temos doze usinas nucleares na Suécia. Um dia em 1996, fui convidado a visitar uma delas (Ringhals) para fazer uma apresentação sobre a Análise A, B, C, D para toda a equipe administrativa. Eles tinham decidido tornar-se mais proativos, introduzindo um sistema de desempenho ambiental, e tenho de admitir que estava um pouco nervoso. Como eu poderia ajudá-los a aplicar a Estrutura de Referência do TNS em Ringhals? O pensamento reconfortante era, é claro, que teriam de fazer isso por si mesmos. Apesar disso, seria uma provação, porque virtualmente nenhuma outra questão na Suécia era tão controversa quanto a da energia nuclear.

Cinqüenta por cento da eletricidade que usamos na Suécia vêm da energia nuclear e os outros 50 por cento vêm de hidrelétricas — temos uma porção delas nas montanhas do norte. Usamos mais eletricidade *per capita* que qualquer outro país da Europa — quase o dobro dos alemães, por exemplo. Em grande parte, a situação é essa porque ampliar a necessidade de eletricidade (por exemplo, introduzindo aquecimento elétrico automático nas residências) foi uma estratégia consciente da indústria e do governo para introduzir a energia nuclear na Suécia. Acreditava-se que esse novo sistema de geração de energia tinha muito potencial e trazia esperanças para uma nação com ambições industriais de exportação, portanto, fazendo todos nós precisarmos de mais eletricidade, seria mais fácil introduzir a energia nuclear.

Essa estratégia, combinada com a manipulação política posterior, transformou a energia nuclear num dos temas políticos mais quentes da história política da Suécia. Não só o sistema era livre das tradicionais demandas de mercado para pagar os seus próprios custos de seguro — os lucros deveriam ser compartilhados de acordo com os conceitos capitalistas e os custos de acordo com os conceitos comunistas — como também o processo democrático era relegado da maneira mais escandalosa. A energia nuclear foi introduzida sem que o povo pudesse entender o que estava acontecendo.

As pessoas sentiam-se inseguras em relação à nova tecnologia, e o governo finalmente viu-se na obrigação de levar a questão a um plebiscito. A opinião era de que uma simples escolha entre "Sim/Não" provavelmente levaria a um voto de "Não", que seria o fim do sistema. O nosso primeiro-ministro social-democrata na ocasião, Olof Palme, era favorável à energia nuclear e não quis correr o risco. Então criou uma manobra engenhosa. Ele nos ofereceu três escolhas: "Sim", "Não", e uma alternativa do tipo "Talvez". A opção "Talvez" fora criada visando à descontinuidade gradual, mas uma descontinuidade gradual no devido tempo e não muito abruptamente.

Bastava conhecer só um pouco de estatística aplicada aos processos eleitorais para compreender que as alternativas "Sim" e "Talvez" bateriam juntas a alternativa "Não"; portanto, o resultado da votação estava predeterminado. A psicologia por trás dessa manobra era tão sutil e o poder do *lobby* conjunto da indústria e do governo tão forte que faltou pouco para que o processo todo se tornasse um escândalo político fatal. Olof Palme venceu.

Portanto, lá estava eu diante de bem mais de cem gerentes de Ringhals, quando era esperado que eu fizesse uma palestra como o pontapé inicial dos seus novos planos ambientais. Apresentei a Estrutura de Referência do TNS — o funil, Condições Sistêmicas na abertura do funil e um programa baseado no *backcasting* para que as coisas dessem certo. Também apresentei o manual da estrutura de referência — a Análise A, B, C, D. Depois, de acordo com a nossa política tradicional, não disse uma palavra sobre a energia ou setores de serviços de utilidade pública. Para manter todos numa postura relaxada e propícia ao aprendizado enquanto o modelo era exibido, e por respeito à competência dos participantes na sua especialidade, realizamos o treinamento com base nos modelos da indústria de móveis e da agricultura. Então almoçamos.

Depois do almoço, ouvi a pergunta inevitável: seria possível aplicar a estrutura de referência a Ringhals? Respondi que a estrutura de referência devia ser aplicada por profissionais, não por leigos, mas me ofereci para intermediar a discussão. O Passo A (discutir a estrutura de referência e testar a sua relevância) já fora concluído, então fomos direto para o Passo B. E, sem dizer mais nada, comecei a fazer perguntas com referência às Condições Sistêmicas numa "perspectiva atual".

— Há alguma coisa que venha da crosta terrestre nas suas atividades, levando a concentrações cada vez maiores de compostos na ecosfera?

Depois de algum embaraço, obtive a resposta:

— O combustível, é claro: urânio, mas também combustíveis fósseis (a energia de suporte) e alguns metais pesados na construção dos reatores.

Segundo a Condição Sistêmica 2, temos desperdício, a produção de isótopos novos e vazamento desses na fábrica, e a disseminação de quantidades muito altas e repentinas em caso de acidentes potenciais. Segundo a Condição Sistêmica 3, temos a faixa de terra durante a mineração.

Uma coisa muito interessante aconteceu à medida que passávamos pelas primeiras três Condições Sistêmicas no Passo B. Alguns dos gerentes adiantavam-se e afirmavam que esse e aquele problema não existiam ou eram secundários ou poderiam ser resolvidos sem muita dificuldade. Mas os próprios colegas os corrigiam, ou tornavam o diálogo mais sutil. Uma conversa, por exemplo, foi mais ou menos assim:

— Usamos poucos materiais da crosta terrestre, uma vez que urânio é um material com alta concentração de energia.

— Bem, não tenho tanta certeza se concordo. Se você considerar todo o ciclo vital, realmente ele é muito concentrado. Por exemplo, o processo de mineração produz quantidades enormes de barro, com o vazamento de quantidades consideráveis de isótopos radioativos, e usamos muito mais combustíveis fósseis como energia de suporte de que o público geralmente tem conhecimento... — e assim por diante.

E como resposta a afirmações de que eram consumidas poucas áreas ecológicas, uma vez que os reatores eram muito pequenos em comparação a toda a energia que forneciam (Condição Sistêmica 3), um gerente colocou em discussão a faixa de terra utilizada na mineração do urânio.

Então o que aconteceu? Os gerentes se encontravam em uma frustrante tensão de polaridades. Por um lado eles queriam ser leais à empresa. Por outro, era claro que não queriam parecer estúpidos ou deliberadamente ocultar idéias inteligentes que poderiam ser úteis ao processo. O segundo grupo geralmente vence. Numa reunião de um número relativamente grande de pessoas inteligentes, é virtualmente impossível até mesmo imaginar que todas elas ficarão ali sentadas, simplesmente ocultando as suas idéias inteligentes apenas para serem leais à empresa, a menos que, é claro, você as ofenda ou tente parecer mais inteligente ou mais bem-informado do que você é. Se você fizer isso, então qualquer um pode simplesmente pegar um dos seus raciocínios equivocados ou informações errôneas e liquidar com eles, sem nem ao menos considerar a questão como um todo. Mas naquele caso tratava-se apenas de aplicar um conjunto de idéias neutro, para ajudar a delinear a questão como um todo e organizar os dados e as informações. O meu papel era só de fazer perguntas relacionadas à estrutura de referência.

O mais interessante aconteceu realmente no final, quando começamos a discutir a Condição Sistêmica 4 no Passo C — a parte relativa à imaginação.

— A energia nuclear é realmente eficiente ao atender às necessidades humanas e tem um grande potencial para isso, especialmente quando comparada com os combustíveis fósseis.

— Bem, não tenho tanta certeza disso. A energia nuclear, comparada aos combustíveis fósseis, desempenha um papel secundário no cenário mundial. E é um funil mundial que estamos discutindo aqui. Mesmo no volume de produção atual, estamos realmente com uma lista impressionante de problemas na fase B. Se nós do setor da energia nuclear tivermos de desempenhar um papel importante quando os combustíveis fósseis começarem a ser menos utilizados, teremos de ampliar grandemente a energia nuclear. E isso seria necessário mesmo sem considerar as necessidades crescentes dos países em desenvolvimento. Levando em conta a lista impressionante dos problemas que acabamos de descobrir, Ringhals será realmente um exemplo de fonte de energia que será eficiente o bastante em escala mundial?

— Bem, poderíamos mudar para reatores regeneradores[2]; eles são muito mais eficientes.

— Não, eles produzem plutônio, que é ainda mais problemático do ponto de vista mundial. Você realmente gostaria de ter milhares de produtores de plutônio distribuídos ao redor do mundo com todos os grupos terroristas em volta? Seria essa uma maneira eficiente ou econômica de atender às necessidades humanas?

Bem diante dos meus olhos, o grupo de gerentes aos poucos ia eliminando as formas de energia nuclear existentes. Eles também me contaram que sabiam já antes do seminário que a energia nuclear existente atualmente é antes um parêntese na história do setor energético. A estrutura de referência apenas os ajudou a estruturar os seus raciocínios e conclusões de que já tinham conhecimento, de forma que poderiam considerar o quadro inteiro em conjunto. Um deles, ao me acompanhar à estação de trem depois do seminário, começou até mesmo a falar sobre quais reatores da Suécia deveríamos fechar primeiro. Ringhals não era um deles, argumentou ele, uma vez que era bastante moderno em relação a alguns dos outros. Acredito que ele estava certo.

Alguns anos depois, o governo decidiu fechar Barsebäck, um reator localizado tão perto de Copenhague, na Dinamarca, que causava tensões políticas entre os dois países vizinhos. Muitas pessoas me falaram que esse evento político — até certo ponto motivado pelo governo em termos das idéias contidas na Estrutura de Referência do TNS — seria provavelmente o motivo por trás do ataque do professor Gerholm. Não sei se isso era verdade, e provavelmente nunca saberei.

Aprendi muito sobre a energia nuclear, e sobre energia em geral, ouvindo os especialistas de Ringhals. E fiquei impressionado com a integridade e honestidade intelectual deles. Ao mesmo tempo ficava claro que uma análise semelhante das formas atuais de combustíveis fósseis levaria ao mesmo resultado: eles também não têm futuro a longo prazo. Essas duas fontes de energia, os combustíveis fósseis e a energia nuclear, costumam ser confrontadas entre si em um tipo de debate "peste ou cólera" (pelo menos na Suécia) e tratadas como se fossem as únicas opções. Um debate público muito mais inteligente poderia se basear no *backcasting*: "Os sistemas de geração de energia do futuro atendem às Condições Sistêmicas. Qual o caminho mais inteligente para chegar lá?"

A reunião em Ringhals sensibilizou-me ainda mais pelo que iria acontecer no setor de energia, na Suécia e internacionalmente, nos anos seguintes. Embora eu sempre tivesse afirmado em artigos de debate e outros que o funil tornava inevitável esperar que muitas coisas acontecessem brevemente, não podia imaginar com que rapidez a mudança de paradigma intelectual se processaria. Num grupo formado pelos meus colegas cientistas John Holmberg e outro amigo do nosso Instituto de Chalmers, o físico e especialista em clima Christian Azar, estudamos a mudança de perspectivas a que o setor de energia estivera sujeito durante os últimos anos e publicamos os nossos resultados na revista da World Business Academy, *Perspectives on Business and Global Change*.[1]

A energia nuclear representa um setor minúsculo do setor econômico mundial da energia — ao redor de 2 mil TWH (terrawatt-hora) contra 80 mil TWH dos combustíveis fósseis —, portanto a atividade econômica e os padrões de investimentos no setor de energia mundial ainda estão centrados ao redor de combustíveis fósseis (os mercados globais de petróleo representam sozinhos uns 400 bilhões de dólares por ano). Os setores de combustíveis fósseis ou os setores de alta concentração de energia sempre se mostraram céticos em relação às advertências sobre o efeito estufa e as mudanças climáticas, e em particular sobre políticas para combater esses problemas. Em *The Carbon War*, Jeremy K. Leggett apresenta estudos de caso interessantes sobre como os setores do petróleo e carvão foram "culpados de manipulação e distorção" em larga escala ao longo da última década.[2] Ainda assim, John, Christian e eu vimos muitos sinais de interesse crescente e consciência em vários setores empresariais. Estavam sendo criadas declarações de política num sentido proativo, assim como investimentos em novas tecnologias, mais preocupadas com o clima.

Conclui-se, a partir de leis científicas básicas, que quantidades crescentes de dióxido de carbono (CO_2) e outros gases causadores do efeito estufa afetarão o clima mundial. O debate informado não era sobre a existência desses efeitos, mas sobre a sua magnitude e gravidade. No ano 2000, a concentração de CO_2 era aproximadamente 30 por cento superior ao seu nível na época pré-industrial e os cientistas já puderam observar que há uma influência humana perceptível no clima mundial.[3] Existe um risco significativo de que as mudanças serão devastadoras em várias regiões do mundo. Mesmo uma diminuição bastante radical de emissões de CO_2 (em média cerca de 50 por cento inferiores às atuais durante o próximo século) ainda levará a maiores concentrações na atmosfera. Esse aumento poderia provocar um aumento potencial correspondente da temperatura média mundial que é duas vezes mais alta que as flutuações de temperatura naturais durante os últimos mil anos.[4] Existem ainda muitos outros problemas ambientais associados ao uso de combustíveis fósseis, por exemplo, acidificação, poluição metálica, poluição do ar local e acidentes nos sistemas de distribuição. Podemos, portanto, esperar uma pressão cada vez mais forte do mercado (consumidores, indústria e instituições financeiras) e do sistema político (os governos assim como outras instituições democráticas) para diminuir o uso de combustíveis fósseis a favor da energia renovável e de uma maior eficiência energética.

A taxa à qual a mudança ocorrerá é desconhecida e isso às vezes é considerado como um argumento entre as empresas para não tomarem providências. No entanto, na realidade, as implicações dessa observação agem ao contrário. Tão logo seja iniciada uma transição dos combustíveis fósseis, as empresas que não adotaram medidas para reduzir a dependência dos combustíveis fósseis ficarão vulneráveis (um risco de rápidos aumentos de custos e perda de participação no mercado), enquanto as empresas que investiram no desenvolvimento de tecnologias energéticas do futuro terão a flexibilidade de tirar proveito de condições de mercado futuras.

As mudanças potenciais para mercados futuros por causa de preocupações ambientais tornam-se cada vez mais importantes à medida que são discutidas estratégias energéticas. Anteriormente, eram principalmente os aspectos geopolíticos das reservas de petróleo que causavam preocupação. Então o aumento das reservas de combustíveis fósseis era usado como o principal contra-argumento contra a necessidade de uma transição para fontes renováveis de energia. E, realmente, o carvão existe em grandes quantidades, embora as reservas de petróleo sejam menos abundantes. Podemos prever que uma parte cada vez maior da capacidade de produção e das reservas de petróleo estará localizada no Oriente Médio, com os respectivos riscos de controle de preços. Ter a disponibilidade de carvão como a base exclusiva para o planejamento estratégico não só é insuficiente do ponto de vista socioeconômico, mas também de um ponto de vista do benefício próprio na empresa isolada.

Atualmente, o uso de combustíveis fósseis contribui regionalmente — e às vezes até mesmo globalmente — para concentrações cada vez maiores de compostos como gás carbônico, óxidos de nitrogênio, dióxido de enxofre, metais pesados que contaminam os combustíveis e assim por diante (Condições Sistêmicas 1 e 2). Alguns dos compostos poluentes já alcançaram concentrações que causam graves efeitos na ecosfera, como mudanças climáticas, depleção de ozônio, eutrofização, acidificação e outros efeitos ecotóxicos, assim como doenças humanas como a asma e o câncer. A influência física direta nos ecossistemas por atividades como a extração do petróleo contribui para o empobrecimento físico da ecosfera (Condição Sistêmica 3). No entanto, em comparação com o sistema rodoviário, a extração do petróleo é um problema relativamente secundário (em escala mundial).

Também podemos identificar muitos problemas relacionados à Condição Sistêmica 4 quando estudamos o uso dos combustíveis fósseis — por exemplo, os efeitos externos do uso dos combustíveis fósseis, especialmente nos países em desenvolvimento, muito provavelmente serão contraproducentes. Além disso, a descontinuidade gradual dos combustíveis fósseis é um projeto a longo prazo para evitar problemas ainda maiores às gerações futuras em todas as partes do mundo. Se não começarmos a descontinuidade gradual agora, será apenas uma maneira de empurrar os problemas à nossa frente. As gerações futuras terão de fazer isso, com prazos até mais apertados e numa posição de maior debilidade em conseqüência do dano esperado e dos custos do efeito estufa.

À luz dessas considerações, pode-se prever um aumento da pressão política e social em relação tanto às emissões de CO_2 quanto aos outros problemas ambientais associados ao uso dos combustíveis fósseis. Esses problemas podem ser resolvidos com o aumento da eficiência no uso da energia e do uso dos recursos renováveis (considerando-se cuidadosamente os problemas ambientais que uma expansão dessas poderia causar). O potencial para fazê-lo é grande. A Terra recebe mais de 10 mil vezes mais energia solar que todas as outras formas juntas: combustíveis fósseis, energia nuclear, hidrelétrica e bioenergia. Além disso, a tecnologia capaz de utilizar a energia solar está se desenvolvendo a um ritmo rápido. Por exemplo, se fossem usadas as células fotoelétricas com a eficiência existente no momento, seria preciso uma área correspondente a cerca de 10 por cento do deserto do Saara para oferecer toda a energia que é usada atualmente no mundo inteiro. E a energia solar também pode ser usada para gerar hidrogênio, que subseqüentemente poderia alimentar células de combustível para a geração de energia (e calor) ou ser usado diretamente como combustível nos processos industriais. Portanto, podemos visualizar um sistema de geração de energia futuro que será virtualmente livre de poluentes em comparação ao atual sistema de geração de energia baseado em recursos fósseis. Isso também foi reconhecido por diversas indústrias importantes, incluindo fabricantes de veículos automotivos e produtores de petróleo que deram os primeiros passos no sentido de reduzir as emissões de gases causadores do efeito estufa.

Os Setores Automotivos

Na indústria automotiva, presta-se muita atenção às células de combustível, que em combinação com um motor elétrico resultariam em uma nova técnica de propulsão. A DaimlerChrysler já apresentou vários carros-conceito movidos ou a hidrogênio ou a metanol e já declarou que colocará 40 mil carros à base de células de combustível em circulação até 2004. A DaimlerChrysler comprou recentemente (1998) ações da Ballard Power Systems, um dos maiores fabricantes de células de combustível, a um custo de 276 milhões de dólares.

Outros fabricantes de veículos automotores, como a Toyota, afirmam que vão bater a DaimlerChrysler na comercialização de células de combustível. Essencialmente, todas as maiores empresas automobilísticas têm programas de células de combustível.[5] A redução de custos continua sendo o principal objetivo dos departamentos de pesquisa e desenvolvimento para uma comercialização bem-sucedida da tecnologia. As células de combustível PEM*, a mais bem-sucedida tecnologia de células de combustível para veículos automotores, custam hoje mais de mil dólares por quilowatt e, para ser competitivo com os motores de combustão interna existentes na atualidade, o objetivo está estabelecido em 50 dólares por quilowatt. Estudos detalhados realizados pela Directed Technologies, Inc., financiados pela Ford, afirmam que esses objetivos seriam atingidos assim que fosse estabelecida a produção em massa. Pela sua própria natureza, esses estudos são incertos, não obstante isso seja uma demonstração de que as células de combustível podem se revelar um concorrente importante para o motor de combustão interna.

Os veículos movidos a célula de combustível serão alimentados inicialmente por metanol ou gasolina, que serão convertidos em hidrogênio antes de ser usados na célula de combustível. Esses combustíveis baseiam-se em combustíveis fósseis (o metanol é produzido principalmente de gás natural) mas ainda assim dariam origem a importantes aprimoramentos ambientais. Pode-se esperar que a tecnologia seja duas vezes mais eficiente que a do motor de combustão interna e que portanto produzirá emissões de menor teor de CO_2. Virtualmente, não haveria outros poluentes. Além disso, esse tipo de evolução poderia servir como base para uma mudança completa para as fontes renováveis de energia. A longo prazo, o ideal seria que as células de combustível fossem alimentadas diretamente por hidrogênio. Se o hidrogênio se baseasse em fontes renováveis, então estaríamos muito perto de um sistema de transporte de emissão zero. Portanto, se as células de combustível se tornassem a tecnologia vencedora, poderiam ser esperadas importantes mudanças no abastecimento de energia, na distribuição de combustíveis e na fabricação de veículos. Os fabricantes de veículos têm muito a ganhar sendo proativos nessa corrida.

De forma interessante, Paul Heston, gerente de tecnologia de combustíveis da BP Amoco, afirmou que os veículos do futuro serão movidos a células de combustível acionadas pelo hidrogênio obtido da divisão da água, de acor-

---

* Reator nuclear que produz mais material fissionável do que consome. (N. do T.)

do com uma reportagem na revista *New Scientist*.[6] Sem dúvida, essas são previsões a longo prazo. Mas também deve-se ter em mente que a BP Amoco está envolvida na prospecção de novos poços de petróleo em 24 países, de acordo com o mesmo relatório. Há também avanços na indústria automotiva que não estão relacionados às células de combustível. Por exemplo, os fabricantes de veículos europeus entraram em um acordo voluntário com a comissão européia para reduzir em 25 por cento as emissões de CO_2 ao longo dos anos.[7]

Indústrias Petrolíferas

Curiosamente, algumas grandes empresas petrolíferas também deram passos importantes em uma direção promissora. A British Petroleum estabeleceu um objetivo voluntário de reduzir as emissões de gases que contribuem para a formação do efeito estufa em 10 por cento antes do ano 2010. O dirigente da BP, John Browne, pediu que fosse estudada uma nova tributação para restringir o uso da energia e proteger contra a ameaça à mudança do clima.[8] Ele declarou que está consciente dos interesses futuros no enorme potencial da energia solar e que essa consciência mudará a estratégia de planejamento da BP para o futuro.

A BP é também um dos maiores fabricantes mundiais das células fotoelétricas. Em seguida à fusão com a Amoco, a BP Amoco declarou que comprará a parte da Enron na Solarex (propriedade conjunta com a Amoco) e assim criar a maior empresa do mundo de produção de células fotoelétricas.[9] O seu objetivo é tornar as células fotoelétricas um negócio de bilhões de dólares até 2010.

Progressos encorajadores também podem ser observados na Shell. A empresa declarou que já reduziu as suas emissões de CO_2 em 5 por cento no período 1990-1997 e que tem como objetivo uma redução de 10 por cento até o ano de 2002.[10] A empresa também declarou que investirá 500 milhões de dólares no desenvolvimento de energia renovável durante os próximos cinco anos.[11]

A gigante do petróleo ARCO também expressou a sua preocupação com as mudanças climáticas. O presidente e dirigente da empresa, Mike Bowlin, chegou a declarar que "estamos no começo dos últimos dias da era do petróleo".[12]

Em ações acompanhadas de muita cobertura de publicidade, primeiro a Shell e depois a BP deixaram a Global Climate Coalition (GCC) sediada nos Estados Unidos, que congrega muitas empresas de combustíveis fósseis em uma tentativa de exercer influência política contra tratados internacionais que visam reduzir emissões de carbono globais. Diversas direções estudantis em universidades nos Estados Unidos, incluindo Stanford e Harvard, apresentaram resoluções em que pediam às suas respectivas universidades para desvincular-se ou de outras maneiras para pressionar os membros da GCC.[13]

Progressos interessantes também estão ocorrendo nos setores de petróleo e de gás noruegueses. O gás carbônico é obtido como um subproduto da extração de gás e normalmente liberado na atmosfera, mas a Statoil capta o CO_2 não desejado e injeta um total de 600 mil toneladas de CO_2 por ano no fundo do mar do Norte. No final das contas, 1 megaton de CO_2 é injetado anualmente, um número que representa uns 3 por cento das emissões de CO_2 norueguesas. Essa atividade é principalmente uma resposta ao imposto sobre emissões de carbono norueguês e dá à Statoil uma experiência tecnológica importante em um tipo de tecnologia que pode tornar-se cada vez mais importante nos próximos anos. Igualmente interessantes são os planos da Norsk Hydro para produzir hidrogênio de gás natural. O hidrogênio seria usado para gerar eletricidade e o CO_2 separado seria isolado em poços de petróleo no mar do Norte. O projeto foi adiado mas, se fosse bem executado, poderia competir com as células fotovoltaicas e outras fontes de eletricidade livres de CO_2.

Outros Setores Industriais

Finalmente, outros setores da indústria também expressaram preocupações com as mudanças climáticas e comprometeram-se com objetivos de redução. Uma pesquisa conduzida pela Confederation of British Industry (CBI) revelou um forte apoio por parte dos seus associados para estabelecer objetivos bem-definidos durante a conferência de Kyoto. Oitenta e três por cento das empresas que responderam a uma pesquisa sobre o assunto e outros temas declararam acreditar que "a comunidade mundial deve aceitar objetivos de redução bem-definidos (15 por cento) para a redução de gases que contribuem para a formação do efeito estufa antes do ano de 2010".[14] Diversas importantes empresas internacionais incluindo os setores de metais, químicos e fabricantes de semicondutores fizeram acordos voluntários.

A DuPont anunciou recentemente que reduzirá as suas emissões de gases que contribuem para a formação do efeito estufa antes em 65 por cento (!) entre 1990 e 2010, e já atingiu o seu objetivo de redução de 45 por cento para o ano de 2010, basicamente controlando os gases de CO_2 não formadores do efeito estufa.[15] Dennis Reilly, o vice-presidente executivo, declarou que "a ausência de incentivos e a permanência de subsídios para a nossa economia mundial baseada em combustíveis fósseis só servirão para fortalecer o *status quo* — um cenário que mostra concentrações de carbono cada vez maiores na atmosfera com mudanças desconhecidas mas potencialmente significativas no nosso clima mundial... Como empresa, acreditamos que a ação está garantida, não o debate subseqüente. Também acreditamos que o melhor procedimento seria as empresas assumirem a liderança, não esperar pelo clamor público ou determinações do governo".

De maneira semelhante, a IBM comprometeu-se a cortar as suas emissões mundiais de PFCs (um composto de gases industriais formadores do efeito estufa).[16] A Associação Européia de Fabricantes de Componentes Eletrônicos, a Associação de Indústrias Eletrônicas do Japão, a Associação Coreana da Indústria de Semicondutores e a Associação Americana da Indústria de Semicondutores seguiram a solicitação e concordaram com uma redução de 10 por cento.[17]

O Pew Center on Global Climate Change congregou 21 das maiores empresas multinacionais, incluindo empresas petrolíferas e automobilísticas, em torno de um Conselho Empresarial para a Liderança Ambiental.[18] Essas empresas expressaram o seu apoio ao processo de Kyoto e afirmam, em uma declaração conjunta, que "acreditamos que os nossos desafios mais sérios, no nosso país e no exterior, devem visar às mudanças climáticas mundiais". As razões econômicas para o comportamento "além da complacência" têm sido discutidas na literatura por vários autores.[19]

Conclusões e um Planejamento Estratégico em Prática

No nosso relatório sobre a avaliação do risco corporativo em relação aos combustíveis fósseis, Christian, John e eu chegamos à conclusão de que o *backcasting* precisava ser realçado como uma estratégia importante em relação a investimentos no setor de energia, porque:

- Os riscos ambientais e sanitários do uso de combustíveis fósseis estão aumentando;
- A comunidade científica carece de instrumentos que possam determinar com segurança os limites estritos para diversos efeitos adversos. Isso significa, em termos práticos, que o consenso científico é que não temos como controlar os riscos ligados ao uso em larga escala dos combustíveis fósseis;
- Todas as conseqüências do uso de combustíveis fósseis podem ser atribuídas ao descumprimento de uma ou mais das quatro Condições Sistêmicas. Ser relativamente dependente do uso desses combustíveis ou contribuir grandemente para que isso aconteça não só é insensato do ponto de vista altruísta, mas também de um ponto de vista de egoísmo. O princípio de "o poluidor deve pagar" pode, em termos práticos, não só ser implementado por intermédio da legislação, como também por meio de outros mecanismos, como os custos de seguros, financiamento mais caro, credibilidade no mercado, acordos comerciais, e assim sucessivamente.

Concluindo, a dependência econômica dos combustíveis fósseis será cada vez mais arriscada no futuro — tanto do ponto de vista ecológico quanto do ponto de vista econômico. Isso implica que o ônus da prova para investimentos em larga escala na dependência continuada de combustíveis fósseis passará do "setor verde" da sociedade para os investidores em si mesmos. Com base nesse raciocínio, sugerimos que toda decisão de grandes investimentos deve ser acompanhada das seguintes perguntas estratégicas:

- Esse investimento diminui a nossa dependência econômica dos combustíveis fósseis?
- O investimento é uma base sadia, que possibilita reduções subseqüentes à frente? (Pode ser desenvolvida de acordo com as Condições Sistêmicas?)
- Esse investimento dará um retorno o mais brevemente possível de modo a permitir novos investimentos cada vez menos dependentes dos combustíveis fósseis?
- Se a resposta à última pergunta for que os tais retornos rápidos são duvidosos, deve-se perguntar se há outros investimentos alternativos que possam ser aplicados passo a passo de modo a atender à perspectiva dada pelas Condições Sistêmicas.
- Se as respostas às perguntas acima não oferecerem um incentivo suficiente para se decidir por um caminho proativo, a seguinte pergunta deve ser proposta: se esse investimento aumenta a nossa dependência dos combustíveis fósseis, ou mantém a nossa dependência deles, os argumentos para a estratégia contrária à mudança são mais fortes que os argumentos que apóiam a proatividade? Se a decisão for de não ser proativo, então a decisão é essa. Não há motivo racional para adotar uma decisão tradicional cujas evidências são mais fracas que uma decisão de ser proativo.

O Livro Comemorativo do Ano 2000 da Vattenfall

Tive a oportunidade de apresentar os meus conhecimentos e a minha experiência relativos ao setor de energia em um capítulo do livro do milênio produzido pela empresa de serviços de utilidade pública sueca Vattenfall. Essa história merece ser contada, porque é mais um exemplo de honestidade intelectual.

A Vattenfall detém a posse de energia nuclear, portanto eu disse à editora do livro que eles provavelmente não gostariam da minha colaboração. Disse a ela que uma análise completa da situação dava muito pouca esperança para a energia nuclear da maneira como a conhecemos hoje. A editora discordava de mim, e além disso disse que era ela que estava encarregada do livro. Então fui em frente e escrevi um artigo baseado em todo o conhecimento e experiência que eu acumulara ao longo dos anos. (O texto do artigo é apresentado integralmente mais adiante.)

Depois de tê-lo enviado à editora, não tive notícias dela durante uns dois meses. Então ela me telefonou e me contou uma história que pode parecer divertida, mas que é na verdade uma história sobre decência e honestidade. A editora mostrara o artigo ao gerente da Vattenfall que era o principal responsável pelo livro, o qual disse que se sentia muito pouco à vontade, mas realmente não podia comentar sobre quê. Assim ele o mostrou ao vice-presidente da empresa, e ele também sentiu-se pouco à vontade, mas não podia pôr o dedo no que estava errado. Ele, por sua vez, enviou o artigo a algum guru ambiental da Vattenfall, que disse que não havia nada seriamente errado com o artigo e que seria uma demonstração de integridade por parte da empresa ousar publicá-lo em um dos próprios livros. Quando conversei com ele por telefone, ele quis acrescentar e eliminar algumas coisas que na opinião dele estavam incorretas, e finalmente um artigo um pouco melhorado foi publicado no livro anual da Vattenfall, conforme segue.

A Energia Ontem, Hoje e Amanhã

A parte do mundo conhecida como "o mundo industrial" teve mudados os seus sistemas de geração de energia em duas ocasiões anteriores: da madeira para o carvão e do carvão para os sistemas de geração de energia atualmente em uso, como o petróleo e a energia nuclear. Em cada ocasião a transição demorou uns quarenta anos para ser feita e em cada ocasião ela foi precedida por uma resistência arrogante por parte dos interesses pesadamente investidos nos sistemas de geração de energia obsoletos. Agora, uma vez mais, encontramo-nos na mesma situação, só que desta vez a oposição é mais forte do que nunca, possivelmente porque os investimentos nos sistemas de geração de energia nunca foram tão grandes. Como se poderia esperar, a atenção da mídia está concentrada nos sistemas de geração de energia existentes. O tipo de cenário apresentado é que a sociedade deve fazer uma escolha entre os combustíveis fósseis e a energia nuclear. O desenvolvimento a longo prazo, o potencial futuro de vários outros recursos, o potencial de mercado de fontes de energia alternativas e a necessidade de uma ligação entre os sistemas de geração de energia do futuro e os existentes no momento muito raramente são discutidos. Quase não se dedica nenhuma atenção aos novos sistemas de geração de energia que estão sendo introduzidos e desenvolvidos nos mercados atuais.

Em vez disso, os proponentes dessas fontes de energia com um crescimento acentuado nos mercados mundiais — a energia solar e a energia eólica — são muitas vezes chamados de "retrógrados". Outros sistemas de geração de energia defendidos que não estão crescendo nos mercados mundiais, como a energia nuclear, são considerados como "avançados". Escritores e comentaristas de destaque estão representando um quadro mais ou menos fragmentado.

Na maior parte das vezes, essas são pessoas que respeitam os desígnios do mercado. Afinal de contas, o mercado está sempre certo. As mesmas vozes que ignoram progressos nos mercados de energia do mundo ao mesmo tempo que depreciam os perigos do efeito estufa e advertem sobre os terríveis efeitos econômicos da descontinuidade gradual do uso de combustíveis fósseis. E, na próxima oportunidade, eles estarão usando os perigos do efeito estufa como um argumento contra a descontinuidade gradual do uso da energia nuclear.

Em ambas as ocasiões anteriores quando os sistemas de geração de energia foram descontinuados, não foram os comentaristas ou os políticos que instigaram a mudança. É provável que esse não seja o caso dessa vez também. A maioria silenciosa — efetivamente um tipo de "liderança invisível" — nas empresas e autoridades locais está instigando a mudança por iniciativa própria. Por exemplo, quando a energia eólica foi introduzida alguns anos atrás, foi ridicularizada como uma idéia que só seria eficaz se áreas enormes da superfície terrestre, a um custo enorme, fossem destinadas para o arejamento das turbinas. O movimento ambiental defendeu a energia eólica, afirmando que ela podia ser muito mais eficiente do que os seus críticos insinuavam. Hoje, vinte anos depois, a realidade excedeu de longe os argumentos mais otimistas usados pelo *lobby* ambientalista. Hoje em dia, algumas autoridades locais dão oportunidades às pessoas de investir em turbinas de vento. O rendimento gerado é tão bom que é realmente lucrativo investir dinheiro nesse tipo de empreendimento. Os dinamarqueses, que encontraram um forte ceticismo no início, há muitos anos exportam mais geradores eólicos do que todo o resto do mundo junto. A energia eólica tornou-se uma indústria que apresenta uma lucratividade de bilhões de coroas dinamarquesas.

A indústria sempre é capaz de executar projetos de maneira competente desde que tenha uma visão clara do que está fazendo. Ou, para usar outro exemplo, os norte-americanos puseram um carro elétrico na Lua em 1971. O que é uma vergonha é parecermos incapazes de usar tais veículos um pouco mais próximo de casa, onde seriam muito mais úteis. A história mostra que o desenvolvimento é guiado pela ansiedade, por pontos de vista que reúnem as pessoas e pela criatividade. Assim que os paradigmas são mudados — quer dizer, tão logo o automóvel substituiu a carruagem puxada por cavalos, tão logo a Alemanha se recuperou da destruição da Segunda Guerra Mundial ou tão logo o Muro de Berlim e o insustentável sistema de valores a que se associava desmoronaram em todo o mundo — então, de repente, todas as velhas manifestações do que era humanamente possível pareceram subestimações infantis.

As Regras do Jogo — "Modelos de Comportamento" Constituem o Investimento

O planejamento bem-sucedido significa unir visões a longo prazo com perspectivas atuais, de modo que cada medida tomada ao longo do caminho possa ser convertida em algo lucrativo. O ponto de partida para todo planejamento é reconhecer que no futuro está a chave para a solução de todos os problemas atuais. Cada organização ou país deve ser parte da solução, não do problema. As ações são então decididas fazendo-se a pergunta: "O que podemos fazer hoje para chegar lá?" A lógica simples favorece os investimentos que atendem aos dois critérios seguintes: São eles atualizáveis — tão flexíveis quanto possível — do ponto de vista técnico e sustentável? Um exemplo de um produto que atende a esses critérios poderia ser um carro que consome menos combustível ao mesmo tempo que também é capaz de fazer a conversão para outros combustíveis além dos derivados de petróleo [gasolina]. Isso é crucial para não fechar o desenvolvimento em larga escala. Fazer isso resulta em "becos sem saída" dispendiosos. Além disso, os investimentos devem objetivar a "fruta ao alcance da mão" — quer dizer, devem ser capazes de trazer lucros financeiros no seu devido tempo. Exemplos disso poderiam ser os investimentos que economizam recursos, ou iniciativas que visam mercados em expansão, em fase de crescimento.

A integração desses critérios traz um verdadeiro "ímpeto" ao desenvolvimento sustentável — usando estratégias que de fato tornam o desenvolvimento lucrativo. Se as organizações progressistas (conhecidas como modelos de comportamento) tiverem sucesso ao fazer isso, o seu desempenho econômico irá melhorar até mesmo a curto prazo e continuar sendo fortalecido num prazo mais longo à medida que avançam nas suas posições. Enquanto isso, os seus concorrentes têm "má sorte" e se chocam contra a parede de tijolos dos custos cada vez maiores das matérias-primas, custos do tratamento do lixo, prêmios de seguro punitivos, empréstimos e impostos, além de perda de participação no mercado para outras empresas mais proativas.

A Análise A, B, C, D Mostra o Caminho[20]
B. Os sistemas de geração de energia da atualidade

COMBUSTÍVEIS FÓSSEIS

Queremos evitar concentrações globalmente cada vez maiores de substâncias como gás carbônico, compostos de enxofre, óxidos nítricos, metais e ozônio terrestre (Condições Sistêmicas 1 e 2). Mais adiante, queremos evitar o empobrecimento ininterrupto e gradual dos ecossistemas como resultado de derramamentos de petróleo, mineração de carvão e assim por diante (Condição Sistêmica 3). O que acontecerá se países menos industrializados como a China começarem a usar combustíveis fósseis tão intensivamente quanto fazem os mais industrializados? Certamente, as gerações futuras não colherão nenhum benefício do nosso uso atual dos combustíveis fósseis. A questão como um todo deve ser tratada de um ponto de vista mais amplo que os mantidos pelo egoísmo nacional estreito ou de curto prazo (Condição Sistêmica 4).

ENERGIA NUCLEAR

Pelo menos em comparação com os combustíveis fósseis, do ponto de vista mundial, a energia nuclear é um sistema de geração de energia insignificante. Apesar da sua escala reduzida de uso — não mais que algumas centenas de reatores existem em todo o mundo — a energia nuclear tem sido fortemente criticada por causa das preocupações com a segurança e outros problemas. As razões principais por querer a sua descontinuidade gradual são as concentrações crescentes de isótopos tóxicos e/ou radioativos como resultado da mineração do urânio, vazamento dos reatores, destinação do lixo nuclear e incidentes e acidentes com os reatores (Condições Sistêmicas 1 e 2). Outra razão é acabar com o empobrecimento dos ecossistemas como resultado da mineração de urânio (Condição Sistêmica 3). O uso da energia nuclear no mundo industrializado aumentará os riscos da expansão dessa tecnologia para os países em desenvolvimento (Condição Sistêmica 4). A energia nuclear também tem associações perigosas com a proliferação de armas nucleares (Condições Sistêmicas 1, 2, 3, e 4).

ENERGIA RENOVÁVEL

Que a energia renovável não pode ser uma solução autocontida é prontamente compreensível quando observada de uma perspectiva mundial e analisada em relação às Condições Sistêmicas. Uma transição em larga escala para os biocombustíveis muito provavelmente levaria a um extenso desmatamento. A expansão da energia hidroelétrica pela construção de mais usinas e represas também prejudicaria os frágeis ecossistemas. Nesses dois exemplos estamos cometendo erros sistêmicos de fato em relação à Condição Sistêmica 3, ao optar pela energia renovável em ambos esses exemplos. No mesmo sentido, é concebível que um amplo uso de painéis solares conduziria a concentrações mais altas de metais como resultado de mineração e métodos de reciclagem ineficientes (Condição Sistêmica 1). Também poderiam ser dispersadas substâncias perigosas na queima de biocombustíveis (Condição Sistêmica 2). A menos que os princípios subjacentes sejam corretamente compreendidos, há um alto risco de causar outros problemas ao optar por soluções imperfeitas.

O DESAFIO DOBRADO

A quarta Condição Sistêmica concentra-se na satisfação das necessidades humanas — tanto atuais quanto futuras. Cerca de um bilhão de pessoas já sofrem da escassez de alimentos e de água potável. O crescimento econômico em países em desenvolvimento é, portanto, uma proposição duplamente desafiadora. Considerando-se o plano da China de ampliar drasticamente o seu uso do carvão, e incorporando as muitas outras nações igualmente à margem do desenvolvimento industrial, torna-se claro que o atual debate em torno da energia é desesperadamente inadequado — muito estreito e limitado por perspectivas a curto prazo. Questões sobre a viabilidade de usar energia nuclear ou gerada pelo carvão simplesmente não são suficientemente coesivas ou progressistas para nações industriais modernas. O nosso comportamento atual afetará a gama de possibilidades aberta para nós no futuro.

O objetivo do mundo industrial deveria ser desenvolver sistemas de geração de energia suficientemente atraentes para nós, ao mesmo tempo que fossem também vendáveis a outros países a longo prazo. Fazê-lo mostraria muito mais inteligência que perseverar na energia nuclear, ao mesmo tempo que dissuadiria os países em desenvolvimento (já assolados pela corrupção e pela intranqüilidade social) de seguir a mesma opção nuclear.

C. Sistemas de geração de energia do futuro

Ao tentar fazer um prognóstico de vários sistemas de geração de energia disponíveis, duas grandes questões tomam a dianteira: o potencial para atualização técnica em relação às Condições Sistêmicas e os custos comparativos do desenvolvimento.

COMBUSTÍVEIS FÓSSEIS

Teoricamente, os combustíveis fósseis podem ser usados de maneira sustentável por muitas centenas de anos ainda. Geralmente é sugerido pelos proponentes da energia nuclear que, em bases científicas, os combustíveis fósseis devem ser descontinuados gradativamente. Isso não é estritamente verdade. Com certeza, dentro de algumas décadas — digamos, vinte a trinta anos — devemos ter começado a desenvolver alternativas em larga escala para a geração de energia à base de petróleo. No entanto, há muitos outros minerais compostos de carbono e, conseqüentemente, haverá poucos problemas de abastecimento num futuro previsível. Os hábitats podem ser restabelecidos depois da atividade de mineração, e há certos argumentos teóricos para usar o carvão, por exemplo, como um combustível para extrair hidrogênio (um combustível não poluente) da água. O gás carbônico produzido por esse processo poderia ser devolvido por precipitação em lugares satisfatórios, como campos de gás natural em desuso. Pelo menos em teoria, todas as Condições Sistêmicas podem ser satisfeitas mesmo enquanto ainda se usa o carvão ou outros minerais fósseis. Mas fazer isso irá requerer progressos e investimentos.

ENERGIA NUCLEAR

Os problemas já existentes como resultado da energia nuclear terão de ser avaliados em uma escala radicalmente diferente se decidirmos desenvolver a energia nuclear como um sistema de geração de energia de importância mundial. Considerar a possibilidade de haver dez mil reatores espalhados pelo mundo inteiro (em oposição a algumas centenas atuais) é uma atitude sensata que indica a importância de examinar soluções tecnológicas diferentes. Caso contrário o mundo, com toda a sua instabilidade social e grupos terroristas, irá se tornar um lugar insuportável. Mesmo que o problema de armazenamento do lixo nuclear fosse resolvido, ainda haveria problemas como erros humanos em enormes sistemas técnicos, assim como a proliferação de armas nucleares. Para manter-se dentro da estrutura de referência das Condições Sistêmicas, os rumos do desenvolvimento teriam de ser completamente diferentes. Um avanço na fusão nuclear, sugerido pelo professor Tor Ragnar Gerholm em 1972, é a única alternativa realista à energia solar.

Contudo, desde aquela data, entrou em cena uma outra alternativa. Nos chamados reatores de tório, o combustível (mesmo usado em larga escala) duraria centenas de anos. O processo também queimaria o perigoso lixo nuclear produzido, como o plutônio usado. Essas duas alternativas, assim como outros sistemas de geração de energia hipotéticos, não tiveram ainda uma promessa de produção comercialmente viável. Qualquer discussão consistente sobre o assunto teria de incorporar questões como pré-requisitos técnicos, investimentos necessários para estender o desenvolvimento em escala mundial e os problemas políticos que poderiam se interpor no caminho do êxito — afinal de contas, as tecnologias envolvidas teriam de basear-se em soluções centralizadas e de larga escala. Também seria preciso fazer uma análise comparativa dos problemas potenciais experimentados ao dimensionar outras formas de energia para uso mundial.

ENERGIA SOLAR

Dentre os mais promissores sistemas de geração de energia renováveis conhecidos estão a energia solar e a energia eólica. Atualmente, esses sistemas são menos usados até mesmo que a energia nuclear. No entanto, ao contrário da energia nuclear, eles estão se desenvolvendo; na verdade, desenvolvendo-se mais depressa que qualquer outra forma da energia, porque, entre outros fatores, não dependem de planejamento centralizado nem de legislação estatal em questões como responsabilidade. Acima de tudo, esses sistemas baseiam-se em tecnologia conhecida, utilizável em escala mundial e sem riscos ou problemas associados ao manuseio do lixo. No momento, a excelência tecnológica está evoluindo tão rapidamente que a tecnologia atual estará obsoleta em questão de alguns anos. Um problema percebido que geralmente se apresenta é que a energia solar jamais poderia oferecer geração suficiente para suprir as nossas necessidades. A realidade é totalmente o oposto. O Sol proporciona à Terra 10 mil vezes mais energia que a civilização humana usa — incluindo todos os sistemas de geração de energia em atividade. Isso significa, matematicamente, que, cobrindo-se uma área correspondente a 10 por cento da superfície do deserto do Saara com painéis solares de última geração, poderíamos atender ao uso da energia atual da espécie humana. Além disso, a eficiência está melhorando continuamente com a aplicação de pesquisa e desenvolvimento.

Os críticos normalmente apresentam duas objeções:

- Os novos sistemas de geração de energia são caros; e
- A transição para novos sistemas de geração de energia não pode ser feita até que esses sistemas estejam totalmente desenvolvidos.

Essas opiniões são como adiar o exercício de uma caminhada enquanto não se tiver adquirido uma disposição física suficiente. Todo desenvolvimento acontece em graus. A energia alternativa é obviamente mais cara porque os seus volumes de produção são comparativamente baixos. No entanto, os volumes de produção, especialmente de energia solar e eólica, são atualmente crescentes, com reduções comensuráveis nos preços. Os pesquisadores da Princeton University, nos Estados Unidos, usaram a chamada "curva de aprendizagem" para fazer alguns cálculos interessantes. É uma experiência geral nas empresas que os custos de produção de um produto são normalmente reduzidos em torno de 20 por cento cada vez que o volume de produção dobra. Observando o desenvolvimento das células fotoelétricas, calculou-se que, uma vez que se fizesse um investimento de cerca de $10 bilhões nesse setor, os custos de produção estarão nivelados aos dos combustíveis fósseis. Se isso parecer caro, poder-se-ia apresentar da seguinte maneira: seriam levantados $10 bilhões em cinco dias se todos os países no mundo elevassem os seus impostos sobre combustíveis fósseis aos mesmos níveis da Suécia. Ou, mesmo se os pesquisadores tivessem subestimado os cálculos à potência de dez, em cinqüenta dias.

Tanto a BP quanto a Shell anunciaram a sua intenção de investir centenas de milhões de dólares na tecnologia de energia solar. A indústria automobilística tomou a sua própria iniciativa, investindo em sistemas de geração de energia avançados que fecham o ciclo da energia solar. O melhor exemplo disso é a chamada célula de combustível — um tipo de bateria aberta que continua gerando eletricidade enquanto o seu pólo positivo é alimentado com gás hidrogênio e o seu pólo negativo com oxigênio. A corrente é capaz de alimentar um motor elétrico de, por exemplo, um automóvel. Uma pessoa com problemas respiratórios poderia se beneficiar respirando diretamente do tubo de escape desse veículo — o seu único resíduo despejado na natureza é o vapor de água. O gás hidrogênio pode ser extraído da água usando a corrente elétrica da célula solar. O desenvolvimento dessa nova tecnologia está sendo liderada por fabricantes como a Volvo, a Chrysler, a Toyota e a Mercedes. Ganhou-se um novo ímpeto com a descoberta de que com o uso de um "reformador" — que extrai hidrogênio de outros combustíveis como metano, etanol ou derivados de petróleo [gasolina] — o mercado pode começar imediatamente, sem que se precise esperar por novos sistemas de distribuição de hidrogênio. Protótipos operacionais desses veículos já estão em testes e, em Chicago, ônibus providos de tecnologia de célula de combustível já se encontram em uso comercial.

A "liderança invisível" estará muito atrasada? Sempre que se planeja resolver problemas sérios e complicados, deve haver perspectivas mais amplas tanto em termos de tempo quanto de espaço. O pressuposto deve ser que um dia o mundo será um lugar onde as pessoas e outras formas da vida superiores viverão de maneira sustentável. Admitindo-se essa visão sedutora, deve-se voltar atrás no tempo e então se perguntar: "O que podemos fazer hoje para chegar lá?" Poderá haver muitas opiniões diferentes, algumas correspondentes ou análogas às outras. Mas o mais importante é que toda visão do futuro deve satisfazer às condições para a sustentabilidade — as Condições Sistêmicas. Caso contrário, há o risco constante de o avanço cair em becos sem saída, com graves conseqüências negativas tanto para a natureza quanto para a sociedade. Usando esse raciocínio como um trampolim, podemos ser categóricos em relação a certos aspectos dos sistemas de geração de energia *do futuro*:

- **Não existem limitações em termos de provisão de recursos.** O Sol, por exemplo, sempre irá nos abastecer com muito mais energia do que precisamos;
- **Não há limitações técnicas.** A tecnologia já desenvolvida se enquadra na estrutura de referência das Condições Sistêmicas em escala mundial. Há um desenvolvimento contínuo de sistemas de geração de energia aperfeiçoados, assim como maneiras mais inteligentes de economizar recursos;
- **Não existem restrições financeiras, apesar do fato de que a nova tecnologia é normalmente mais cara.** Com certeza, na realidade as alternativas para o desenvolvimento sustentável serão mais caras.

E quanto à resistência de interesses investidos nos antigos sistemas de geração de energia? Seria um erro considerar essa resistência como um fator totalmente negativo. Um certo atraso pode ser até mesmo vantajoso, de forma que a tecnologia em desenvolvimento não seja lançada prematuramente, ou talvez de forma que a concorrência tenha tempo para desenvolver tecnologias sustentáveis alternativas. (Colocando a questão em termos mitológicos: o príncipe não estará pronto para a princesa até que o dragão esteja completamente morto.)

Nenhum tipo de energia pode deixar de ser considerado como uma possibilidade em um contexto sustentável. Nem tampouco se pode dizer que todo sistema de geração de energia renovável tem um lugar automaticamente garantido em uma sociedade sustentável. É mais o caso de que todo avanço deve ser fundamentado nos princípios que definem a sustentabilidade, de forma que todos os sistemas de geração de energia estejam concorrendo nas mesmas condições. De um ponto de vista dinâmico, tecnológico e desenvolvimentista, a economia deve determinar os sistemas de geração de energia mais adequados. Em termos mais simples: qual sistema (ou sistemas) energético sustentável responderia melhor ao investimento? Independentemente de optarmos por desenvolver a energia nuclear e/ou os combustíveis fósseis como sendo os sistemas sustentáveis de geração de energia do futuro, ou permanecer com os sistemas que já atendem aos critérios sustentáveis, os níveis de investimento requeridos serão enormes.

Nesse momento, a energia nuclear tem expressão mundial muito limitada. A tecnologia atual não é satisfatória para o desenvolvimento em nível mundial e a energia nuclear não está crescendo em nenhum mercado. Nenhuma perspectiva de um avanço tecnológico no futuro próximo. Os combustíveis fósseis têm um domínio total nos mercados de energia, mas os problemas relacionados a esse sistema estão se acumulando e serão necessários investimentos volumosos se quisermos integrar os combustíveis fósseis em uma perspectiva sustentável.

Conforme mencionado anteriormente, os sistemas sustentáveis de geração de energia que crescem mais rapidamente hoje em dia são os de energia solar e eólica. Desenvolvidos continuamente para alcançar uma maior versatilidade, os seus custos estão baixando o tempo todo. Embora os sistemas sustentáveis de geração de energia evoluam rapidamente em todos os mercados mundiais, muitos cientistas preocupam-se porque, sendo o ponto de partida tão minúsculo, a menos que recebam um impulso adicional, esses sistemas de geração de energia não terão tempo de se atualizar. Já existem muitos sinais preocupantes de que o efeito estufa está começando a custar muito dinheiro — por exemplo, os danos causados pelas inundações e pelos furacões. Talvez a sociedade humana nunca mais volte a ser tão próspera e capaz de investir em novos sistemas de geração de energia e de estimulá-los a se aprimorar. Talvez, dentro de alguns anos, venhamos a olhar para trás e lamentar a nossa passividade. A questão é: quando (e se) será oportuno, vantajoso e politicamente realizável exigir que toda a atividade econômica — incluindo a do setor de geração de energia — satisfaça às condições de sustentação da vida? Além disso, que ela pague pelo seu próprio desenvolvimento e custos de seguro que aparecerem no processo. Em resumo, quando deve ser uma exigência que tudo tenha de pagar por si mesmo? Possivelmente, esses tipos de decisões ficarão mais fáceis quando a "liderança invisível" da sociedade (veja o Capítulo 16) for mais preeminente e o sonho da sociedade sustentável tenha se tornado a norma.

O Problema do Trânsito de Veículos

No mundo industrializado, talvez o mais crítico de todos os problemas da sustentabilidade existentes atualmente sejam os sistemas de trânsito não-sustentáveis, em parte porque o dano causado por esses sistemas seja tão grande, em parte porque as tradições estejam tão profundamente arraigadas na nossa cultura como nas infra-estruturas da sociedade, e em parte porque as infra-estruturas, juntamente com os automóveis, estão vinculadas a enormes investimentos de capital. Isso significa que o tempo entre as decisões proativas e o seu resultado é longo, o que torna ainda mais urgente começar o trabalho imediatamente.

Assim sendo, o problema é grave, urgente e difícil de resolver. Portanto, um êxito nessa área teria um enorme significado psicológico e também influenciaria positivamente as nossas possibilidades de resolver outros problemas da sustentabilidade. E *vice-versa*: independentemente do que fizermos com respeito ao desenvolvimento sustentável, será difícil ter esperanças, a menos que comecemos a encontrar as soluções para os problemas da não-sustentabilidade do trânsito.

O sistema de trânsito ocupa áreas cada vez maiores pela sua infra-estrutura que consome grandes espaços físicos. Ele envolve fluxos enormes de matéria, embora quantidades muito grandes dessa matéria não sejam assimiladas nos ecociclos, mas acumuladas como moléculas de detritos no nosso hábitat. Quantidades cada vez maiores de metais e outros materiais usados na construção dos veículos começaram a ser recicladas, materiais novos, mais leves e eficientes em termos de recursos, vêm sendo desenvolvidos e, no nosso "funil", não há motivos para acreditar que esse desenvolvimento seja interrompido. Portanto, até aqui, as maiores quantidades de fluxos lineares da matéria que é "despejada" devem — de acordo com a parte inicial deste capítulo — ser encontradas na fumaça dos veículos, não da fabricação deles.

Por sua vez, a contribuição do sistema de trânsito para o problema da energia em geral pode ser considerado de dois modos — um modo proativo e outro defensivo. A perspectiva mais atraente é a proativa, é claro, em que as quantidades relativamente grandes de dinheiro da indústria automobilística, em combinação com a sua vulnerabilidade relativa no mercado e relativa mobilidade com respeito a responder às tendências do mercado, podem levar ao desenvolvimento de novos sistemas de geração da energia que possam depois ser utilizados no setor energético da sociedade como um todo. Um exemplo disso são as células de combustível de hidrogênio descritas anteriormente.

O Projeto A, B, C, D do Departamento de Trânsito Sueco

O potencial que reside em usar de fato o sistema de trânsito como um veículo para o desenvolvimento sustentável levou as autoridades de trânsito suecas a iniciar um projeto de cooperação com The Natural Step que considero tão esplêndido e desafiador que decidi concluir este capítulo com ele. Num certo sentido, ele contraria a nossa política de tornar público um projeto ainda tão incipiente, mas acredito que ele contém um tamanho potencial para uma mudança importante, que deve ser apresentado de imediato. Se falharmos, alguém poderá ter êxito.

Em resumo, Jonas Oldmark e eu elaboramos uma Análise A, B, C, D de trinta páginas sobre o sistema de transportes sueco: rodoviário, marítimo, aéreo, e a sua integração informatizada — o sistema de comunicação inteiro. Procuramos fazer o melhor possível, deixando que os nossos olhos leigos colocassem tantas "folhas de comunicações" quanto pudéssemos nos ramos da Estrutura de Referência do TNS.

Em seguida, convidamos vários personagens importantes da Suécia para tornarem-se parceiros no projeto — por exemplo, empresas de construção, fabricantes de veículos, compradores dos serviços de trânsito, empresas de telecomunicação e assim por diante — todos eles muito bem-informados sobre os diversos aspectos do problema, mas também com poder econômico para fazer algo a respeito. Esses participantes foram convidados a criticar o texto produzido por mim e por Jonas, eliminar os erros e acrescentar o que esquecemos. No final, teremos um documento de consenso, estruturado de acordo com a Análise A, B, C, D, e no qual (esperamos) a parte visionária da análise — o Passo C — será tão desafiador, e ao mesmo tempo tão importante, que deverá desempenhar um papel político. Será o planejamento do Departamento de Trânsito Sueco, reunido num documento que deverá estar pronto a tempo de ser entregue antes da próxima eleição geral na Suécia.

Capítulo 15

A Segunda Arena (De Projetos *Ad Hoc* a uma Abordagem Sistêmica)

Com certeza o TNS não evoluíra internamente em total isolamento da sociedade que queria transformar, mas crescera a partir de um diálogo muito intenso e bilateral com uma sociedade que vinha mudando depressa e impetuosamente pelos próprios meios. Os primeiros dez anos da história do TNS ocorreram simultaneamente ao progresso substancial da sociedade como um todo rumo à consciência de que tomávamos um caminho perigoso e não-sustentável. Na verdade, tínhamos visto sinais da inevitável mudança de paradigma desde a década de 1960, quando o livro de Rachel Carson, *Silent Spring* (Houghton Mifflin, 1962) fez muitas pessoas acordarem. No entanto, as primeiras décadas desse progresso foram lentas, uma vez que se centrava principalmente em debates e conversas, e não se concretizou muito, pelo menos com referência às empresas. Mas a década de 1990 presenciou uma aceleração, em razão de uma postura cada vez mais profissional. Embora ainda insuficiente, o ritmo da transição não é mais tão lento de maneira geral.

A Suécia e o TNS

Durante a minha crescente experiência internacional, ficou claro para mim que a Suécia tinha a boa reputação de ser relativamente proativa. Na verdade, muitas vezes me perguntaram se o TNS poderia ter surgido em algum outro lugar. (Nunca ouvi essa pergunta de um sueco.) Só recentemente obtive uma explicação mais completa, dada pelo dr. Mark Everard, do Reino Unido.

Mark é um cientista, limnologista de formação, que fora destacado para o TNS no Reino Unido pela Agência Ambiental, a qual se interessava em promover a introdução do pensamento sistêmico do desenvolvimento sustentável no Reino Unido. Durante vários anos, parte do trabalho de Mark para a Agência foi publicar regularmente um boletim informativo, *Stepping Stones,* onde contava sobre o seu aprendizado junto ao TNS.

Em uma reflexão pessoal para o *Stepping Stones,* Mark escreveu o seguinte:[1]

> Até um período relativamente recente, a indústria sueca baseava-se esmagadoramente na exploração das florestas. E, na silvicultura, o plantio e a administração são conduzidos com vistas a resultados a longo prazo — não só em relação ao retorno imediato como acontece em muitos outros setores — e assim o manejo adequado faz parte do etos. No entanto, mais ou menos na virada do século XX, a Suécia enfrentou dois imensos golpes. Primeiro, ficou sem árvores e, mais ou menos na mesma época, foi atingida por uma escassez devastadora que ceifou inúmeras vidas. E assim a sociedade sueca conheceu na sua história nacional recente o que significa exatamente "bater nas paredes do funil" e reorientou as suas políticas para estender a sustentabilidade a longo prazo para muito mais à frente. A nação também não estivera em guerra por mais de duzentos anos, e assim os desafios comuns que uniram o seu povo não foram os conflitos, mas a necessidade de superar as ameaças ambientais. Acrescente-se a isso o clima hostil da Escandinávia na maior parte do ano, e a conseqüente maior dependência das pessoas umas em relação às outras, e tem-se uma coesão social e um objetivo comum que são invejados por muitas outras nações. Devo acrescentar que essa é uma visão muito pessoal.

> Sem dúvida, as autoridades suecas assumiram vários compromissos e fizeram mudanças políticas que merecem a atenção internacional. Muito antes do surgimento do TNS, o Parlamento sueco tomou a decisão de promover a descontinuidade gradual do uso de metais pesados como o mercúrio, o chumbo e o cádmio pelos suecos. Embora ainda não tenhamos chegado a uma decisão sobre um prazo final, essa decisão baseia-se num raciocínio retroativo e na consciência dos riscos relativamente maiores de aumentos na concentração de elementos raros na natureza. E eles se voltaram em primeiro lugar para a decisão sobre a criação de parques nacionais nas florestas como um meio de proteger a biodiversidade. E, por fim, deram alguns passos significativos com relação à política industrial.

Novamente, Mark Everard observou no *Stepping Stones* de outubro de 1999:

> O Ministério do Meio Ambiente da Suécia patrocinou seminários sobre uma perspectiva do ciclo de vida completo dos produtos em 1988 e estudos sobre o assunto também foram publicados pelo ministério.

Foram criados grupos de trabalho no ministério em 1988 e 1989 e, em conseqüência de preocupações expressadas na ocasião, foi criado um grupo de trabalho interministerial em 1990, que publicou um relatório em 1992. Esse relatório foi traduzido para o inglês com o título "Produtos Perigosos". O relatório sobre os produtos perigosos foi uma das contribuições para a "Lei de Diretrizes e Bases para o Desenvolvimento Orientado pelos Ecociclos" (mais conhecida como a "Lei dos Ecociclos") em 1993. A "Comissão dos Ecociclos" foi constituída pelo governo sueco em 1993, depois que o Parlamento aprovou a Lei dos Ecociclos. Na verdade, a constituição dessa comissão já constava da lei.

A Comissão dos Ecociclos atuou durante um período de cinco anos, entre 1993-1998. Teve duas tarefas principais:
- formular estratégias para uma "sociedade ecocíclica"; e
- propor a responsabilidade do produtor em relação a diversos grupos de produtos.

Foram formuladas propostas sobre a responsabilidade do produtor em contato direto com a indústria. As propostas formuladas e entregues ao governo abrangiam uma série de tópicos: pneus, veículos, equipamentos elétricos e eletrônicos, a indústria da construção e de mobiliário. Com base nessas propostas, o governo tem, até agora, decidido sobre a responsabilidade do produtor sobre todos os grupos de produtos, com exceção do mobiliário. A comissão também propôs a responsabilidade geral do produtor sobre todos os bens; a proposta foi enviada a julgamento, após o qual o governo passaria a discutir a matéria. Para colaborar com o processo, lançou algumas metas concretas, por exemplo, a implementação de um imposto verde sobre os combustíveis fósseis e algumas leis relativas à responsabilidade do produtor sobre o lixo.

Durante a década de 1990, o TNS desempenhou um papel indireto nos eventos subseqüentes e um papel direto na formação geral das atitudes suecas relativas ao desenvolvimento sustentável nas empresas e municípios. Também influenciamos diretamente o governo e a Comissão de Ecociclos tanto diretamente por meio de seminários, quanto indiretamente pelo nosso trabalho junto aos municípios e às corporações empresariais. Diversos funcionários do governo e políticos influentes em torno da Comissão de Ecociclos — como Siv Näslund, Lennart Daleus e Olof Johansson — têm-nos informado que o seu desempenho tem sido facilitado graças ao apoio que recebem das organizações que orientamos. As empresas mais proativas da Suécia foram, quase sem exceção, orientadas por nós e são generosas quando se trata de reconhecer a nossa participação nas suas realizações.

Acredito que seja justo dizer que a Suécia tem sido um país relativamente proativo por muito tempo, o que provavelmente ajudou muito quando o TNS iniciou as suas atividades. No entanto, é igualmente importante mostrar que as razões por trás do TNS eram evitar a resistência desnecessária com base em mal-entendidos — e também tivemos a nossa participação nesse sentido na Suécia.

Também é verdade que algumas empresas e municípios se superaram ao usar a Estrutura de Referência do TNS como um instrumento para aumentar o seu compromisso com os problemas da sustentabilidade em geral. Algumas empresas foram muito eficazes ao ensinar a estrutura de referência aos seus funcionários, e depois em apoiar um diálogo com a estrutura de referência como um modelo de pensamento participativo para apoiar o *backcasting* do ponto de vista da sustentabilidade, e em fazê-lo sistematicamente. No entanto, essas empresas são relativamente pouco numerosas.

O mesmo se aplica se considerarmos os municípios. Quase todos os municípios suecos endossaram a Estrutura de Referência do TNS nos seus escritórios da Agenda 21. Mas apenas cerca de 60 dos 286 municípios implementaram a Estrutura de Referência do TNS nos outros documentos de política, o que significa que, na grande maioria dos municípios suecos, só os gerentes verdes e os políticos interessados conhecem a Estrutura de Referência do TNS. Isso significa que a expressão "endossaram a Estrutura de Referência do TNS" não significa muito. É uma afirmação que tem um significado diferente de acordo com a organização.

Mas a mudança não acontece apenas como resultado da participação de todos no diálogo consciente. É bom que isso aconteça, mas seria um erro subestimar a importância das pequenas mudanças que acontecem como conseqüência de influências muito mais sutis, uma combinação de benefícios diretos e indiretos dos acontecimentos maiores e mais visíveis. Bilhões de comunicações em uma teia interativa de perguntas e respostas acabam levando à mudança cultural — como uma brisa suave e crescente que acaba por inflar uma vela. Tenho orgulho de dizer que o TNS desempenhou um papel dedicado e apaixonado para estufar essa vela pela educação de centenas de milhares de executivos a respeito do funil, dos benefícios de evitar as suas paredes e das razões por trás da nossa estrutura de referência. A nossa influência é muito maior do que as relativamente poucas empresas e organizações que aplicam a nossa estrutura de referência conforme planejado. As empresas realmente sistemáticas podem ser meramente consideradas como "laboratórios", nos quais demonstrou-se que a coisa realmente funciona, e como "locomotivas" na dianteira da mudança da sociedade. E, pela influência e orientação, o vento da mudança tornou-se muito mais forte do que seria sem a presença delas, por todos os efeitos indiretos.

Mas sei que não podemos apenas ficar sentados, esperando que o número de empresas vá crescendo devagar para aplicar uma perspectiva de sustentabilidade ao trabalho delas, e esperar que os outros continuem com os seus programas *ad hoc*, mesmo que sejam até um pouco mais radicais. Trabalhar *ad hoc* foi a maneira mais típica de trabalhar durante a década de 1990 em geral. Podemos chamar aquele modo de atividade como "Arena 1". Os poucos "laboratórios e locomotivas" sistêmicos que aplicam o *backcasting* do ponto de vista da sustentabilidade — empresas como IKEA, Sånga Säby, Scandic, McDonald's sueco, Interface, Collins Pine, Patagonia, Body Shop e algumas outras — são atuantes na Arena 2.

Do ponto de vista empresarial, as duas arenas podem ser caracterizadas assim:

Arena 1 = Navegação por luzes
Ética, mercado, rentabilidade
Chefe ambiental
Sistema de Gestão Ambiental (SGA)*
"Eco-eficiência"
Indicadores/índices-chave

Na Arena 1, as empresas perceberam que, do ponto de vista ético, será necessário levar a sério o desenvolvimento sustentável. A rentabilidade aumentará a partir dessa atitude a longo prazo, em parte por razões éticas, em parte por causa da "eco-eficiência" mais elevada — lixo é dinheiro perdido. Nesse sentido, as empresas da Arena 1 escolheram um chefe ambiental e um sistema de desempenho ambiental. Para demonstrar a seriedade de tudo isso, elas executam diversos projetos *ad hoc* e têm vários indicadores e índices-chave para monitorar os progressos. Esses projetos e indicadores são escolhidos em função do que o mercado gosta ou quer no momento imediato, e em termos do que legisladores aprovariam em breve. Isso é como se orientar pelas luzes de outros barcos em um arquipélago que esteja cheio de pedras, o que não será adequado a longo prazo.

Arena 2 = Navegação por farol
Perspectiva sistêmica
Sustentabilidade social, ecológica, econômica
Investimentos de correção de curso
O chefe ambiental tem influência sobre todos os tipos de grandes investimentos
O Sistema de Gestão Ambiental como um instrumento de estratégia empresarial

---

* Em inglês: Ecological Management System (EMS). (N. do T.)

Na Arena 2, as empresas perceberam que será necessário ter uma perspectiva de sustentabilidade no planejamento. Essas empresas geralmente falam mais sobre sustentabilidade social, ecológica e econômica do que fazem pelo meio ambiente. A rentabilidade só aumentará se forem planejados objetivos e estratégias em uma perspectiva de *backcasting* a partir dos princípios que são robustos o bastante para abranger a sustentabilidade ecológica e social. Nessas empresas, o chefe do meio ambiente faz parte da equipe administrativa ou está bastante próximo dela. O Sistema de Gestão Ambiental é um instrumento de estratégia empresarial, não algo que ande na esteira. É como se orientar por faróis fixos, e o risco de bater nas pedras à frente é bem menor.

No início do novo milênio, precisamos de um novo despertar da sociedade como um todo, como quando Rachel Carson publicou o livro dela. Mas dessa vez a consciência da urgência disso é muito menor do que era naquela época. As empresas foram surpreendidas com a guarda abaixada — os pássaros morriam e ninguém sabia o que fazer a respeito. Hoje, muitas empresas acreditam que têm tudo sob controle, só porque têm um gerente "verde" e um sistema administrativo ambiental. No entanto, poucos grupos profissionais na sociedade existentes no momento são mais frustrados que os gerentes "verdes" das grandes empresas. Estão correndo de um lado para o outro parafusando filtros e pedindo orçamentos mais altos, enquanto a dinâmica cúpula administrativa conduz os negócios mais ou menos como sempre. Se questionado, talvez por jornalistas, o presidente da empresa refere-se ao pobre colega, que fica lá sentado no seu escritório verde com o seu Sistema de Gestão Ambiental que ninguém lê. Não sei o que será preciso fazer para que a maioria das empresas queira fugir da Arena 1 e passar para Arena 2, mas espero que não seja preciso esperarmos muito tempo para que isso aconteça.

Acho que a sustentabilidade social (Condição Sistêmica 4) pode ser a chave da nossa salvação. Ser um contribuinte à violação dessa Condição Sistêmica causará efeitos retroativos muito graves da mesma maneira que as primeiras três Condições Sistêmicas, e é tão ruim para as empresas como qualquer aspecto ecológico ligado à não-sustentabilidade. No entanto, a maioria das empresas não começou a refletir de maneira sistemática sobre como são uma parte efetiva do problema. Isso significa que a atual maquiagem social não-sustentável da sociedade moderna contém o potencial para um despertar à moda do Big Bang — assim como Rachel Carson despertou a consciência da não-sustentabilidade ecológica pela primeira vez. E não só isso. A sustentabilidade social pode ser o veículo para um novo amanhecer da urgência que pode colocar em foco toda a perspectiva da sustentabilidade. Na verdade, é até mesmo difícil perceber uma mudança cultural bem-sucedida construída a partir de opiniões de uma sociedade sustentável ecologicamente atraente, sem uma visão mais profunda e sistemática também sobre a sustentabilidade social.

O protesto contra a Organização Mundial do Comércio (OMC) em Seattle, no outono de 1999, é um exemplo do despertar de uma consciência social mais eficaz no cenário mundial. Quando fui convidado para o Fórum Econômico Mundial do ano 2000, percebi as evidências marcantes de que a responsabilidade social está ganhando força.

Fórum Econômico Mundial 2000

Nunca havia participado de um Fórum Econômico Mundial em Davos. Depois de receber o convite, fui procurado por tantas pessoas que fiquei nervoso antes de sair da Suécia. Muitas pessoas acreditam que as reuniões anuais de Davos são decisivas e importantes, como testemunhado pelos chefes de Estado convidados, políticos e presidentes de empresas. Outros dizem que é um colóquio para os ricos e não relevante para a maior parte do mundo.

Independentemente do que se possa pensar sobre o Fórum Econômico Mundial, as suas possibilidades organizacionais são impressionantes. Naquele ano, foram convidadas 2.000 pessoas à Central do Congresso de Davos. Cerca de duzentas delas eram diferentes tipos de especialistas, enquanto o resto era composto de líderes executivos de empresas e da política. Durante os seminários, permitiu-se apenas cinco minutos de palestra a cada um dos especialistas do painel. O resto do tempo era gasto em responder a perguntas da platéia. As discussões nos corredores e nos cafés entre as sessões eram igualmente tão importantes quanto as sessões de perguntas e respostas com a platéia.

Para permitir a interação em redes depois dos encontros, a Central do Congresso inteiro, incluindo os hotéis de Davos, era equipada com numerosos computadores. Usando o crachá pessoal do congresso, que todos os participantes usavam ao redor do pescoço, a qualquer hora era possível abrir um computador e responder a um *e-mail* de delegados que gostariam de se encontrar com você, conferir o horário de acordo com a agenda oficial e imprimir o texto na impressora ao lado. Todos os participantes pareciam obedecer o propósito principal: conhecer os outros chefes executivos de uma forma não baseada nas agendas predeterminadas. Isso criou uma atitude surpreendentemente receptiva, criativa e relaxada.

Os seminários versavam sobre tudo, desde a "teoria da corda" da física — um esforço para criar uma teoria mundial unindo as disciplinas exatas clássicas em uma visão de mundo de valor geral para explicar a realidade — até o desenvolvimento comercial estratégico. Guardei muitas impressões e pensamentos da minha experiência em Davos, mas vou me restringir a apenas dois que exemplificam as diferenças de consciência sobre a não-sustentabilidade ecológica e social.

O EFEITO ESTUFA

Uma surpresa positiva foi que o conhecimento científico sobre as mudanças climáticas globais parece finalmente ter chegado até os líderes executivos encarregados de tomar as decisões. O assunto foi comentado inúmeras vezes e não vi uma única tentativa de varrer a questão para debaixo do tapete. Um questionário respondido pelos delegados mostrou que uma maioria era claramente de opinião de que o efeito estufa merece medidas políticas mais fortes. A atitude nebulosa que caracterizara as discussões sobre o efeito estufa entre os meios de comunicação de massa durante os últimos anos não estava presente. A mensagem geral era que devemos cortar o consumo mundial de combustíveis fósseis muito mais do que a metade dentro de algumas décadas para evitar riscos cada vez maiores. O que, é claro, significa até maiores reduções na parte industrializada do mundo. Isso confirmava, na prática, as impressões que eu tinha coletado com John Holmberg e Christian Azar durante o nosso estudo da literatura sobre a indústria e a energia sustentável comentado neste capítulo.

Durante um dos seminários, o líder internacional do Greenpeace, Tilo Bode, e o presidente da Shell, Mark Mudy Stewart, chegaram a um consenso sobre a necessidade de reduções significativas na combustão de combustíveis fósseis. Eles também chegaram a um consenso de que o caminho para o sucesso baseia-se na aceleração da transição para outros combustíveis, e que a única maneira economicamente possível é pela redução geral do uso de combustíveis — quer dizer, por vários meios de melhorar a eficiência dos recursos.

INJUSTIÇA SOCIAL MUNDIAL

A experiência decepcionante foi que a palavra "Mundial", na expressão "Fórum Econômico Mundial", parecia não se aplicar. Muito pouco foi dito sobre as regiões pobres do mundo. Poucas pessoas dos países em desenvolvimento foram representadas na reunião. Também houve protestos contra essa situação. Na rua abaixo do Salão do Congresso, ativistas esmurravam as janelas do McDonald's local. O presidente Clinton exemplificou uma exceção positiva, e poderia refletir o início do amanhecer a que eu me referia. Na sua avaliação, ele gastou um tempo considerável falando sobre as lacunas cada vez maiores no mundo e advertiu que seria um grande erro não levar a sério as atividades de protesto desse tipo.

De acordo com Clinton, a reunião de Davos deveria esboçar situações futuras melhores em que as lacunas houvessem sido sanadas e depois criados programas de transição para nos levar até lá (*backcasting*). A honestidade dos políticos quando se tratava de modelar esse tipo de visão era, de acordo com Clinton, limitada. Em outras palavras, Clinton pedia ajuda.

Talvez possamos esperar que mais políticos percebam que as lacunas cada vez maiores entre ricos e pobres é insustentável e uma ameaça a todos nós, considerando as tendências preocupantes existentes no momento:

- Cada vez mais pessoas investem no mercado de ações sem uma idéia clara se isso é benéfico para a sociedade. Cada vez maiores somas de dinheiro giram cada vez mais rapidamente. Os lucros a curto prazo geralmente não têm nenhuma ligação com o trabalho ou valor humano agregados;
- Estamos nos distanciando cada vez mais do significado do trabalho. Em resumo, dinheiro vem ganhando vida própria;
- Os líderes empresariais, quando indagados na televisão sobre as suas ambições, apressam-se a testemunhar que são "sérios" e confiáveis. Na terminologia da década de 1990, isso significa que só pensam em lucros e acionistas. Quase ninguém hoje em dia afirma que não tem ambições para si ou para a sua empresa além de ganhar dinheiro — nenhuma agenda para nenhum outro propósito. Quase sem percebermos, o dinheiro deixou de ser um meio de melhorar a sociedade para se tornar a meta em si mesmo — a única meta;
- O dinheiro é destinado aos setores da sociedade onde as oportunidades para o crescimento e o lucro são maiores. Ao mesmo tempo, as escolas e o atendimento médico são privados de recursos. Quem espera que o ensino de crianças e o tratamento de pacientes venham crescer na competição com a Internet? Mas não são a educação infantil e o cuidado com os enfermos e os idosos os principais indicadores de uma cultura desenvolvida?

Se, desde tempos imemoriais, as culturas foram unidas "vivendo histórias com significado", então qual é a história do nosso tempo? Que todo mundo deve cuidar de si mesmo? Que o crescimento econômico é a maré que cedo ou tarde atingirá todos os barcos? Vivemos em um mundo em que podemos telefonar a qualquer um em qualquer lugar em alguns segundos. Então é razoável imaginar um mundo rico e feliz — cercado por dentro e rodeado por mais pessoas famintas que o atual 1 bilhão existente no momento, que nem mesmo têm acesso a água potável segura ou alimento suficiente? É até mesmo teoricamente possível esperar que esse desenvolvimento aconteça?

A questão agora não é apenas moral; é também um problema de bom senso. Hoje em dia, a parte rica do mundo parece estar mais preocupada com o consumo do que em visões globais de valor. Se essa tendência continuar, deixaremos de desenvolver os recursos e as instituições necessárias para a inclusão dos países em desenvolvimento na prosperidade expressiva e segura. Será possível que só a parte pobre do mundo será afetada se falharmos?

O funil do TNS denota que o espaço para manobra está diminuindo por causa da não-sustentabilidade. Os graus de liberdade estão diminuindo sistematicamente em razão da produtividade reduzida nos ecossistemas, enquanto as exigências dos sistemas vivos aumenta. Não é difícil imaginar como as paredes desse funil limitarão as empresas que são basicamente responsáveis por criar o estreitamento: impostos verdes, custo de administração dos resíduos, custos de seguro, responsabilidades aumentadas e assim por diante. Mas como são as questões sociais partes do funil e como as atividades sociais não-sustentáveis afetarão cada empresa? É fácil prever uma série de eventos que poderiam se suceder em cascata em efeitos de segunda e terceira ordem, criando ansiedade e tensão, enquanto a parte rica do mundo torna-se menos segura.

1. **Ansiedade e tensão (alguns exemplos):** Perda de cultura e alienação, como ilustrado pela pichação nos vagões do metrô: "Você destrói o nosso futuro, nós destruímos o seu presente." As crianças já começaram a se matar umas às outras. O dinheiro é um mau substituto de uma cultura viva. Certamente há uma razão para começar a ver uma ligação?

   Violamos a nossa consciência e sentido do ego, uma vez que estamos violando a Regra de Ouro: "Não faça aos outros o que não quer que lhe façam." Por exemplo, estamos usando mais combustíveis fósseis *per capita* do que gostaríamos que os chineses usassem, e compramos recursos dos países pobres a preços tão baixos que os custos sociais não são pagos. Muitas pessoas sentem uma intranqüilidade crescente e provavelmente fariam alguma coisa se soubessem o que fazer.

   Os custos — por exemplo, das Nações Unidas — de lidar com os conflitos sobre a água, com pequenas erupções de violência, com refugiados ecológicos e com catástrofes de escassez de alimentos vêm crescendo ano a ano.

   Muitas conseqüências ambientais da pobreza já estão atingindo o mundo rico indiretamente. Exemplos são o desmatamento que contribui para cerca de 20 por cento do efeito estufa, a perda da diversidade biológica e portanto dos recursos futuros, alimentos poluídos que importamos dos países em desenvolvimento, e assim por diante.

   As preocupações já começaram a influenciar "o mercado": empresas foram estigmatizadas por causa do seu comportamento opressivo em escala mundial. A exploração pela Shell das pessoas pobres na Nigéria, por exemplo, é apenas um caso que custou uma fortuna àquela empresa.

2. **As mudanças de mercado.** Essas preocupações, que, é claro, têm muito mais implicações que as discutidas aqui, estão canalizando mais dinheiro por novos caminhos no mercado. Alguns exemplos são:

   Na reunião de Davos em 2000, informou-se que 13 por cento dos fundos americanos foram investidos eticamente. Embora não haja muita dis-

PENSAR E REALIZAR PROJETOS QUE BUSCAM UM FUTURO SUSTENTÁVEL.
ESSE É O NOSSO TRABALHO PELA VIDA.

Toda vida tem direito a ela.
Toda vida tem o direito de expressar a sua própria natureza.
Toda vida tem direito a um futuro.

Para a construção desse futuro precisamos dar passos para um novo caminhar, um modelo de desenvolvimento que seja sustentável: economicamente viável, socialmente justo, ecologicamente correto.

O Instituto Ecofuturo nasce com a missão de pensar, realizar e promover a articulação entre pessoas, empresas e comunidades envolvidos com projetos que façam a conciliação entre o crescimento econômico e o crescimento da qualidade de todas as vidas.

O impacto ambiental gerado pelo lixo urbano dá o tom da urgência por caminhos de reconciliação nos centros urbanos, onde, habitantes das ruas transitam levando em suas carroças o meio para mudar a paisagem de degradação e exclusão.

A indústria da reciclagem e as cooperativas de catadores de material reciclável representam um meio possível para a prática do desenvolvimento sustentável, razão que levou o Ecofuturo, em 2001, a apoiar o Movimento de Catadores, visando capacitar cooperativas para promover sua autosustentabilidade, ajudando indivíduos a se tornarem protagonistas de suas vidas e de um futuro melhor.

No lançamento de um papel 100% reciclado, o Reciclato da Suzano, surge a oportunidade. Uma parceria com a Coopamare, cooperativa criada há 10 anos, dá início aó movimento. 2% da renda obtida com a venda do Reciclato viabiliza recursos para que o Ecofuturo ajude a melhorar a vida das pessoas e a paisagem da cidade.

A vida que a gente quer depende do que a gente faz.

www.ecofuturo.org.br

cussão ainda, isso significa que o dinheiro está sendo retirado de um setor, indústria ou empresa e sendo aplicado em outro. Não será provável essa tendência continuar enquanto as paredes do funil continuarem a se fechar?

Determinados fundos privados são alocados diretamente para certos projetos em países em desenvolvimento — por exemplo, para programas de vacinação para os pobres.

Algumas empresas começaram a lançar projetos em regiões pobres dos países em desenvolvimento. A Shell, por exemplo, começou recentemente a instalar células fotovoltaicas solares em distritos municipais sul-africanos que usam os chamados cartões inteligentes, custando aos moradores não mais que o valor de um mês de querosene.

3. **Medidas políticas.** Quanto mais temos desses bons exemplos, mais fácil será para os políticos proativos começarem a agir. Isso provavelmente é o que Clinton quis dizer quando pediu ajuda em Davos. Em uma democracia, os políticos têm dificuldade de assumir a liderança para estabelecer metas no início de uma mudança de paradigma. Por exemplo, os políticos não podem implementar impostos pesados sobre os combustíveis fósseis enquanto os combustíveis alternativos não estiverem disponíveis no mercado. Uma política de mudança geralmente começa como um diálogo entre pessoas proativas e empresas proativas. Novos meios políticos, novas leis, dinheiro para projetos para o bem-estar e instituições para a justiça social só serão possíveis de implementar quando houver um "mercado" político crescente para isso. Então os bons ciclos conduzirão o desenvolvimento muito mais rapidamente; exemplos melhores aparecerão, e então será até mais fácil acelerar o desenvolvimento político.

Para as empresas e instituições que hoje tentam se esconder por trás da idéia de que estão distantes dos despossuídos, e que não há nada a ser feito de qualquer maneira, há o risco crescente de que essa maneira de pensar será um tiro pela culatra. Para aqueles que querem manter um muro entre pobres e ricos, poderíamos indicar outro muro na nossa história: o Muro de Berlim. A derrubada dele ocorreu tão depressa que os seus defensores mal puderam se dar conta disso.

Também fui convidado ao seguinte encontro de Davos em 2001. Foi interessante notar que, embora o evento desse ano também tenha sido fortemente criticado por não considerar seriamente bastante os problemas dos países em desenvolvimento, o tema de todo o encontro foi "Cruzando a Linha Divisória". Clinton abrira o caminho com o seu excelente discurso no ano anterior. A maior parte da crítica em 2001 recaiu sobre as fortes rotinas de segurança e a exclusão forçada de vários críticos mais atuantes que foram impedidos de ao menos se aproximar de Davos — eles foram detidos e mandados de volta pelas estreitas estradas alpinas. Mas é talvez inevitável que a transição das reuniões de Davos deva acontecer a um ritmo lento o bastante: caso contrário, as próprias pessoas que precisariam ouvir as críticas talvez não retornem lá.

A mudança cultural acabará acontecendo, fomentada pela única "história viva de significado" em que posso pensar neste momento — a visão de uma sedutora sociedade sustentável, como apresentada no livro de Karl-Erik Eriksson, *Taking Care of the Planet Culture*. O melhor que posso entender, não é nem mesmo possível que a sustentabilidade ecológica seja deixada de fora. É a minha esperança que tenhamos apenas visto o seu alvorecer, e que a relativa falta de consciência social do movimento verde — o que se aplica a The Natural Step também — é a razão por que tivemos de esperar tanto tempo.

Hoje, The Natural Step se concentra totalmente em duas coisas:

1. Desenvolver os instrumentos para a Arena 2. Como podem o ISO 14001, os Fatores 4 e 10, a Análise do Ciclo de Vida, os Indicadores, os modelos de concepção de produto e os manuais de compras serem definidos e projetados para ajudar as empresas a monitorar os seus progressos de acordo com as Condições Sistêmicas?
2. Líderes formadores de opinião que queiram orientar-se para a sustentabilidade ecológica e social. Clinton indicou o caminho em Davos — tudo depende da liderança e grande parte depende do que acontece nas empresas. A dimensão social da sustentabilidade terá que fomentar essa parte dos interesses do TNS. Com essa finalidade, começamos a estudar a quarta Condição Sistêmica de maneira sistemática.

Afinal de contas, há um contexto maior para a liderança — a arena mundial.

A Liderança Oculta

Este livro é dirigido aos líderes ocultos da atualidade. Não se preocupe, você não precisa se reconhecer como líder — essa é uma das coisas que quero dizer quando me refiro ao aspecto "oculto" desses líderes. E se você for um líder reconhecido, ainda pode ser "oculto". O motivo é que os líderes atualmente reconhecidos geralmente são identificados pela liderança em sintonia com o velho paradigma, ao passo que a liderança voltada para o futuro continua sendo não reconhecida. Portanto, até mesmo alguns dos nossos líderes mais notórios são "ocultos", nesse sentido.

Treze anos atrás, na minha Suécia natal, fundei The Natural Step (TNS). Neste último capítulo, quero apresentar uma visão do contexto político mais amplo no qual o TNS se desenvolveu. Esse contexto inclui as empresas, a política e os meios de comunicação de massa em um mundo de grandes ameaças e desafios, e o aparecimento de uma nova e esperançosa liderança.

Apresento aqui um ponto de vista pessoal, que portanto limita-se a ser europeu, além de especificamente sueco. E não se trata só disso. Esse ponto de vista é da política, uma arena em que sou um verdadeiro amador. No entanto, estou consciente disso e temo que a minha perspectiva nem sempre seja pertinente, em especial para outras culturas do mundo, como a dos Estados Unidos. Mas acredito que muitas das hipóteses subjacentes possam fazer algum sentido e talvez despertar algum reconhecimento nas pessoas que são mais bem-informadas nessas áreas do que eu. Independentemente disso, este livro é um testemunho pessoal, e os meus pontos fracos também fazem parte do processo.

Acredito que estamos no limiar de uma mudança de paradigma e o que fazem e dizem os líderes desse novo paradigma — aqueles que estão invisíveis nas linhas de frente da atualidade — logo será considerado como a opinião corrente. A nova visibilidade desses líderes será como a queda do primeiro dominó que levará os outros a caírem um por um sucessivamente. As atitudes dos partidos políticos ocidentais tradicionais em relação à sustentabilidade serão outro dominó, assim como também o serão as instituições que estiverem obsoletas quanto à proteção dos oceanos, da atmosfera, dos ecossistemas e da igualdade social em escala mundial.

Políticas de um Mundo em Mudança

Durante a década de 1990, tomamos um novo caminho político na Europa, no qual continuamos atualmente. A visão do antigo paradigma — felicidade como um resultado automático do crescimento econômico em uma economia de mercado — já parecia incerta. Os custos do crescimento econômico não tinham sido considerados: a deterioração contínua de muitos valores ecológicos e sociais. O sistema contabilístico que usa o PIB é, nas palavras de Paul Hawken, como ter uma calculadora eletrônica de bolso com só o sinal de "mais". A incapacidade política de responder pelos custos imensuráveis e lidar com eles levou às tensões contra as quais estamos lutando atualmente. Ao mesmo tempo, acostumamo-nos cada vez mais com o fato de que as questões ecológicas e os problemas sociais seriam controlados em um estilo do tipo ataque e defesa. Nessa batalha, os partidos de esquerda (talvez os liberais, nos Estados Unidos) se apossaram das questões ecológicas e sociais e as patentearam como sendo deles. E até hoje parecem ter sido mais ou menos bem-sucedidos. Os partidos direitistas (talvez os conservadores, nos Estados Unidos), em conseqüência, adotaram uma posição defensiva muito destrutiva.

No entanto, mesmo que o sucesso relativo das políticas de esquerda seja evidente, é igualmente evidente que o público tem pouca confiança de que esses governos realmente possam resolver os seus problemas. A maioria de nós está consciente de que a deterioração ecológica continua e vê que as tensões sociais e o crime resultante da lacuna entre ricos e pobres continuam aumentando. Em conseqüência disso, cada vez mais pessoas perdem a confiança no processo político. Muitas começaram também a perder a confiança nas empresas, na religião, na ciência.

Equilíbrio entre Esquerda e Direita

Portanto, deveríamos aderir à direita ou à esquerda na política, ou essas tradicionais posições políticas estão fora da realidade? Ou será que deveríamos mudar a nossa estratégia e encontrar maneiras de apoiar a liberdade de cada um de pensar e agir independentemente das velhas ideologias políticas? Algumas pessoas acreditam que uma tensão entre essas três alternativas reflete uma controvérsia verdadeira e que uma das alternativas acabará se impondo.

e tornando as outras obsoletas. No entanto, acredito que essa seja uma controvérsia falsa. É o equilíbrio entre esquerda e direita que é o principal requisito para a liberdade.

Muitas pessoas têm notado que são os políticos com inclinação de esquerda — os "vermelhos" — que continuam lançando programas em apoio às questões ecológicas e sociais. Uma vez que esses problemas são altamente conceituados entre o público atual, considerando os problemas globais que estamos enfrentando, isso tem levado a uma mudança muito nítida da direita para a esquerda na arena política. No ano 2000, quase toda a Europa foi governada pelo que o dirigente direitista sueco Carl Bildt chamou de "bagunça verde-rubra" — os governos de coalizão entre os "verdes" e os social-democratas.

Como pôde a direita permitir que a esquerda roubasse a cena nas questões da sobrevivência ecológica e social? Teria sido muito mais construtivo se todos os partidos tivessem tomado iniciativas fortes nessas áreas. As diferenças de valores entre a esquerda e a direita poderiam então ter engendrado metodologias e estratégias diferentes para se chegar a um mundo social e ecologicamente mais sedutor. Hoje, o debate é sobre se existe ou não um problema, e, considerando que a direita afirma que não existe, ela continuará perdendo. E o seu poder de competição com os programas da esquerda para tratar das questões da sobrevivência continuará sendo fraco. Assim todos perdemos.

Como nas questões sociais e ecológicas, na política a direita assumiu uma atitude defensiva, com um resultado muito desnecessário e destrutivo para a democracia. As pessoas que acreditam que as questões da sustentabilidade social e ecológica são os assuntos mais importantes hoje em dia sentem-se forçadas a guinar à esquerda, porque acham difícil votar de outra maneira — independentemente de que assuntos dependa o equilíbrio entre direita e esquerda no campo político.

Ideologicamente, não há explicação para esse fenômeno. Que os direitistas sejam ignorantes quanto à natureza ou indiferentes ao seu sacrifício no altar de Mamona é impossível entender. Não há nada entre os valores conservadores que pregue em favor de poluir e desperdiçar o nosso hábitat. Muito ao contrário: com freqüência foram as forças mais conservadoras que iniciaram diversas organizações para a preservação da natureza. A explicação pode bem ser encontrada na perspectiva histórico-industrial ocidental.

O Dilema dos Presidiários

Em várias décadas sucessivas (quase um século) o industrialismo e a livre-empresa colheram um grande sucesso. A subseqüente deterioração do meio ambiente representa um problema que o movimento verde muitas vezes chama de "o dilema dos presidiários" (veja o Capítulo 1). Desde os tempos antigos, a humanidade tem encontrado esse problema toda vez que a economia se expandiu, por exemplo, quando a pressão sobre as terras de pasto cresceu além da sua capacidade de carga. O agricultor, por seu turno, diz: "Por quê eu deveria reduzir o número de animais do meu rebanho, se nada me garante que os meus vizinhos farão o mesmo?" Se não existissem instituições públicas fortes o bastante para obrigar o cumprimento das leis, o meio ambiente seria destruído e as pessoas teriam de deixar as terras. O que há de diferente hoje é que desta vez o "meio ambiente" é a biosfera inteira, e não existe outro lugar para ir.

Em uma tentativa de atrair alguma iniciativa, os políticos da direita muitas vezes afirmam que a propriedade particular é a melhor garantia para salvaguardar o meio ambiente: "Você protege o que é o seu." Mas quem é o dono da camada de ozônio? Uma vez que os domínios de sustentação da vida da biosfera estão em risco, e uma vez que só os partidos da esquerda assumem o problema como uma prioridade máxima na sua agenda, parece inevitável mantermos a "bagunça verde-rubra".

Historicamente, o industrialismo evoluiu a partir de uma fase de profunda pobreza. Ele se desenvolveu como um poder forte e dinâmico e deu segurança para a sustentação da nossa vida (em sueco, "negócio" se chama *näringslivet* — significando "nutrição para a vida"). Mas agora o industrialismo parece ter alcançado a sua fase senil — o "consumismo" ou "economismo". Nesta fase, parece termo-nos esquecido do que é importante. Não importa como chamemos esta fase senil, ela está ameaçando os valores que antes pretendia proteger.

Serão os novos desafios na nossa época de afluência e biosfera ameaçada tão fundamentalmente diferentes que precisamos de opiniões, instituições e tradições fundamentalmente diferentes? Podemos não saber a resposta ainda, mas com certeza deve ser possível imaginar um mundo abastado, onde toda a cultura seja feita sob medida para gerar melhores condições para a qualidade de vida e segurança, em uma perspectiva suficientemente grande, geograficamente e a tempo. Se podemos fazer isso ou não, parece-me que há três pré-requisitos para encontrar essa visão e começar a lutar por ela.

O primeiro pré-requisito é que podemos ser capazes de manter a democracia e restabelecer o equilíbrio necessário entre direita e esquerda. Democracia devia ser um verbo, em vez de um substantivo. Encará-la como um substantivo leva-nos a considerá-la como algo que podemos "ter", e que podemos relaxar uma vez que a temos. O equilíbrio da democracia devia antes ser um verbo — algo que fazemos e devemos continuar fazendo e protegendo, se quisermos mantê-lo.

O primeiro sinal de deterioração da democracia é algo que o escritor sueco Lars Gyllensten chama de democracia "manipuladora" em vez de "participativa", quando as decisões são tomadas sem o conhecimento das pessoas ou à sua revelia. Se o público, ou os pesquisadores, assumem uma posição contra aqueles que tomam as decisões, o público "tem a possibilidade de corrigir os seus pontos de vista" na próxima eleição ou pesquisa. A maioria das pessoas na Europa experimentou esse tipo de tomada de decisão, quando grandes construções de infra-estrutura ameaçam bens naturais. Na Suécia, vimos recentemente sinais até mais assustadores: dois economistas nacionais, aparentemente de modo independente um do outro, e com a cobertura dos maiores jornais, sugeriram que deveríamos limitar as leis da democracia (num momento em que mais precisamos delas). Seria para elas serem mudadas por diversos especialistas e determinadas corporações empresariais, que poderiam projetar a sociedade para nós — porque de outro modo os especialistas e as empresas poderiam nos deixar e mudar-se para o exterior levando consigo todos os seus bens.

O segundo pré-requisito é que temos sido bem-sucedidos em descobrir ou encontrar novas tradições e instituições. O equilíbrio entre direita e esquerda não é suficiente como uma idéia, mas deve ser posto em prática pelas instituições e tradições que são pertinentes para os problemas em questão. A maioria das pessoas proativas, também nas empresas, acreditam que precisamos de novas leis que sejam mais adequadas à nova situação que estamos vivendo. Por exemplo, a nossa liberdade de escolha acha-se ameaçada por um cinismo que não é tão incomum assim em determinadas grandes empresas e organizações transnacionais, cujos valores contrariam as convicções morais da maioria das pessoas. Às vezes, as instituições, constituídas de uma maneira vaga e obscura, são os proprietários. Assim, não há nenhuma responsabilidade geográfica e social, e ninguém em particular a culpar quando as coisas saem erradas — coisas como destruição do meio ambiente, desperdício voraz da natureza e demolição social. O economista americano e escritor David Korten tem mencionado o problema durante anos e tem até mesmo questionado se a empresa pública que apenas visa o lucro deve poder ter algum lugar no futuro. Talvez pareça ser um ponto de vista radical, mas a atitude certa não pode ser negar o problema, ou exigir de David Korten, ou de quem quer que seja, que defina exatamente o que deveríamos ter em seu lugar. Se ao menos pudéssemos concordar que temos um problema, então poderíamos estudá-los em conjunto.

Muitas empresas transnacionais realmente têm tanto poder e o usam de uma maneira tão destrutiva que podem ser consideradas como uma ameaça ao bem-estar comum. No entanto, não acredito que seria uma solução proibir a sua existência em um processo democrático. Numerosas empresas transnacionais grandes e fortes, por outro lado, nos dão um pouco de esperança. Elas se beneficiaram por adotar uma clara posição social e ecológica, e o próprio tamanho dessas empresas tem contribuído para disseminar esse bom exemplo em escala mundial. No entanto, novamente a minha posição é de que empresas não são pessoas a quem você possa dizer "olá" e a quem possa amar ou odiar. Elas são constituídas por pessoas, e alguns dos funcionários de empresas como a Interface, a Electrolux, o IKEA e a Shell lançam projetos todos os dias guiados por opiniões sedutoras e que usam o poder da sua organização para fazê-lo.

Igualmente, a maioria de nós também percebeu que ser uma grande corporação não garante o sucesso. O empresário sueco Lars Bern, no livro *Sustainable Leadership,* analisou detalhadamente a vulnerabilidade das empresas transnacionais. Elas também têm um calcanhar-de-aquiles. Durante as últimas décadas, entramos em uma economia de marcas registradas em que quase todos os ativos de uma empresa estão na sua marca registrada e relativamente muito pouco está aplicado em bens imóveis. Isso as torna vulneráveis, uma vez que uma marca registrada pode ser facilmente ligada a imagens de moralidade discutível. Quando as pessoas no mercado exercitam o poder que obtêm disso, as empresas podem sofrer perdas financeiras consideráveis. Temos testemunhado numerosos exemplos desse tipo de estigmatização no mercado que custaram bilhões a corporações empresariais por causa de más intenções. E vimos outros exemplos de empresas que mudam a situação para desempenhar um papel mais construtivo. Algumas grandes empresas petrolíferas tiveram a sua reputação prejudicada, com conseqüentes perdas na cotação das suas ações, como resultado de eventos tais como enormes derramamentos de petróleo, pagamentos em dinheiro para fazer pressão contra ações políticas efetivas em favor da sustentabilidade, violações de padrões ambientais e éticos em países em desenvolvimento e assim por diante. Mas hoje em dia algumas dessas mesmas grandes empresas investem bilhões em células fotovoltaicas, retiram-se de grupos contra mudanças climáticas e fazem declarações positivas a favor de impostos verdes sobre os combustíveis fósseis.

A nossa esperança, é claro, é de que tais episódios tornem-se a norma cultural corrente. Há muitos poderes que tentam canalizar o trabalho positivo em várias redes e instituições para fazê-lo acontecer com maior rapidez e alcance. Associações de consumidores de vários tipos, ONGs ecológicas e sociais, fundos de recursos éticos, contratos e acordos de negócios internacionais, bancos e empresas de seguros com valores essenciais éticos — há muitos exemplos, que parecem aumentar numericamente e em poder de influência a cada momento. Se a direita assumir o desafio de apoiar essas instituições em concorrência com a esquerda, poderá restabelecer um equilíbrio significativo entre esquerda e direita, autorizando as empresas transnacionais a ser um meio para as pessoas, não o contrário.

O terceiro pré-requisito, e o mais difícil, é encontrar uma "história de significado" para substituir o sentimento de vazio que tantas pessoas trazem dentro de si atualmente. Sem isso, é difícil imaginar uma revitalização da democracia ou o crescimento de instituições de verdade. Por outro lado, se encontrarmos essa visão, é provável que os outros dois pré-requisitos se desenvolvam sozinhos.

O meu amigo, o físico teórico sueco Karl-Erik Eriksson, costuma falar sobre a necessidade de uma "cultura mundial para cuidar do planeta". Ela seria a base das novas culturas onde quer que precisemos delas e tomariam como referência algumas características comuns de todas as culturas essenciais e duradouras da história. Para ser bem-sucedida, ela deveria ao mesmo tempo dar espaço aos nossos verdadeiros valores modernos e estar aberta às diferenças locais, regionais e nacionais.

Mas encontrar um mito significativo, uma "história do que realmente importa", que se ajustasse a uma sociedade moderna, não é fácil. Provavelmente nem é mesmo possível, uma vez que uma cultura não pode ser criada. Uma cultura tem de evoluir organicamente — até chegar a hora certa de acontecer e as pessoas quererem. Mas como poderia ser promovida a evolução de uma história dessa? Como pode uma história assim ser autêntica o bastante para conquistar o coração e a mente de pessoas modernas, na era da informática e das grandes cidades? É então que precisamos de líderes. Onde eles estão?

Os Grandes Desafios da Nossa Época

O mundo industrial ocidental deve fornecer a liderança para desenvolver técnicas sustentáveis e estilos de vida que possam ser aplicados em toda parte e mostrem que são compensadores mesmo a curto prazo. Se não, como poderemos ajudar os países em desenvolvimento? Será que realmente queremos que repitam os nossos erros? Ou preferiríamos desenvolver o novo paradigma juntamente com eles, aprendendo uns com os outros e buscando realizar idéias tão sedutoras que todos as almejaríamos? Por muitas centenas de anos, o desenvolvimento econômico de europeus/americanos prejudicou e às vezes até mesmo destruiu muitas culturas em todo o mundo. Agora está na hora de fazermos o melhor possível para pagar uma parte dessa dívida. Os países pobres do Sul não podem tomar o caminho do desenvolvimento sustentável por si mesmos. Os seus problemas agudos (falta de fontes sustentáveis de água doce, de alimentos e de energia) dependem do mundo rico. Se não pudermos sair dessa juntos, afundaremos juntos — a biosfera não reconhece fronteiras.

Apesar de todas as evidências claras do que está por trás dos problemas atuais, o debate sobre a sustentabilidade e o que ela significa permanece obscuro. Brigar por detalhes e perguntas enganadoras — como, por exemplo, se o desenvolvimento sustentável é preferível ao crescimento econômico — desvia-nos da rota e nos faz esquecer que o desenvolvimento sustentável realmente é o que importa. E especialmente o que significará se falharmos. O problema é causado parcialmente pela confusão. No momento em que começamos a tirar conclusões lógicas sobre a necessidade de uma evolução humana que não dependa da energia atômica ou de quantidades cada vez maiores de concreto, uma multidão de antagonistas desinformados aparece de repente para negar os problemas. Pelo menos na Suécia.

A maioria das autoridades governamentais e todas as instituições profissionais que trabalham com as questões da sustentabilidade estão no mínimo de acordo sobre a natureza do problema. Os que fornecem argumentos enganosos e informações duvidosas foram marginalizados nos próprios campos. A influência negativa pode ser atribuída à relutância extrema da sociedade em mudar a si mesma. A sociedade é receptiva até mesmo à mais amadorística resistência. Contanto que a resistência seja forte o bastante apenas para impedir ligeiramente o ritmo da mudança, ela pode ser até construtiva e ajudar-nos a evitar erros. Em outras palavras, os problemas não são suficientes em si mesmos para dar impulso à mudança. Precisamos de experiência e visão.

A contínua e gradual deterioração das condições de sobrevivência da civilização pode ser deixada à porta dos nossos encarregados de tomar decisões, que ainda têm uma compreensão deficiente dos princípios fundamentais e portanto carecem de competência estratégica nos quatro campos que envolvem as grandes tarefas da nossa época. Esses quatro campos podem ser detectados facilmente por um simples enquadramento da sociedade atual pela lente das Condições Sistêmicas:

- Mudar os sistemas de geração de energia (Condições Sistêmicas 1 e 2);
- Promover a descontinuidade gradual do uso de certas substâncias químicas e metais que a natureza não pode assimilar (Condições Sistêmicas 1 e 2);
- Administrar os ecossistemas de apoio à vida de uma maneira sustentável — cursos de água doce, florestas, campos e regiões pesqueiras (Condição Sistêmica 3); e
- Recuperar as culturas prejudicadas e desestruturadas ao redor do mundo (Condição Sistêmica 4).

Acredito que o aspecto positivo no caso é que a quarta área — o problema de culturas desestruturadas — pode ser fundido às outras três áreas em uma tarefa global. A experiência demonstra que, quando as pessoas que se vêem diante de grandes desafios avançam em conjunto com uma visão comum, os outros problemas virtualmente se resolvem, e *vice-versa*. Se todo mundo estiver consciente dos grandes problemas sistêmicos da sociedade, então sem nenhuma preocupação com reformas fundamentais, industriais ou econômicas, a instabilidade social e política tenderá a aumentar. O sentimento geral de vazio e apatia em face da acumulação dos problemas globais poderá muito bem se revelar como uma das preocupações mais significativas da nossa época.

Simplesmente "livrar-se dos nossos problemas" não pode servir como uma visão sensata. O desenvolvimento responsável, conforme observado pelo diretor sistêmico do TNS americano, o pensador Peter Senge, é como uma tira de borracha esticada entre a realidade atual de um lado e os sonhos sedutores e utópicos do outro. A tensão não pode ser mantida para sempre e há apenas duas opções: ou desistir dos sonhos e voltar para a velha e cansada labuta, ou lutar obstinadamente pelas nossas visões o tempo suficiente para que a outra extremidade da tira de borracha comece a se mover. É então que os líderes devem entrar em cena, porque é trabalho deles ver, interpretar e comunicar as visões, e ser obstinadamente persistentes ao fazê-lo.

Onde Estão os Líderes?

Portanto, onde estão os líderes? Parece-me que há bons líderes em toda parte, e que o número deles está crescendo! O problema não é que não existam, mas que os seus bons exemplos ainda não puderam tornar-se a norma. Se eles são vistos, são considerados como sonhadores irrealistas, a quem podemos ou não admirar. Apesar de toda a retórica exaustivamente baseada em fatos, a nossa cultura atual ainda avalia tudo de acordo com as leis da velha ordem. É verdade que se ouvem palavras encorajadoras de vez em quando. Mas quando é tomada a maioria das decisões da sociedade, e quando vemos as notícias diárias na TV, continua tudo "na mesma". O que é diferente não é "realista". Será um dia?

Nessa fase inicial de transição, a verdadeira liderança é visível em grande parte no nível local. Ela se encontra em certas corporações empresariais ou municípios onde as pessoas são otimistas e engajadas. No caso delas, nem "livrar-se dos problemas" nem "aumentar o PIB" significam nada. Essas pessoas estão imaginando algo novo, e a visão delas é o motor da mudança. Elas anseiam por isso — é simples assim. E os líderes, assim como as visões, são tão confiáveis que a tira de borracha só pode perder a sua tensão quando todos se encaminharem na direção da visão. As pessoas estão unidas por uma identidade cultural comum que lhes confere a sensação de um significado.

À medida que a liderança invisível torna-se mais forte, a resposta do velho sistema fica cada vez mais irritada. Mas, de repente, alguns líderes da defesa do velho paradigma começam a mudar de lado. Eles percebem que está na hora de escutar e que está na hora não só de deixar passar mas de ajudar a dispensar o antigo paradigma. Há muitos exemplos de tais "heróis da retirada". Gorbachev é um deles. O escritor alemão Hans Magnus Enzensbergers escreveu uma tese meticulosa e profunda sobre o fenômeno. Na Suécia, o primeiro-ministro Göran Persson inaugurou o seu mandato comentando sobre uma sociedade sedutora e ecologicamente sustentável como uma nova visão para a Suécia. E o ex-vice-presidente dos Estados Unidos, Al Gore, assumiu uma posição definida em relação a tais visões — um movimento corajoso nos primeiros dias da mudança, porque não há nenhuma garantia de que o pêndulo não irá balançar de volta novamente (como ele descobriu). E, realmente, o primeiro-ministro sueco também foi objeto de uma boa quantidade de ridículo por parte de várias pessoas que defendiam posições enraizadas na velha ordem, tanto da esquerda quanto da direita. Acredito que a mudança de paradigma não estará completa enquanto não for reconhecida pelos meios de comunicação de massa como a nova norma.

O Papel dos Meios de Comunicação de Massa

Na nossa sociedade industrial, a distância entre as pessoas está paradoxalmente mais larga do que nunca. Podemos não pensar assim, quando nos sentamos à frente da televisão e ficamos sabendo sobre a vida privada do presidente Clinton. Mas geralmente sabemos muito menos sobre os nossos vizinhos. Raramente nos encontramos com as pessoas, pelo menos no que diz respeito a compartilhar os nossos pensamentos sobre valores e desejos ou sobre a forma de um mundo novo e melhor. Essas questões são tratadas nas novelas e por líderes políticos que permitimos invadir a nossa casa através da televisão depois de outro dia duro de trabalho. Por causa disso, muitos sentimentos intuitivos que talvez todos compartilhamos geralmente nunca são aceitos. Portanto, não teremos uma nova cultura enquanto ela não for reconhecida pelos meios de comunicação de massa, porque só então poderemos confiar que os outros a reconhecem também.

Acho que posso falar pela maioria de nós quando digo que realmente não confiamos em nenhum desses substitutos — novelas e políticos espelhados na televisão — para ter uma participação ativa na criação da nossa cultura. A razão é simples: podemos nos divertir, mas realmente não sentimos que somos representados. É como se tudo o que vemos na televisão fosse retórico, enquanto a maioria de nós sente que existem erros básicos no sistema da sociedade que precisam de atenção mas que não são avaliados. O problema é que ficamos lá sentados, pensando, mas não costumamos comentar a respeito. Não sentamos mais ao redor do fogo com os outros integrantes da tribo. Dormimos na frente da televisão.

Apesar do que muitas pessoas acreditam, os meios de comunicação de massa são na verdade parte integrante do sistema, representando uma visão "de dentro", normalmente com uma postura condescendente e às vezes até mesmo ridícula em relação às novas idéias. Vamos considerar a transição da energia como um exemplo. Como se poderia esperar, a mídia de notícias diárias está vendo as etapas iniciais da mudança pelas velhas lentes e consideram os partidários e ativistas dos novos sistemas de geração de energia — moinhos de vento, bioenergia e células fotovoltaicas — como uma nova raça de excêntricos. Pelo menos isso é o que acontece na Suécia. Através das velhas lentes, parece que deve ser feita uma escolha rígida entre os combustíveis fósseis e a energia nuclear. No entanto, determinadas outras áreas nunca parecem ser alvo de interesse: questões como escalas de tempo, a disponibilidade e o potencial futuro de várias fontes alternativas de energia e como deveríamos ligar os sistemas de geração de energia do futuro com os sistemas de geração de energia que são utilizados hoje (veja o Capítulo 14). Na verdade, a mídia noticiosa convencional nem sequer apresenta uma reportagem sobre o desenvolvimento de novos sistemas de geração de energia que já estão disponíveis no mercado atualmente.

E ainda assim está claro que as coisas estão começando a mudar, no mínimo nas extremidades. Os jornalistas com coragem, habilidade e perspicácia estão publicando artigos em suplementos dominicais, nas páginas culturais, em algumas publicações científicas e na imprensa local. Ao contrário de muitas pessoas, eu não acredito que haja uma conspiração entre a mídia noticiosa e as pessoas no poder. A inércia da televisão e a grande imprensa tem outra explicação.

O aclamado sociólogo francês Pierre Bourdieu observou que uma comercialização crescente da mídia com um número cada vez maior de jornais e canais de televisão competitivos resultou paradoxalmente em um "idiotização" da cobertura jornalística. Todo aquele corre-corre frenético para dar as notícias antes do outro acaba criando uma grande insegurança. Os jornalistas, de tanto observar ansiosamente o que os outros publicam ou transmitem, para ver se combinam com o que eles mesmos publicam, acabam criando uma certa uniformidade. É por isso que vemos o mesmo material e as mesmas pessoas nos sofás comentando os mesmos assuntos, não importa a que canal assistimos ou que jornal lemos. A cobertura das notícias é adaptada ao que a mídia acredita que o público irá consumir. Usando os seus "óculos de jornalista", os profissionais da mídia sentem-se livres para procurar as histórias de rápida e fácil digestão ao mesmo tempo que muitas vezes permanecem míopes aos assuntos que requerem mais tempo e reflexão. A discussão da nova visão de mundo que está surgindo pertence obviamente a essa última categoria.

A vida privada do presidente Clinton, uma ministra sueca comprando uma barra de chocolate com o seu cartão de crédito oficial ou um cantor mundialmente famoso comentando algo de mau gosto sobre a namorada são exemplos de acontecimentos que são mais fáceis de entender que o fato de que células fotovoltaicas em dez por cento do deserto do Saara produziriam tanta eletricidade quanto a que o mundo inteiro gasta de energia, incluindo todas as fontes de energia. Da mesma maneira, eles são mais fáceis de digerir do que o fato de que as grandes empresas de petróleo estão investindo em células fotovoltaicas, estão comprando terras baratas no deserto para instalar essas células fotovoltaicas e estão fazendo declarações positivas sobre impostos verdes sobre o petróleo. Mas o que é mais sensacional?

O Papel das Empresas

De onde virá a nova cultura? Se não endossarmos a nova cultura enquanto os meios de comunicação de massa não o fizerem, então quem a apresentará à mídia? É aqui que penso que as empresas poderão encontrar o seu desafio na nossa época: proporcionar a nova comunidade. O mundo tornou-se tão globalizado que perdeu todas as dimensões humanas. E nós não sentamos mais com a tribo ao redor do fogo. Mas sentamos à mesa de café com os nossos colegas de trabalho, de modo que esse lugar é a nossa oportunidade para a mudança cultural, pelo menos no mundo industrializado.

A longo prazo, devemos encontrar meios de conseguir o tempo necessário para considerar e debater assuntos mais sutis, como o nosso futuro e o que realmente queremos da vida no nosso local de trabalho. E os locais de trabalho podem ser maravilhosos! É por isso que precisamos tornar visíveis os nossos líderes ocultos, acelerar o processo de tornar o novo paradigma — a "cultura de cuidar do planeta" — a norma.

Os meios de comunicação de massa resistirão a isso? Acho que não. Primeiro, não há nada de errado com o sensacional propriamente dito. Acredito que o nosso fascínio pelo sensacionalismo até tenha um valor para a sobrevivência. Se ouvimos um som enorme e alarmante, olhamos imediatamente naquela direção — mesmo que haja alguém tocando uma maravilhosa melodia ao violino na outra direção. Isso não significa que gostamos mais do som alarmante, só que precisamos prestar atenção primeiro às coisas alarmantes. Que necessariamente não gostemos mais do sensacionalismo que das histórias com um significado a longo prazo, é um desafio atraente para os jornalistas, é claro.

Portanto, a boa nova é que não precisamos deixar de nos interessar pelo sensacionalismo ou pelos escândalos. O crescimento do novo paradigma e o fato de que já temos alguns líderes que o estão pondo em operação podem ser bastante sensacionais. Apenas precisamos começar a considerar o crescimento da nova visão como a nova normalidade. E quando a realidade for refletida pelas lentes dos jornalistas considerando a nova visão como normal, podemos confiar que não é só no nosso local de trabalho que a mudança de paradigma aconteceu. Então o paradigma velho terá acabado.

Concluindo, o pessoal dos meios de comunicação de massa tem a sua própria tira de borracha. A visão deles poderia ser, é claro, desempenhar o seu papel como observadores e repórteres do Sistema e desempenhá-lo até a exaustão. Nesse sentido, uma tarefa seria revelar que o velho imperador está nu diante do novo paradigma. Certamente, essa deveria ser uma tarefa mais sedutora e quem sabe até mesmo mais sensacional que fazer a reportagem sobre o corte das roupas dele.

Apêndices

A AGRICULTURA DO PONTO DE VISTA CIENTÍFICO: UM DOCUMENTO DE CONSENSO ENTRE THE NATURAL STEP, A FEDERAÇÃO DOS AGRICULTORES SUECOS (LRF) E A FEDERAÇÃO DOS AGRICULTORES ECOLÓGICOS SUECOS (ARF) – (EXCERTO)[1]

Introdução e Definição de Objetivos

A iniciativa para este documento foi tomada por The Natural Step como uma maneira de produzir documentos de consenso com base no princípio ecocíclico. (Este princípio é explicado detalhadamente no documento.) Foram acrescentados outros documentos sobre energia, metais, trânsito, medidas políticas e o setor corporativo.

No âmbito do debate ambiental, as discordâncias costumam ser de tal maneira enfatizadas que as áreas em que possa haver acordo coletivo fiquem invisíveis. O objetivo deste documento como um todo, portanto, é criar uma base comum satisfatória aos representantes de todos os setores do conhecimento sobre as questões ambientais na agricultura. Usando o princípio ecocíclico (Condições Sistêmicas do TNS 1 a 3) como o nosso ponto de partida, consideramos um modelo analítico coletivo que enfatiza a perspectiva a longo prazo e não a de curto prazo.

Este documento apresenta uma essência de conhecimentos e idéias sobre a sobrevivência e a agricultura com a qual todos os colaboradores responsáveis estão de total acordo. O documento será o ponto de partida para o nosso trabalho constante para tornar a nossa sociedade mais sustentável e auxiliar a "abrir os nossos olhos" enquanto trabalhamos de várias maneiras para mudar os métodos empregados na agricultura.

LIMITES

Optamos por usar o princípio ecocíclico como ponto de partida para qualificar o papel a longo prazo da agricultura na sociedade sustentável. Muitas questões relacionadas, ainda que importantes em si mesmas, não foram consideradas no documento. Entre essas incluem-se ética animal, saúde, qualidade de produtos alimentícios, condições de trabalho e qualidade de vida dos agricultores, ética da paisagem, cuidado e manutenção de monumentos nacionais, engenharia genética, etc. Também não consideramos as perturbações reconhecidamente graves à agricultura causadas pela sociedade industrial por meio da poluição do ar e a iminente mudança climática. Finalmente, não avaliamos a deliberação política sobre (entre outras coisas) o ritmo da transição para o princípio ecocíclico e a questão de quem arcará com os custos a curto prazo.

Concentrar o nosso documento nas preocupações relacionadas com o princípio ecocíclico é algo semelhante a preocupar-se com os vazamentos no casco de um barco: sabemos que, a menos que os vazamentos sejam estancados, o tempo continuará correndo e os problemas correlatos não serão remediados de qualquer maneira. A nossa intenção é mostrar as conseqüências de não fazer nada e a direção em que devemos seguir.

Quanto mais atrasarmos a transição para uma sociedade sustentável, mais caro e doloroso o processo se tornará. Por exemplo, por quanto mais tempo as terras agrícolas e as florestas continuarem sendo esgotadas fisicamente e acidificadas, mais difícil será nos convertermos em uma sociedade baseada em fontes renováveis de energia. O princípio ecocíclico ajuda-nos a descrever, em base científica, três condições ecológicas para uma sociedade sustentável. Tentamos tirar destas últimas algumas conclusões gerais sobre a agricultura.

Muito trabalho ainda precisa ser feito quanto à questão de encontrar medidas específicas para as propriedades agrícolas: uma avaliação de toda a cadeia entre o produtor e o consumidor, processamento de esgotos, etc. Este documento deve ser encarado como o primeiro passo desse processo — isto é, demarcando as orientações para o desenvolvimento sustentável e o aprofundamento da nossa compreensão sobre o princípio ecocíclico aplicado à agricultura. A nossa esperança é que o documento ofereça uma perspectiva da maior importância necessária para o trabalho incessante de encontrar as soluções específicas. A menos que seja especificado o contrário, referimo-nos neste documento à agricultura e à sociedade suecas.

A SOCIEDADE ATUAL NÃO É SUSTENTÁVEL

Os danos causados ao meio ambiente estão ameaçando arrebatar as próprias condições necessárias à manutenção da prosperidade e da saúde humanas. Um pouco mais a longo prazo, todas as formas superiores de vida na Terra estão ameaçadas. Consumimos recursos finitos como petróleo, carvão, urânio, fosfato, metais e cascalho a uma taxa que limita significativamente as escolhas disponíveis às gerações vindouras. Os subprodutos e o lixo resultantes da fabricação e do consumo são levados a depósitos de lixo ou subsistem aos trabalhos de tratamento de esgotos. Estaremos nos enganando se pensarmos que assim esses detritos "acabaram", pois nada verdadeiramente pode desaparecer. Até mesmo quando incineramos o nosso lixo doméstico ele se transforma em vários gases, líquidos filtrados e cinzas. Tudo o que não é reconstituído pela sociedade ou pela natureza em recursos novos resulta em volumes acrescidos de poluição visível e "poluição molecular" dispersa na natureza.

A manipulação linear continuada de recursos terá conseqüências devastadoras: mudanças climáticas globais; o adelgaçamento da camada de ozônio; níveis crescentes de metais pesados sobre os solos; poluição ácida do solo e da água; e toxinas nos mares, lagos e lençóis de água subterrâneos, etc. Catástrofes ambientais em nível mundial afetarão todos os seres da Terra, não somente os habitantes das regiões mais ricas do mundo (embora sejamos mormente responsáveis por elas e, a curto prazo, somos aqueles que mais se beneficiaram do consumo linear de recursos).

Criar uma sociedade sustentável funcional irá requerer uma rápida integração de todas as atividades humanas nos ciclos do ecossistema. Temos de nos conduzir para uma sociedade sustentável onde os recursos — com exceção da abundante energia solar — podem ser reutilizados continuamente, pela reciclagem natural ou artificial. Supervisionar essa mudança, é claro, exigirá uma compreensão das condições não negociáveis para a vida na Terra e especialmente das condições que a natureza especifica se é para a humanidade sobreviver a longo prazo.

Além disso, devemos aumentar significativamente a nossa consciência da relação existente entre as pequenas decisões e a orientação global do desenvolvimento social. Se permitirmos que as questões periféricas e as mentalidades estreitas obscureçam essas relações, então, no máximo, teremos apenas aprimoramentos marginais. Um aspecto característico dos problemas ambientais atuais é que as escalas de tempo e as distâncias muitas vezes separam causa e efeito. Por exemplo, uma pessoa entra em uma loja em 1967 e compra uma lata de um produto em aerossol. Trinta anos depois, outra pessoa na Austrália recebe o diagnóstico de câncer de pele como resultado do afinamento da camada de ozônio. Devemos desenvolver a capacidade de previsão necessária para poder prevenir os tipos de surpresas desagradáveis que vêm nos afligindo continuamente durante as últimas décadas.

A Base dos Recursos Humanos

A humanidade é uma parte da natureza. Ela evoluiu em relação à natureza e é totalmente dependente dela. No jargão da economia, a humanidade precisa da natureza pelos bens e serviços que ela oferece. Com "bens" queremos dizer recursos renováveis e não-renováveis. Com "serviços" queremos dizer coisas como os processos naturais para a regulação do clima, purificação da água ou criação dos solos.

Devemos entender as condições segundo as quais a natureza opera se quisermos assegurar a disponibilização continuada dos seus bens e serviços. Se consumimos um recurso mais rápido do que a natureza é capaz de reelaborá-lo, ocasionamos dois problemas: escassez do recurso e dispersão pela biosfera dos resíduos do seu consumo. E os subprodutos que não podem ser absorvidos pelos ecossistemas causam a acumulação de resíduos e a poluição molecular.

A DIFICULDADE DE ESTABELECER UMA ORDEM DE PRECEDÊNCIA

Há várias dificuldades para se estabelecer uma ordem de precedência em face das inúmeras violações contra o princípio ecocíclico. Em primeiro lugar, precisaremos tomar algumas decisões políticas duras de modo a podermos classificar os problemas e desenvolver um cronograma para promover a transição para uma sociedade sustentável. (É claro, uma estratégia politicamente sedutora seria permitir tudo o que se enquadre nos limites de tolerância para "o que a natureza pode suportar", maximizando tanto os níveis de consumo *quanto* o espaço para manobras políticas!)

Segundo, é impossível estabelecer irrefutavelmente o que a natureza pode suportar. A ciência médica, com o auxílio de estatísticas de pacientes falecidos, pôde chegar a limites de tolerância aproximados a poluentes e subprodutos no corpo humano. Mas, por razões óbvias, não podemos calcular da mesma maneira os limites de tolerância para a sobrevivência da biosfera.

Terceiro, diferenças temporais, deslocamento espacial e a complexidade agravam o processo.

As diferenças temporais entre a causa e os efeitos mensuráveis significam que podemos dispersar os poluentes de maneira contínua por um longo período de tempo sem notar nenhum problema. Quando os problemas se materializam, as mais das vezes muito de repente, os mecanismos de estabilização já foram sobrepujados. Por exemplo, em muitos solos ácidos, a proteção química (um estabilizador natural) já terá sido exaurido quando percebermos os efeitos visíveis sobre a fauna e a flora. Da mesma forma, até que os efeitos dos danos a longo prazo aos sistemas globais de regulação climática se evidenciem, as coisas podem ter ido longe demais para que as contramedidas apropriadas sejam eficazes.

Deslocamento espacial significa que as grandes distâncias muitas vezes separam causa e efeito, dificultando a previsão e o controle dos danos. A disseminação difusa da poluição ao longo de grandes áreas, por exemplo, significa que o dano não é relacionado facilmente à sua origem.

A complexidade dos ecossistemas torna impossível acompanhar a interação entre todos os fatores ou prever toda cadeia causal posta em movimento
por uma mudança. Os sistemas complexos são sempre até determinado ponto imprevisíveis não importa quanto conhecimento acumulamos sobre as propriedades do sistema. É possível que ainda não possam ser previstas todas as
conseqüências dos eventos. Isso pode ser demonstrado por simulação em computador e é em todos os sentidos aplicável aos sistemas complexos pela interação dentro e entre a litosfera, a hidrosfera, a biosfera e a atmosfera — os sistemas que sustentam a vida na Terra.

Para criar sociedades sustentáveis funcionais, a atividade humana deve ser
vinculada aos ciclos naturais dos ecossistemas. Não podemos afirmar com o
mesmo grau de certeza quais medidas têm de ser tomadas primeiro. Mas devemos pelo menos não investir em estruturas que infringem diretamente o
avanço necessário para a sociedade sustentável.

O PRINCÍPIO ECOCÍCLICO

O princípio ecocíclico significa um equilíbrio entre os processos de reconstrução e os processos de decomposição. Desse princípio podem ser derivadas três
Condições Sistêmicas. Na sociedade sustentável, a natureza não está sujeita a
aumentar sistematicamente:

Condição Sistêmica 1:   **concentrações da matéria extraída da crosta terrestre;**
Condição Sistêmica 2:   **concentrações de compostos produzidos pela
sociedade; e**
Condição Sistêmica 3:   **degradação por meios físicos.**

Além dessas três Condições Sistêmicas para a manutenção dos ecociclos,
há também um princípio social para a sociedade sustentável, e nessa sociedade:

Condição Sistêmica 4:   **as necessidades humanas são atendidas em todo
o mundo.**

As quatro Condições Sistêmicas são todas igualmente importantes. Se até
mesmo uma delas não for satisfeita, a sociedade não poderá ser sustentável. Independentemente de qual das quatro condições não seja atendida, os sintomas
serão os mesmos, resultando em uma acumulação sistêmica de resíduos "aban-
donados" e poluição molecular. Os recursos finitos que são sistematicamente
transformados em detritos dispersos acumulam-se como sobras. As substâncias
antinaturais que são dispersas a uma taxa mais rápida do que são degradadas acu-

mulam-se como sobras. E quando os ecossistemas são fisicamente exauridos, a capacidade de converter os detritos em recursos é reduzida, levando a mais sobras. Também haverá substâncias de sobra se a reciclagem de materiais exceder a capacidade dos ecossistemas de processar os detritos local e/ou globalmente.

A AGRICULTURA DO PONTO DE VISTA ECOCÍCLICO

O Papel da Agricultura na Sociedade

A agricultura, a jardinagem, a silvicultura e a aqüicultura estão todas diretamente ligadas à capacidade produtiva da célula verde. As células verdes são exclusivamente responsáveis pela ampla e sistêmica reconstrução de estruturas ordenadas da matéria dispersa e sem valor para o uso de outros organismos, e funcionam sem degradar nenhum recurso ou dispersar nenhum poluente. Na verdade, o subproduto da fotossíntese, o elemento restaurador da vida, é o oxigênio.

Quando, dentro de algumas décadas, tivermos de sobreviver sem as fontes de energia finitas, a nossa dependência da célula verde será muito mais evidente do que é hoje. Haverá concorrência em favor de "áreas de captação solar" que terão de ser iguais à tarefa de sustentar uma população mundial em expansão com alimentos, matérias-primas de energia e matérias-primas industriais como fibras, óleos e amido. O solo será alvo de severas demandas para proporcionar materiais e energia à sociedade em muito maior extensão do que atualmente.

Na Suécia, a divisão entre terra para a silvicultura e terra para o uso agrícola não é patente. A silvicultura ou a atividade agrícola podem produzir igualmente bem matérias-primas para gerar energia, fibras e outros produtos. Mas uma vez que a agricultura atenda às quatro Condições Sistêmicas (i.e., pare de hipotecar a base dos recursos às gerações futuras), ficará óbvio que a hoje falada "capacidade em excesso" dos solos agrícolas só poderão ser considerados como uma anomalia histórica. A produção de alimentos sustentável exige superfícies de terra maiores para promover a ligação da energia com o nitrogênio (entre outras coisas). Quando chegar o momento de priorizar estritamente o uso de áreas verdes de captação solar, a produção de alimentos terá prioridade máxima.

A conversão a uma sociedade sustentável levará a agricultura e outras atividades baseadas na terra a recuperar o seu papel como o centro do sistema nervoso da sociedade. Como parte dessa conversão, a agricultura deverá ser reformulada de maneira a satisfazer as quatro condições necessárias para a sociedade sustentável.

Condições para a Agricultura do Ponto de Vista Ecocíclico

Condição Sistêmica 1: Recursos Finitos. Em uma sociedade sustentável, os recursos finitos não são convertidos sistematicamente em poluição dispersa. Assim, a extração de recursos finitos só pode prosseguir a um ritmo equivalente aos processos de re-sedimentação muito lentos que há milhões de anos criaram os depósitos existentes de matérias-primas. Atualmente, e em contraste com essa condição ecocíclica, a quantidade de petróleo consumida todos os anos equivale ao que a natureza levaria milhões de anos para produzir.

Hoje, como em muitos outros setores da nossa sociedade não-sustentável, recursos finitos como os combustíveis fósseis e a eletricidade gerada pela energia nuclear ajudam a alimentar a agricultura num grau muito elevado (veja o documento de consenso de The Natural Step sobre *Energia*). Essas fontes de energia finitas são usadas tanto diretamente como combustíveis quanto indiretamente para a fabricação de fertilizantes químicos e outras "mercadorias de entrada", assim como para o transporte e produção dessas últimas.

Os estoques finitos de petróleo também são usados para a manufatura de plásticos e lubrificantes. Como em outros setores, os metais usados para a maquinaria e ferramentas são tirados de estoques finitos de minérios. A reciclagem atual da sociedade de plásticos e metais ainda é totalmente insatisfatória (veja o documento de consenso de The Natural Step sobre *Metais*).

A produção agrícola atual tornou-se em grande extensão dependente de um contínuo abastecimento do fosfato de estoques finitos de fosfato mineral bruto. De todo o fosfato extraído das minas em todo o mundo, cerca de 80 por cento é usado na agricultura. Cerca de 60 por cento desse fosfato bruto é usado no mundo industrializado com os seus 35 por cento das terras cultiváveis do planeta e 25 por cento da sua população.

O fosfato é um mineral essencial à vida, o qual nada consegue repor. Dentro de algumas poucas décadas, uma grande parte dos seus estoques terá sido usada. Isso não significa que o fosfato irá desaparecer. Ele estará disperso por locais onde será menos acessível e portanto menos valioso. Em quantidades excessivas, o fosfato é ambientalmente daninho: quando vaza para lagos, rios e mares, causa a eutrofização[4].

A racionalização do uso do fosfato não é atualmente uma preocupação nem na agricultura nem na sociedade. Em média, três vezes mais fosfato é acrescentado — na forma de fertilizantes, alimento animal e outros derivados de fosfato para a agricultura — do que acaba deixando a agricultura na forma de produção (hortaliças e derivados animais). Do fosfato que deixa a agricultura na forma de produto, apenas uma pequena parte retorna (20 por cento). Os remanescentes 80 por cento terminam em lama de esgoto das fábricas de purificação e em resíduos domésticos. Por ser poluída, a lama é amplamente despejada em depósitos de lixo e os resíduos domésticos são incinerados ou vão para os depósitos de lixo.

O uso do fosfato bruto na forma de fertilizantes químicos aumentou na Suécia desde a metade da década de 1940 até meados da década de 1970. Durante a década de 1980, o uso de fosfato diminuiu. Mas a proporção média do uso do fosfato na agricultura sueca é não obstante insatisfatória. No entanto, há uma grande diferença na proporção do fosfato entre as fazendas agrícolas e as fazendas de gado.

Ocorreu uma divisão entre a fazenda agrícola e a fazenda de gado por meio da especialização agrária no período 1950–1980. Atualmente, uma proporção reduzida de nutrientes vegetais circula de volta, por meio de adubação agrícola, para o solo onde o alimento animal é cultivado, embora a maior parte do solo agrícola do nosso país seja usado para o cultivo de alimento animal! Como resultado, na fazenda agrícola há uma escassez de fosfato que é aliviado por meio de fertilizantes comprados. Ao mesmo tempo, há um acúmulo de fosfato nas fazendas que se especializaram na criação intensiva de gado. O excesso de fosfato que não pode ser recuperado através das plantas é fixado, na maior parte, no solo. (Esse fosfato poderia ser considerado um recurso futuro, mas é fixado de uma forma que não pode ser utilizada pelas plantas.) Uma quantidade menor se perde em razão da erosão ou dissolvida na água.

Com o uso de fosfatos não refinados da mineração, o cádmio e o arsênico que permaneceram incrustados em depósitos de fosfato por milhões de anos são agora dispersos na biosfera juntamente com fertilizantes de fosfato químicos. No momento, os níveis de cádmio em produtos alimentícios podem exceder os limites de tolerância. Nessas concentrações, o cádmio pode levar ao mau funcionamento dos rins. Enquanto isso, os níveis de cádmio continuam aumentando nos solos agrícolas a uma base de 0,3 por cento ao ano. Caso se permita que o acúmulo de metais pesados continue, então as terras agrícolas acabarão por tornar-se inadequadas para a produção de alimentos.

A agricultura também usa potássio, cal e micronutrientes de depósitos de recursos finitos. Calcula-se que os estoques de potássio e cal devam durar mais tempo que os depósitos de fosfato. No caso de alguns micronutrientes, entretanto, estima-se que os níveis existentes não durarão muito mais tempo à taxa de uso atual. Excluídos esses problemas, a perturbação ambiental causada pela mineração atual em busca de nutrientes também deve ser considerada.

Na sociedade sustentável, os resíduos orgânicos de plantas e animais devem ser devolvidos ao solo. Dessa maneira, a produção agrícola não deve se basear em estoques não renováveis de fosfato e potássio. A extração de minerais de depósitos geológicos deve ser análoga ao restabelecimento muito lento da crosta terrestre. Como conseqüência disso, a maquinaria agrícola, as ferramentas, plásticos, etc., devem ser recicláveis. Ao mesmo tempo, a produção deve sair de fontes renováveis de energia. Tudo isso exige mudanças radicais dos métodos praticados atualmente.

Condição Sistêmica 2: Substâncias Antinaturais Persistentes. Em uma sociedade sustentável, a agricultura deve se abster de controlar as substâncias antinaturais que os ecossistemas não podem ou não têm capacidade de decompor em substâncias utilizáveis como elementos básicos da produção biológica.

A nossa agricultura atual contribui para a dispersão de substâncias antinaturais. Até onde sabemos atualmente, muitas dessas substâncias são decompostas em componentes inofensivos na natureza. Mas outras substâncias duram muito mais tempo e, de acordo com essa condição ecocíclica, muitas dessas substâncias não podem mais ser usadas de maneira alguma (por exemplo, pesticidas como o DDT). Esses produtos estão proibidos hoje em dia na Suécia, mas permanecem em uso em muitas partes do mundo.

O fato de uma substância ser biodegradável não significa necessariamente que se torna inofensiva. Certos pesticidas se degradam relativamente depressa, mas os seus componentes são duradouros e antinaturais. Outros pesticidas acumulam-se no meio ambiente, embora sejam biodegradáveis (isso pode acontecer quando quantidades enormes são usadas sazonalmente ou sob condições particulares de solo). Alguns dos mais recentes pesticidas — produtos "de dosagem baixa" — não se degradam rapidamente o bastante, o que significa que acabam seguindo por rios e lençóis freáticos.

Atualmente, permitimos que os pesticidas se dispersem nos ecossistemas de uma maneira descontrolada. Uma substância duradoura como o toxafeno, por exemplo, é proibido na Suécia mas importado da América do Norte como poluição do ar pelo Atlântico. O nosso conhecimento dos efeitos de pesticidas sobre os ecossistemas é insignificante. Isso também se aplica ao nosso conhecimento dos próprios pesticidas, ainda que eles sejam alguns dos nossos produtos químicos mais pesquisados e testados. Não temos nenhum conhecimento dos efeitos combinados de produtos diferentes nem dos seus efeitos colaterais. Na prática, esses são impossíveis de controlar.

Manipular substâncias antinaturais duradouras é arriscar o desequilíbrio ambiental a longo prazo. O que podemos dizer com confiança é que os ecossistemas não podem resistir a uma acumulação ininterrupta de nem uma única substância. Na prática, é impossível predizer como as substâncias rápidas irão se decompor em condições diversas ou quais subprodutos serão criados durante o processo de decomposição. Também é impossível conhecer todos os efeitos dos subprodutos. Tudo isso requer que a agricultura evolua e passe a desconfiar de substâncias antinaturais.

Condição Sistêmica 3: A Administração Física dos Ecossistemas. Em uma sociedade sustentável, os métodos agrícolas facilitam a capacidade produtiva a longo prazo dos ecossistemas. Essa capacidade depende de complicadas inter-relações químicas, físicas e biológicas.

Do ponto de vista mundial, a humanidade atual exerce uma influência total sobre a estrutura e o funcionamento dos ecossistemas, ainda que o nosso conhecimento sobre eles e as suas capacidades adaptativas seja deficiente e, por conseguinte, o nosso comportamento, perigoso. As conseqüências a longo prazo são, em grande parte, imprevistas. Mas podemos começar a observar desde já que, quando interferimos ou alteramos fundamentalmente um tipo parti-cular de hábitat, mudamos os seus ciclos biogeoquímicos ou desestabilizamos os seus ciclos climáticos, exaure-se a diversidade biológica e os ecossistemas tornam-se mais vulneráveis. Consideradas em conjunto, todas essas mudanças resultam na redução da capacidade produtiva a longo prazo dos ecossistemas, tanto em qualidade quanto em quantidade.

Preservar a capacidade produtiva dos ecossistemas significa facilitar a sua capacidade de transformar a energia solar e os seus detritos, além de encorajar o desenvolvimento da diversidade biológica. Para fazê-lo, deve ser imediata-mente interrompida a degradação dos ecossistemas que atualmente encontra-se em processo.

A Condição Sistêmica 3 pode ser dividida em três subníveis intermediários:

1. **Superfícies biologicamente produtivas.** Globalmente, a perda de áreas produtivas de captação solar é extensa e grave. Algumas das causas princi-pais são desertificação, salinização, erosão do solo e a extensão da tecnosfe-ra. A perda de superfícies produtivas em regiões como a Europa Central, entre outras, ocorre pelas edificações e pelo asfaltamento. Na Suécia, esse problema da extensão da tecnosfera é ainda inconsistente porque a densi-dade populacional é bastante baixa: menos de 4 por cento da terra é asfal-tada, coberta por edificações ou "endurecida" de outras maneiras.

   Historicamente, as malhas rodoviárias e as povoações foram em geral destinadas a terras de má qualidade. Desde meados do século XX, porém, as povoações, rodovias e ferrovias e aeroportos, etc., têm se situado cada vez mais nas terras agrícolas férteis, tornando-as indisponíveis para a produção primária. Todo o processo caminha em sentido contrário à demanda cada vez maior da sociedade pela produção agrícola de alimentos, fibras, óleos, matérias-primas de energia, etc., produzidos sem a ajuda de recursos fini-tos — para os quais serão necessárias mais terras cultiváveis do que dispo-mos atualmente.

2. **Hábitat para a diversidade biológica.** Quando mudanças extensas afetam o ecossistema a curto prazo, geralmente levam ao esgotamento. Um exemplo importante no nosso país é a drenagem das terras alagadas. Grandes áreas do solo foram drenadas no final do século XIX e início do século XX para aliviar a escassez de alimentos com a criação de mais terras cultiváveis. Em certas regiões do sul da Suécia (Gotland, por exemplo), foram drenados 80 a 90 por cento das terras alagadas nesse período. Isso levou à redução da capacidade de armazenamento de água na região, a uma degradação da qualidade da água potável, a uma redução da purificação de água superficial e à perda de hábitat e assim também à perda de espécies.

Durante uns mil anos, a agricultura na Suécia deu origem a novos hábitats, geralmente com uma variedade de espécies — uma tendência que se inverteu no último meio século. A causa da redução contínua da diversidade biológica nos ecossistemas agrícolas é que grande parte da atividade agrícola está sendo descontinuada gradativamente e certos hábitats (prados e áreas de pastagens abertas, por exemplo) estão desaparecendo. Ao mesmo tempo, a produtividade do solo remanescente se degenera como resultado, por exemplo, da pressão reduzida pelo pastio e a viragem do feno. Os pesticidas químicos (com os seus efeitos tanto incidentais quanto planejados), outra poluição da agricultura, e os poluentes do ar também ameaçam a flora e a fauna das áreas cultivadas.

Preservar e estimular a diversidade biológica é como ter uma apólice de seguro que defenda os ecossistemas e a capacidade da humanidade de se sustentar até mesmo em períodos de instabilidade.

3. **A produtividade a longo prazo das terras agrícolas.** Atualmente, a contínua redução dos níveis de húmus em muitas terras contribui para o empobrecimento da produtividade a longo prazo do solo agrícola. À medida que o húmus desaparece, quantidades essenciais de nutrientes se esvaem, a terra perde a sua capacidade de reter umidade e nutrientes, há uma presença menor de microorganismos e o solo fica pesado.

A reciclagem insuficiente de resíduos de colheita, a adição de adubo ou o aumento de terras alqueivadas causa a redução do húmus. Assim se procede no nosso manejo cada vez mais intenso do solo. Isso tem a ver com a redução de áreas de pastagens abertas no pós-guerra e o aumento crescente de terras de cultivo aberto, como também tem a ver com a divisão causada pela especialização entre o plantio e a criação de gado.

Nas terras aradas, o húmus acaba porque não existe nem pastagem aberta nem a adubação por estrume para compensar a contínua perda de matéria orgânica com as colheitas. Os nutrientes dos produtos alimentícios acabam se tornando lixo orgânico, esgoto, etc., e não retornam para a agricultura, esgotando assim a armazenagem de nutrientes dos solos agrícolas, especialmente os micronutrientes. E quando o conteúdo orgânico do solo se decompõe, libera gás carbônico. A redução contínua do húmus no solo, portanto, também contribui para o efeito estufa.

Nos solos compostos de turfa disponibilizados pela drenagem das terras alagadas, a cobertura de turfa do solo desaparece em menos de um século de cultivo aberto: consumimos muito rapidamente um recurso que a natureza levou muitos milhares de anos para produzir.

Uma das ameaças mais graves à produtividade a longo prazo do solo agrícola é a compressão do solo por meio de maquinaria pesada. A compressão afeta adversamente o transporte de ar e água na terra. A compressão do solo que chega a níveis mais profundos que o congelamento do inverno pode ser irrecuperável. Em propriedades agrícolas com maquinaria pesada, a compressão do solo já está levando a reduções relativas nas colheitas. Cerca de 30 por cento das áreas agrícolas totais registram danos causados pela compressão, o que corresponde de 10 a 20 por cento de redução da capacidade produtiva. Medidas como pneus de trator extralargos só aliviam o efeito da compressão nas camadas superiores do solo. Se persistirmos em usar maquinaria agrícola pesada nos níveis atuais, podemos esperar declínios contínuos na capacidade produtiva em áreas extensas.

Em termos mundiais, a erosão do vento e da água, assim como o aprofundamento dos lençóis freáticos e a salinização, são as maiores causas do esgotamento físico dos ecossistemas agrícolas. Na Suécia, a erosão do vento e o afundamento dos lençóis freáticos ocorrem localmente, por exemplo em Österlen, em Skåne.

Proteger as áreas verdes de captação solar, tanto qualitativamente como em termos de áreas cultiváveis, é defender o potencial da vida das gerações futuras. Isso requer que os ecossistemas naturais tenham bastante espaço e sejam poupados de fatores de tensão como a poluição e as mudanças climáticas. Também é necessário que a diversidade biológica (incluindo a diversidade de microorganismos no solo) seja fomentada nas regiões agrícolas.

A capacidade produtiva a longo prazo dos solos agrícolas só pode ser mantida se os métodos de cultivo não causarem o empobrecimento físico pela diminuição dos níveis de húmus, o esgotamento de nutrientes do solo, a compressão do solo, mudanças nos lençóis freáticos e erosão.

A intensidade da rotatividade de materiais. A seção anterior tratou principalmente da substituição de certos elementos e compostos e de rotinas administrativas para outros em consonância com as primeiras três Condições Sistêmicas. Isso certamente não será suficiente — também precisamos reduzir a rotatividade mundial de materiais. Isso se aplica até mesmo ao uso de recursos renováveis ou de substâncias que são incluídas na produção natural. Na agricultura sueca, o nitrogênio tem uma rotatividade mais alta que a que é coerente com o princípio ecocíclico: a quantidade total fornecida é tão grande que o vazamento (tanto local quanto regionalmente) causa desequilíbrio ambiental.

Aumentos repentinos no transporte de materiais contributários, produtos agrícolas e alimentos processados tanto nacional quanto globalmente trouxe consigo um aumento na rotatividade de materiais na forma de combustíveis, veículos, infra-estrutura, embalagem e comercialização. Em todos os países, matérias-primas de fertilizantes vegetais e húmus são transportadas da zona rural para as cidades e em muitos casos direto para todo o mundo. A urbanização acentuada e o comércio de longa distância tornariam dispendioso fechar os ciclos transportando os detritos de volta aos mesmos ecossistemas que geraram os recursos. Da mesma maneira, ocorre o empobrecimento em um lugar e a acumulação em outro.

Para respeitar os limites impostos pelas Condições Sistêmicas 1 a 3, é necessário criar ciclos fechados suficientemente pequenos, eficientes quanto à energia, uma compreensão que faz falta nas soluções ecocíclicas atuais. Por exemplo, investir em materiais e energia para ligar o nitrogênio atmosférico às plantas de um lado ao mesmo tempo que se investe em energia para repor o nitrogênio na atmosfera do outro é um processo altamente consumidor de recursos. Ainda assim, é o que fazemos. Usamos o nitrogênio fixado em plantas forrageiras ou de fertilizantes químicos para a agricultura porque o nitrato e o amônio são as formas acessíveis às plantas. Ao mesmo tempo, as terras alagadas que captam o nitrogênio ou o equipamento de desnitrificação usado nas usinas de purificação de água devolvem o nitrogênio à atmosfera. Cria-se um ciclo, mas ele apresenta vazamentos e também requer uma grande aplicação de energia. Os métodos agrícolas que mantêm o solo em cultivo constante, porém, promovem ciclos entre os solos e as plantas, e tanto as perdas quanto o consumo de energia são mantidos num nível mínimo.

Os ciclos pequenos não são necessariamente mais bem fechados e mais eficientes no consumo de energia que os ciclos grandes — muitos dos próprios ciclos da natureza são grandes, perfeitamente fechados e eficientes no consumo de energia. Mas é mais fácil inventar ciclos fechados pequenos que grandes, em parte porque os ciclos pequenos não exigem a canalização e o controle de grandes recursos.

Há pouca prudência, seja na agricultura seja na sociedade, no uso do nitrogênio acessível às plantas. De todo o nitrogênio acessível às plantas, uma média de menos de 20 por cento termina no produto agrícola de verdade; o resto se perde no ar e na água, e uma pequena parte temporariamente fica presa à matéria orgânica no solo. E menos de 5 por cento do nitrogênio da produção agrícola (em derivados vegetais e animais) exportada para a sociedade retorna à agricultura.

O fornecimento de nitrogênio para a agricultura provém de fertilizantes, depósitos atmosféricos da indústria e dos veículos automotores, alimentos importados e da fixação biológica no chão — cerca de 110 quilogramas por hectare por ano. Nem todo o nitrogênio é usado, tampouco — há uma diferença de cerca de 80 quilogramas por hectare por ano entre o nitrogênio fornecido e o usado na agricultura.

O nitrogênio causa problemas ambientais mais sérios do que o fósforo. O nitrogênio não é imobilizado mas na verdade prontamente se dispersa no ar e na água. O vazamento de nitrato e as amônias gasosas provocam a poluição da água potável e do mar litorâneo, a saturação de nitrogênio e a acidificação dos solos florestais, reduzindo a diversidade biológica, etc. A gravidade desses desequilíbrios ambientais varia de região para região, dependendo do clima, do solo e da amplitude e do tipo da agricultura.

Durante o período de especialização da agricultura que ocorreu entre 1950 e 1980, a quantidade de nitrogênio comprado para o cultivo (mais e mais na forma de fertilizantes químicos) aumentou notadamente enquanto as fazendas de gado produziam um excesso de nutrientes. O equilíbrio de nitrogênio atual, portanto, varia amplamente, dependendo do tipo de atividade, agrária ou pastoril. A maior perda de nutrientes vegetais é associada à criação de gado, na qual o manejo imperfeito do esterco da fazenda é um fator contribuinte importante.

Quer aconteça nos campos quer nas fábricas, a perda de nitrogênio é um desperdício da energia usada uma vez mais na ligação do nitrogênio atmosférico. Devemos tomar providências para minimizar a perda no solo agrícola, por detritos domésticos, esgotos e detritos derivados do setor de processamento de alimentos — especialmente em regiões onde é muito prejudicial ao meio ambiente. A redução das perdas provocará uma redução correspondente nos níveis de nitrogênio que deve ser fornecido ao setor agrícola. E uma transferência maior de nitrogênio acessível às plantas das áreas urbanas para a agricultura reduzirá a necessidade de nitrogênio fornecido à agricultura por outras fontes.

O retorno de material para a agricultura deve ser da mesma magnitude que os fluxos de produtos na agricultura. Os nutrientes acrescentados ou os nutrientes produzidos naquele mesmo lugar não devem exceder o que a colheita e o ecossistema circunvizinho são capazes de assimilar e transformar em nova biomassa.

Como Tudo Isso Aconteceu?

História

Durante vários milhares de anos, a população do mundo foi mais ou menos igual aos atuais níveis demográficos da Suécia. O homem primitivo vivia da coleta de raízes, bagas e frutas, assim como da caça e da pesca. O crescimento da população e as mudanças climáticas forçaram novas maneiras de viver, que a nova tecnologia tornava possível. Cerca de 6 mil anos atrás, as pessoas neste país começaram a complementar a sua subsistência com a agricultura. A agricultura tornou-se uma maneira de sustentar mais pessoas em uma quantidade menor de terra, mas também exigia dedicação maior ao trabalho do que a caça e a coleta — a agricultura, afinal de contas, era a manutenção de todo um ecossistema de uma forma distante do natural.

Durante a Idade do Bronze a agricultura ainda era nômade. Na transição para a Idade do Ferro (cerca de 3 mil anos atrás), o clima mais severo significou que os animais tiveram de ser mantidos em celeiros. Esse foi realmente o começo do cultivo do campo, porque os animais domésticos forneciam adubo para os campos. Assim era garantida a forragem de inverno nos pastos abertos. O cultivo do campo dependia de os prados fornecerem os nutrientes exigidos pelo gado. Esse sistema era sustentável contanto que houvesse áreas cultivadas de pastagens em quantidade elevada o bastante em relação aos campos. Por causa da população crescente, cada vez mais a terra teve de ser usada para o cultivo. Durante o século XVIII, uma redução na área de pastagens cultivadas coincidiu com um empobrecimento em muitas áreas. Um fator que contribuiu para a escassez de nutrientes foi que o adubo das fazendas agrícolas passou a ser usado na fabricação de pólvora.

Durante o século XIX a população continuou crescendo, o que resultou em uma crescente escassez de alimentos. Em muitos lugares, as terras agrícolas estavam empobrecidas. Isso levou a medidas como a de cavoucar o solo e usar terra com alto teor de cálcio das camadas inferiores do solo de superfície, fertilizando-a com cinzas de algas marinhas e farinha de osso, e finalmente com guano e salitre chileno. O arado de ferro, cada vez mais comum em meados do século XIX, possibilitou o cultivo da terra pesada e das áreas alagadas recém-drenadas. O cultivo de áreas virgens de Norrland começou. A solução de emergência para a demanda crescente de terras agrícolas foi que cerca de 1 milhão de pessoas emigrou para os Estados Unidos.

O século XIX testemunhou as mais vastas mudanças de todos os tempos na paisagem sueca. As mudanças nas leis tiveram como conseqüência que nas aldeias desmanteladas do sul e centro da Suécia, os camponeses foram despejados e novos arrendamentos foram promovidos para facilitar a mecanização.

Ao mesmo tempo, a silvicultura enfraqueceu-se, o prado começou a desaparecer e teve início o reflorestamento. Em Dalarna, a rotação de culturas desenvolveu-se como uma alternativa ao uso de fertilizantes à base de nitrogênio na agricultura. No início do século XX, esse método disseminou-se a outras partes do país e as pastagens abertas ou o cultivo de leguminosas tornaram-se uma parte importante da rotação de colheitas. Em meados dos anos de 1940, cerca de 45 por cento das áreas cultivadas do campo eram de pastagens. Além disso, todas as propriedades agrícolas ainda mantinham os animais e portanto tinham esterco. A maioria dos refugos domésticos era devolvida aos campos. Nesse sistema foi possível haver um bom equilíbrio de nutrientes, melhorou-se a estrutura do solo e houve menos erosão.

Em sua maior parte, o clima e a necessidade forçaram mudanças dentro da agricultura nos últimos mil anos. Mas o ímpeto das mudanças desde o século XVI também teve muito a ver com as ambições políticas e as reformas. Decretos reais sobre novos cultivos de áreas florestais desde o século XVI e as reformas do século XVIII e XIX são exemplos de iniciativas políticas para alcançar produtividades agrícolas mais elevadas. A dimensão política desempenhou o papel mais importante na principal mudança a seguir.

O crescente setor industrial necessitava de força de trabalho. Essa poderia ser liberada da agricultura pela mecanização. Também havia a necessidade de alimentos baratos para a população urbana em expansão. As técnicas introduzidas para satisfazer a essas necessidades baseavam-se no uso de recursos não-renováveis e nos conhecimentos e experiências técnicas introduzidas pela industrialização. Os fertilizantes químicos, o trator e os pesticidas ganharam terreno na agricultura durante as décadas de 1940, 1950 e 1960. Durante essas três décadas, o número de pessoas empregadas no setor agrícola baixou em torno de 1 milhão, e a urbanização ganhou impulso.

Durante a década de 1960, aumentou a pressão na agricultura para se industrializar. A atitude predominante era a de que a atividade agrícola devia ser comparável a qualquer outro setor industrial. O fato de que se tratasse de produção biológica, envolvendo a manipulação de inteiros ecossistemas e do gado não foi encarada como uma razão forte o bastante para tornar a produção agrícola um caso especial.

Características da Agricultura Atual

Os métodos de cultivo mudaram substancialmente ao longo da história, mas a nossa agricultura atual difere das suas encarnações anteriores pelo uso substancial da energia e do alto grau de manipulação de recursos lineares. Todos os métodos antigos eram baseados na energia solar, com proporções variadas de energia solar direta ou trabalho humano e animais de tração alimentados com base na bioenergia. A fonte primária de energia da nossa agricultura atual é o combustível fóssil.

O gado das fazendas nos sistemas antigos era alimentado com os restos da casa e pastava na terra que na ocasião não podia ser utilizada de nenhuma outra maneira. Na agricultura atual, porcos e galinhas alimentados por grãos e cereais substituíram amplamente a criação de gado nas pastagens. Portanto os animais competem hoje com os humanos pelos alimentos. Cerca de 80 por cento das terras de cultivo agrícolas da Suécia são usados hoje para fornecer alimento aos animais.

Nos sistemas anteriores, os processos naturais de aproveitamento da energia solar proporcionavam nutrientes à agricultura. Os padrões de cultivo ou foram mudados regularmente, ou a terra circunvizinha (prados) manteve os campos agrícolas abastecidos com nutrientes. Nem a mudança do tipo de cultivo (eliminação e queima de bosques), nem os campos de pastagens abertas eram, porém, sustentáveis, uma vez que os níveis da população aumentaram acima dos níveis prevalecentes na época da sua introdução.

Cada vez mais pessoas podem ser sustentadas com áreas de cultivo cada vez menores. Nesse sentido, a agricultura atual pode ser vista como uma extensão de uma tendência consistente no desenvolvimento agrícola desde o tempo dos coletores-caçadores. Mas o nosso sistema agrícola atual também traz uma ruptura acentuada com muitos milhares de anos de tradição. O suprimento de nutrientes vegetais é hoje tirado de depósitos não-renováveis (fosfato) e os fertilizantes químicos são fabricados em grande parte com a ajuda de fontes de energia não-renováveis (combustíveis fósseis e energia nuclear). E o cultivo do campo sem gado tornou-se possível pela primeira vez. Nos sistemas antigos, os nutrientes vegetais eram um recurso escasso que as pessoas tinham de economizar.

Os métodos de cultivo mais antigos eram frágeis no sentido que havia um risco significativo de fracasso das colheitas em razão das pestes. Embora os pesticidas químicos tenham mais tarde reduzido esse tipo de risco no curto prazo, ao longo de um período mais extenso de tempo criaram riscos novos e mais insidiosos, isto é, a acumulação de substâncias antinaturais na biosfera, juntamente com os riscos sanitários associados. A prática da monocultura e o aumento de introdução do nitrogênio também resultaram em maior pressão de pestes e doenças, tornando a agricultura, assim, mais dependente dos pesticidas.

Finalmente, uma diferença importante entre os sistemas atuais e os mais tradicionais da agricultura é que com poucas exceções os ciclos costumavam estar concentrados dentro de uma única propriedade agrícola ou aldeia. Hoje em dia, a base de recursos da agricultura estende-se por todo o globo. As distâncias maiores contribuíram para a formação de ciclos maiores, imperfeitamente fechados, com um consumo mais alto de energia e, quanto a determinadas substâncias, um manuseio puramente linear dos recursos.

CONDIÇÃO SISTÊMICA 4: O DESAFIO DOBRADO

Em seções anteriores, mostramos como a sociedade atual e a agricultura violam o princípio ecocíclico de muitas maneiras — quer dizer, não são ecologicamente sustentáveis. Se também fossem levadas em conta a saúde humana, a qualidade de vida e os meios ambientes vivos, o princípio ecocíclico seria considerado então como algo mínimo. Hoje, a direção da mudança nem mesmo aponta para a satisfação dessa condição mínima. Isso significa que na nossa situação atual estamos jogando fora as possibilidades de sobrevivência da humanidade a longo prazo.

Vivemos em um mundo onde menos de um terço da população total é responsável por mais de 80 por cento do nosso consumo de recursos. Dentro de uma década, estima-se que haverá 1 bilhão de pessoas a mais no mundo e uma redução nas áreas cultiváveis de uns 30 milhões de hectares. Mesmo que houvesse vontade política, não seria viável exportar os padrões de consumo do mundo industrializado para outras partes do mundo: mesmo hoje, quando esse consumo só inclui uma pequena parte da população mundial, infringimos seriamente a estrutura de referência da sustentabilidade a longo prazo.

O desafio dobrado, portanto, é por um lado alcançar a adoção mundial da sustentabilidade ecológica, e por outro assegurar que possam ser satisfeitas as necessidades de todas as pessoas. Nesse contexto, deveríamos propor-nos a seguinte meta: reduzir o consumo *per capita* a um nível em que possa ser sustentado a longo prazo pelo planeta inteiro. Enquanto não chegarmos a esse ponto, o nosso estilo de vida como um todo constitui tanto um prejuízo para as outras pessoas que buscam satisfazer as suas necessidades básicas, quanto uma contagem regressiva para o fim da permanência humana sobre a Terra.

Quando violamos a quarta Condição Sistêmica, adiamos os nossos problemas e reduzimos a nossa liberdade de escolha futura. A redução da liberdade de escolha, como resultado, aumenta o risco de guerra por recursos, de luta desordenada e sem escrúpulos pelo poder, de injustiças, de excessos contra os direitos humanos, com novas violações das condições ecocíclicas — em outras palavras, um círculo vicioso.

Considerando que a Suécia, em um sentido internacional, ainda tem uma população pequena em relação à quantidade de solo fértil disponível, a agricultura do país deve tornar-se auto-suficiente em todos os produtos básicos. Isso também significa que a agricultura não pode ser sustentada por suprimentos trazidos de "áreas de cultivo fantasmas" em outras partes do mundo onde a terra em questão é necessária para atender às necessidades básicas de outras pessoas e/ou por uma produção que causa eventuais novas violações das condições ecocíclicas em outras regiões.

Os limites nacionais podem ser arbitrários em um sentido altruístico, mas delineiam uma área em que podem ser adotadas decisões políticas mais facilmente. A Suécia tem uma excelente base de recursos e um clima cultural para tornar-se um exemplo para os outros de uma sociedade sustentável. Para superar esse desafio dobrado será preciso tanto uma racionalização do uso de recursos quanto uma mudança nos nossos estilos de vida.

Racionalização

O desenvolvimento de tecnologias e métodos na agricultura até agora tem visado não desenvolver sistemas diversos e robustos que maximizem a captação da energia solar mas antes a utilização de recursos não-renováveis. A medida de eficiência tem sido o rendimento máximo por hectare, por hora de trabalho, por coroa sueca (SEK) de capital investido. A "racionalização", de acordo com essa perspectiva estreita, nada mais é que uma substituição de áreas verdes de captação solar (campos, prados, terras de pastagens) pela utilização de fontes de energia não-renováveis. Só desse modo conseguimos criar a chamada capacidade de excesso.

Racionalizar segundo a estrutura de referência das quatro condições requer o desenvolvimento de tecnologia e métodos de cultivo sensatos. O princípio supremo será "deixar a natureza fazer o seu trabalho", enquanto se encontram "multiplicadores de soluções" fundamentais. Isso significa que serão feitas tentativas para melhorar a eficácia do sistema auto-regulador da natureza (por exemplo, em relação aos nutrientes vegetais). O nosso sistema de cultivo deve se diversificar entre plantas perenes e anuais, e a fixação de nitrogênio conduzida pela energia solar utilizada ao máximo. Outros exemplos de "deixar a natureza fazer o seu trabalho" são confiar no comportamento natural do gado para encontrar o seu próprio alimento (pastando), ou fazer uso de plantas/ervas que sejam conhecidas como hospedeiras de inimigos naturais de determinadas pestes. Fazer o máximo uso do trabalho da natureza também significa encorajar os microorganismos do solo. Significa abster-se do uso de pesticidas que podem ter um impacto negativo sobre a micorriza e as minhocas, e não fertilizar o solo de maneira a criar a necessidade de pesticidas. Além disso, será vital fazer o melhor uso possível dos nutrientes vegetais e reduzir a pressão das pestes com métodos como a rotação de colheitas ou várias formas de combinação de cultivos, assim como minimizando a exposição do solo.

A racionalização também implica que a base dos recursos humanos deve ser o máximo possível local. Há várias razões que ilustram isso:

1. o uso da energia e de fluxos de materiais associados deve ser considerado em face de outros usos alternativos desses recursos;

2. ciclos pequenos são mais fáceis de fechar;
3. o comércio de longa distância significa que os solos cultiváveis em países que sofrem de empobrecimento crônico do solo produzem alimento animal para exportação para nações industrializadas ricas;
4. o comércio de longa distância de produtos essenciais é, de várias maneiras, uma forma de abastecimento insegura; e
5. os ciclos locais estimulam a nossa compreensão de causa e efeito na produção e no consumo.

Mudanças no Nosso Estilo de Vida

Claramente devemos encontrar alternativas à ordem estabelecida das coisas na sociedade industrializada, embora esta última, de maneira preocupante, venha sendo comercializada como um protótipo para os países em desenvolvimento. Mas uma mudança de estilo de vida deve acontecer de acordo com as normas sociais aceitáveis. Não pode ser imposta, mas deve emanar da preocupação das pessoas umas com as outras, com as gerações futuras e com o resto da natureza.

As necessidades fisiológicas, sociais, intelectuais, psicológicas e espirituais das pessoas são todas igualmente importantes. Não podem ser substituídas. Por exemplo, a falta de espírito comunitário, de criatividade e de sentido de identidade não pode ser compensada por meio do aumento do consumo material. Aí encontra-se um grande potencial para a racionalização da nossa economia, de maneira a reduzir o desperdício de recursos e a poluição ao mesmo tempo que eleva a qualidade de vida. Em outras palavras, uma mudança de estilo de vida necessariamente não significa fazer sacrifícios em termos de satisfazer menos necessidades. Ao contrário, a inversão da tendência de deterioração das condições de vida será compreendida como uma evolução positiva em vez de trazer sacrifícios. De acordo com a perspectiva determinada pelas condições para uma sociedade sustentável, deve-se dar espaço de manobra para a criatividade humana e procurar uma infinidade de soluções para o que entendemos ser uma vida melhor.

O QUE É PRECISO SER FEITO?

Mudança Estrutural da Sociedade

Tudo clama pela necessidade de uma mudança radical no nosso modo de viver, caso devam ser satisfeitas as condições ecocíclicas. No mundo industrializado, o consumo excessivo e a filosofia de "jogar fora" deve ser descartada o mais cedo possível. Nos países em desenvolvimento, entre outras coisas, têm de ser criadas as condições para o uso sustentável do solo. Uma distribuição mais eqüitativa dos recursos e da produção coletivos do mundo contribuiria para isso.

Para um uso mais eficaz dos recursos naturais, as distâncias entre os produtores e consumidores precisam ser mais curtas do que são hoje. O comércio de longa distância deve ser reduzido significativamente; além de um tamanho máximo, é impossível manter as cidades abastecidas de maneira sustentável seja como for. Num certo sentido, a agricultura pode e deve adaptar-se ao princípio ecocíclico antes que a sociedade o faça. Mas também são necessárias medidas na economia, programas legislativos e planejamento social para implantar as mudanças estruturais necessárias como um todo dentro da sociedade. Com "mudanças estruturais" queremos nos referir aos seguintes problemas: longas distâncias entre a produção e o consumo, uma cadeia extensa de refinamento e processamento, transporte, embalagem, o crescimento de cidades, controle dos esgotos, comércio de longa distância, etc. Essas áreas são determinadas por regras econômicas e administrativas promovidas pela tomada de decisões política. Essas regras devem ser mudadas de forma que as pessoas e as corporações tenham a oportunidade de tomar decisões conforme o princípio ecocíclico.

A reforma estrutural é necessária, com as seguintes implicações:

1. que as cidades e a zona rural tornem-se mais integradas, com maiores níveis de nutrientes retornados à agricultura, uma proporção maior de alimentos produzidos nas vizinhanças e menos transporte;
2. que o trânsito de longa distância seja principalmente limitado a mercadorias e serviços que não possam ser produzidos local ou regionalmente;
3. que seja extremamente limitado, e a longo prazo eliminado, o uso de fontes de energia não-renováveis como petróleo, carvão, gás natural ou a energia nuclear;
4. que haja uma recirculação máxima de materiais já reciclados (minerais e plásticos), com o objetivo de manter a extração anual de depósitos geológicos aos níveis não maiores que as quantidades produzidas nos processos como biomineralização e fossilização (com exceção das substâncias especialmente perigosas como chumbo, cádmio, mercúrio, etc., que serão postas num armazenamento definitivo).

Atualmente, o desenvolvimento caminha numa direção exatamente oposta — ou seja, um extenso comércio de produtos de consumo geral e cidades cada vez maiores no mundo inteiro. Para interromper essas tendências, decisões mudando os rumos têm de ser tomadas tanto em nível nacional quanto internacional. Em nível internacional, uma decisão pertinente seria, por exemplo, a introdução de cotas compulsórias sobre a emissão de gases causadores do efeito estufa, determinadas a cada país com base no tamanho da população. Mas a Suécia não pode esperar mais por acordos dessa natureza. Devem ser tomadas decisões de mudança de rumo em âmbito nacional, sem esperar pelos resultados das lentas negociações internacionais. Algumas áreas de importância especial são:

1. Uma reforma forte mas gradual do sistema tributário, enfatizando progressivamente a taxação do uso dos recursos; principalmente matérias-primas não-renováveis, combustíveis fósseis e eletricidade gerada por energia nuclear; e um imposto reduzido gradualmente sobre o trabalho humano. Essas mudanças devem ser orquestradas cuidadosamente (não de maneira súbita ou imprevista) de modo que o setor corporativo tenha tempo de se adaptar fazendo os investimentos certos no momento certo.
2. Uma agenda legislativa que ofereça à perspectiva sustentável um lugar de maior destaque no planejamento social. Os "fatores ambientais" não devem significar apêndices cosméticos de decisões que já foram tomadas sobre critérios de curto prazo.
3. Em todos os grandes projetos (privados ou públicos) e em todas as áreas de atuação políticas, as avaliações do impacto ambiental precisam ser feitas com base nas quatro condições ecocíclicas.

Mudanças na Agricultura

Mesmo hoje em dia, podem ser feitas mudanças operacionais na agricultura. O rápido estabelecimento desse tipo de trabalho é importante, uma vez que ele fomentará o clima político da mudança em uma espiral positiva. Algumas medidas já foram introduzidas e precisam se disseminar a outras propriedades agrícolas. Outras requerem um certo nível do desenvolvimento técnico. Muito pode ser alcançado com a educação e a informação, mas muitas reformas ainda serão hipotéticas se não tiverem uma base corporativa ou econômica. Por essa razão medidas econômicas e administrativas são necessárias para estimular uma ação mais sustentável. Deve tornar-se economicamente possível aos agricultores que queiram antecipar essa evolução, desenvolver e praticar uma agricultura mais sustentável.

Devem ser adotadas medidas econômicas e administrativas que encorajem:

1. menor uso de energia assistida e a conversão para combustíveis renováveis;
2. integração da criação de gado e produção vegetal para o melhor equilíbrio possível dentro de cada entidade, assim como em escala regional e nacional. Isso significa, entre outras coisas, que devem ser estreitadas as leis sobre a densidade máxima de fazendas de criação de animais;
3. uma proporção mais alta de cultivo de inverno (semeadura no outono, ou pastagens e plantas perenes) neutralizando a perda de nutrientes;

4. adequadas rotações de colheitas, neutralizando a propagação de ervas daninhas e pestes, com o objetivo final de reduzir substancialmente a aplicação de pesticidas;
5. a fixação de nitrogênio pela energia solar;
6. a defesa e a reconstituição dos hábitats, importantes para a fauna e a flora no meio agrícola;
7. impedir a acumulação de metais pesados sobre o solo cultivável; e
8. melhor utilização de nutrientes vegetais em adubos derivados de esterco animal nas propriedades agrícolas.

A Necessidade de Desenvolvimento de Métodos e Tecnologia

É imprescindível impor o desenvolvimento de métodos e tecnologia novos para fazer progressos de acordo com a estrutura de referência dos princípios eco-cíclicos. Alguns dos campos mais importantes são:

1. desenvolver sistemas de cultivo que requeiram menos energia na forma de fertilizantes químicos e pesticidas derivados de substâncias químicas, que não precisem de combustível fóssil ou eletricidade gerados por energia nuclear, e que sejam viáveis com o trabalho intensivo.
2. desenvolver novas colheitas, anuais e perenes, que possam contribuir para melhorar a qualidade do solo; economizando em nutrientes vegetais e assim reduzindo a carga dos danos, ao mesmo tempo que são satisfeitas as demandas de biocombustíveis, óleos lubrificantes vegetais, fibras, embalagens biodegradáveis, etc.;
3. examinar maneiras pelas quais a paisagem possa ser estruturada para minimizar a pressão de pestes sobre colheitas, pela criação de hábitats que encorajem os inimigos naturais dessas pestes, por exemplo; e observar outras maneiras de coordenar a interação entre flora e fauna selvagem e domesticada, assim como a formação de uma paisagem agrícola variável e produtiva (cultivo por faixas, permacultura, bosques, jardins e agro-silvicultura são todos exemplos disso);
4. desenvolver novos sistemas de cultivo onde exista um equilíbrio entre a decomposição e o aproveitamento do húmus;
5. desenvolver máquinas mais leves que minimizam a compressão do solo, mesmo nas camadas mais profundas do solo;
6. manter as técnicas de desenvolvimento para minimizar a perda de nutrientes vegetais durante a manipulação de adubo de propriedade agrícola; e
7. manter os métodos de desenvolvimento do uso de água servida e detritos da residência para
8. produção biológica, sem uma acumulação de substâncias tóxicas.

Os problemas ambientais costumam ser causados por interações que não conhecemos o suficiente. Em grande parte, os problemas ambientais são causados por interações que nem mesmo temos consciência de que ignoramos. Se a pesquisa terá um papel importante para encontrar as soluções para os problemas ambientais agrícolas, e portanto a manutenção a longo prazo da humanidade, será preciso reconhecer o conhecimento implícito dos agricultores. Expressões como ter o "dedo verde" são usados para explicar a habilidade de alguns. Seria de grande interesse para a pesquisa agrícola entender em que consiste esse conhecimento e como seria mais bem preservado. Para isso, os agricultores teriam de participar e ser co-responsáveis pelos processos de pesquisa e desenvolvimento, de forma que a sua experiência, criatividade e motivação pudessem ser postos em prática.

Na busca de soluções, deve haver uma receptividade à pesquisa que não se enquadra no âmbito da tradição analítica. Um alto grau de novo pensamento é necessário, com o desenvolvimento de métodos e uma abordagem interdisciplinar para considerar os inter-relacionamentos multifacetados no sistema agrícola. É importante estar aberto a esforços de pesquisa corajosos (embora ocasionalmente perspectivas em larga escala possam ser difíceis de controlar) no sentido de alcançar renovação científica e ganhar conhecimento que permitam a transição para uma sociedade sustentável.

MANTENDO A ESCOLHA

Cedo ou tarde temos de mudar o curso e nos adaptar ao princípio ecocíclico. Se continuarmos a acumular um conjunto de idéias inviáveis, então os custos de uma reestruturação se tornarão proibitivos. Se arruinarmos as terras férteis, ficará mais difícil atender às demandas crescentes de produção da terra do futuro.

Atualmente, a agricultura está sendo forçada a fechar as portas; as contratações de mão-de-obra no setor agrícola são baixas e o despovoamento rural em áreas inteiras parece iminente. O plantio de árvores e o desenvolvimento de arbustos sobre a terra cultivável são os resultados visíveis dessa tendência. Isso vai diretamente contra o que deveríamos estar fazendo de fato — preparando para satisfazer as demandas que serão apresentadas em relação à agricultura durante a fase de transição para uma sociedade sustentável. Também limita o nosso espaço de manobra futuro.

Para manter a liberdade de escolha para o futuro, deve a sociedade imediatamente:

1. preservar as terras cultiváveis como um recurso. Isso significa por um lado manter a fertilidade do solo (por exemplo, não o envenenando com poluição industrial e do trânsito de veículos) e também ter restrições quanto às construções e ao uso de asfalto sobre o solo de cultivo; e

2. proteger a mão-de-obra agrícola e promover um sistema agrícola robusto no país inteiro.

Como Chegaremos Lá?

É necessária uma mudança de direção nas decisões políticas se os agricultores, consumidores, empresas e a indústria de alimentos de varejo quiserem começar a se adaptar ao princípio ecocíclico. Decisões políticas devem tornar economicamente possível as pessoas se adaptarem ao princípio ecocíclico, algo que beneficiará toda a sociedade no final das contas. Para chegar lá, o debate político sobre a agricultura deve deixar de lado as questões dos preços de alimentos e as fontes de poluição específicas e partir para questões globais relativas à vida doméstica e à qualidade de vida. Um amplo painel de opiniões também deve exercer uma forte pressão sobre as pessoas que ocupam cargos de poder político.

A seguir, alguns passos essenciais na criação dessa corrente necessária de opinião:

1. São necessários programas educacionais de longo alcance sobre o pensamento ecocíclico em todos os níveis da sociedade. Os conhecimentos das condições para a vida sobre a Terra e a subsistência da humanidade devem ser integrados em todas as outras disciplinas educacionais;
2. É importante que as próprias organizações dos agricultores, por manifestações e ação, apóiem a transição para a agricultura sustentável e para uma sociedade mais sustentável;
3. Bons exemplos têm de ser criados e enfatizados de forma que as pessoas possam considerar alternativas para apresentar maneiras de produzir e consumir. A agricultura ecológica tem um papel importante a desempenhar nesse sentido;
4. A rotulagem ecológica e outras informações ao consumidor desempenham um papel significativo na informação das pessoas sobre os efeitos do nosso consumo da natureza. Ao mesmo tempo, tais medidas estimulam os agricultores e outros empresários a ousar tentar métodos mais sustentáveis;
5. Lojas de varejo locais e quitandas podem influir no sentido de fortalecer a confiança das pessoas nos agricultores, além de dar aos agricultores a oportunidade de descobrir mais sobre as preferências do consumidor e depois orientar a consciência do público em geral sobre os ciclos biológicos.

Glossário

áreas de cultivo fantasmas

Terras em um país que são usadas para o enriquecimento de outros países. O termo foi cunhado por Georg Borgström [veja *The Hungry Planet* (Macmillan, 1972)] e é usado para indicar a exploração de recursos em países em desenvolvimento pelos países industrializados.

biosfera

A parte do solo, da água ou da atmosfera que contém ou é influenciada fortemente pelos organismos vivos.

ciclo biogeoquímico

Um termo coletivo para todos os ciclos naturais. É um termo de uso comum, principalmente porque a maioria das funções na natureza depende de uma combinação de vários ciclos. Por exemplo, a formação do solo depende dos ciclos biológico, geológico, químico e hidrológico.

ciclos geológicos

Os processos que constroem, decompõem e reconstroem os tipos de rocha e solo, incluindo a sua composição, estrutura e forma na paisagem.

ciclos hidrológicos

O ciclo da água.

consenso

Uma decisão com a qual todos concordam.

diversidade

A presença de uma grande diversidade de espécies ou subespécies. A "diversidade" é a presença de subdivisões entre grupos dentro da biomassa total em um ecossistema. A baixa diversidade implica então que algumas espécies dominam o sistema.

ecossistema

Um sistema no qual os organismos vivos afetam uns aos outros e o meio ambiente. O que definimos como um ecossistema pode variar de tamanho de um micro-hábitat até todos os organismos de um oceano. O que define algo como um ecossistema é o inter-relacionamento (funcional e estrutural) entre todos os componentes do sistema. Por "componentes" nos referimos a produtores, consumidores, agentes recicladores, assim como condições químicas e fisioquímicas.

ecossistema agrícola

Um ecossistema que, embora fortemente influenciado pelos humanos, é dirigido pela energia solar com as seguintes exceções: requer energia assistida, na forma de animais de tração, trabalho humano ou combustíveis fósseis. Geralmente tem um nível de diversidade biológica inferior, tanto em termos de espécies quanto de variedade genética de indivíduos dentro da espécie. O sistema é caracterizado pela pressão seletiva humana a longo prazo sobre espécies e variedades. O controle dos ecossistemas agrícolas é externo (ou controlados pelo homem) e se concentra em objetivos, em vez de interno e com base em mecanismos cíclicos, como é o caso de um ecossistema natural. Também é um sistema mais aberto que o ecossistema natural: o movimento da energia e dos materiais para dentro e para fora do ecossistema é significativo. O ecossistema agrícola é instável e requer manutenção constante do seu cultivador.

esgotamento do material orgânico

O cultivo intenso do solo e a prática de métodos da agricultura aberta aumentam os níveis de oxigênio na terra e assim aceleram a rotatividade do material orgânico. Quando são praticados métodos de cultivo que decompõem a matéria orgânica mais rapidamente do que esta pode ser reconstituída, nos referimos a esgotamento.

hidrosfera

Toda a água sobre a Terra e na atmosfera.

húmus

Material orgânico composto de plantas mortas e resíduos animais no processo de decomposição, que perdem a sua estrutura externa original.

litosfera

A crosta terrestre. A terra que contém ou é fortemente afetada pelos organismos vivos é definida pelo termo "biosfera". Já todo o solo é chamado "litosfera" neste documento.

märgling

O uso do solo com alto teor de cálcio (terra embaixo da camada superior do solo) como uma maneira de melhorar a qualidade do solo. O *märgling* era um método comum de aprimoramento do solo (principalmente em Skåne) antes da época dos fertilizantes químicos. O *märgling* era principalmente um efeito do cálcio, mas também acrescentou nutrientes vegetais ao campo assim como tornou os nutrientes vegetais no material orgânico dentro da terra acessíveis por estimular a microfauna com o aumento dos valores de pH.

micorriza

A simbiose entre fungos e raízes vegetais. Os fungos obtêm carboidrato das raízes, e a hifa dos fungos ajuda a planta a maximizar o seu consumo de água e nutrientes, como fosfato.

mudança climática

Mudança regular nos ciclos climáticos que pode se estender por décadas, séculos ou milênios.

pastagens abertas

Pasto do gado com plantas leguminosas e/ou grama.

planta anual

Planta que completa o seu ciclo de vida em um ano.

plantas perenes

Uma planta que cresce por mais de dois anos.

poluição molecular

Resíduos na forma de moléculas, íons ou outras partículas que não estão ligadas a nenhum ciclo.

rotação de culturas

A seqüência na qual as plantas devem ser semeadas em uma determinada área.

tecnosfera

Todas as construções humanas, máquinas, ferramentas, etc.

A FILOSOFIA DE THE NATURAL STEP E OS VALORES ESSENCIAIS DA ORGANIZAÇÃO (EXCERTO)

SUMÁRIO

Propósito e Visão 263

Antecedentes 263

Metas e Objetivos 265

Valores Essenciais.. 266

Processos do TNS 266

Métodos e Produtos... 268

Setembro, 1998 (revisado do encontro do TNSI em Estocolmo, agosto, 1998)

1. PROPÓSITO E VISÃO

1.1 O propósito deste documento é estabelecer os valores, metas, objetivos e os processos de The Natural Step. Deve ser revisado regularmente.

1.2 O propósito do TNS é promover um compromisso genuíno com o desenvolvimento sustentável entre todas as organizações e pessoas. O TNS procurará apoiar, encorajar e supervisionar a promoção e a aplicação da Estrutura de Referência do The Natural Step.

1.3 A nossa visão é de que todos os participantes da sociedade venham a entender os benefícios — tanto egoístas quanto altruístas — de aplicar os princípios de primeira ordem da sustentabilidade ecológica e social como um conjunto de idéias comuns para o diálogo, a solução de problemas e a produção de riqueza.

2. ANTECEDENTES

2.1 Durante os últimos cem anos, os humanos têm perturbado os processos cíclicos da natureza em um ritmo acelerado. No momento, as sociedades humanas, em graus variados, processam os recursos naturais em sentido linear. A complexidade dos ecossistemas é tamanha que os cientistas não conseguem prever os limites de tolerância à poluição e outras influências negativas. Além disso, geralmente passa-se muito tempo antes de as conseqüências aparecerem; os efeitos das ações atuais talvez só sejam percebidos depois de muitos anos.

2.2   Embora no mundo inteiro estejam em andamento muitas iniciativas ambientais e para o desenvolvimento sustentável no momento, tem havido confusão quanto ao significado de uma sociedade sustentável. A mudança fundamental e sistêmica ainda está para acontecer. As pessoas precisam de informações para perceber as restrições e as possibilidades para o futuro, instrumentos para desenvolver visões pertinentes e sedutoras, além de instrumentos que possam orientar a todos nós no rumo indicado por essas opiniões.

2.3   Em 1989, o dr. Karl-Henrik Robèrt, um cancerologista sueco, começou a desenvolver a estrutura de referência e os processos de The Natural Step. Depois de 21 rascunhos circulados entre si, um grupo dos mais destacados cientistas suecos endossou um documento de consenso com o esboço de uma avaliação fundamental sobre as questões ecológicas e os princípios subjacentes da sustentabilidade. A partir do consenso científico, e do intenso diálogo subseqüente, os princípios de primeira ordem para a sustentabilidade social e ecológica — as quatro "Condições Sistêmicas" — foram posteriormente definidas e aperfeiçoadas num trabalho conjunto entre Karl-Henrik Robèrt e John Holmberg. As Condições Sistêmicas são um componente essencial da Estrutura de Referência do TNS para o trabalho científico e para a tomada de decisão entre as empresas, governos, classes profissionais e em nível individual.

2.4   O grupo original de sessenta cientistas tem aumentado desde então, em redes internacionais de organizações como ONGs, universidades, corporações empresariais, comunidades, municípios e profissionais como cientistas e formadores de opinião, que endossaram a Estrutura de Referência do TNS. Essas redes de trabalho ofereceram o seu tempo para organizar novos documentos de consenso, programas educacionais e demonstrações do que pode ser alcançado dentro das suas próprias hierarquias.

2.5   A organização *Det Naturliga Steget* (The Natural Step) atuava na Suécia por meio de atividades educacionais difundidas entre empresas, comunidades e o público em geral. O modelo de The Natural Step foi adotado no planejamento estratégico e em atividades de treinamento em numerosas empresas — incluindo IKEA, Electrolux e o McDonald's sueco — além de um grande número de municípios.

2.6   Organizações do TNS foram estabelecidas em outros países, sob licença dos criadores originais suecos. Em 1996, os representantes das organizações do TNS na Austrália, Holanda, Estados Unidos, Reino Unido e Canadá constituíram uma Diretoria informal para a promoção da disseminação internacional subseqüente e controle da qualidade do conceito do TNS. Em 2001, a Diretoria era constituída por representantes de nove países — Austrália, Canadá, Israel, Japão, Nova Zelândia, África do Sul, Suécia, Reino Unido e Estados Unidos. O TNS estabeleceu vínculos de trabalho com todos os setores: universidades, escolas, comunidades, corporações empresariais, empresários, consultores, políticos, municípios, sindicatos e o público em geral.

3. METAS E OBJETIVOS

3.1   As metas do TNS são:
- aprofundar o compromisso com o desenvolvimento sustentável em âmbito mundial pelo uso do material educativo e de tomada de decisão do TNS conforme aplicado e promovido pelas organizações nacionais;
- manter a qualidade e integridade dos materiais informativos do TNS;
- fortalecer o trabalho dos escritórios do TNS, agindo como uma troca de informação para o desenvolvimento de materiais informativos e a disseminação dos melhores métodos;
- encorajar a cooperação e o debate na rede de organizações no interesse de ampliar e desenvolver a metodologia do TNS, documentos de consenso e materiais informativos;
- coordenar as comunicações e ajudar no processo de intercâmbio e cooperação entre as organizações.

3.2   No sentido de atingir as metas acima, os seguintes objetivos devem ser mantidos:
- o desenvolvimento contínuo de processos e materiais que facilitam a aprendizagem contínua sobre o desenvolvimento sustentável dentro do contexto da Estrutura de Referência do TNS;
- um processo justo, aberto e rigoroso para as comunicações que estimule o desejo de participar e assegure a manutenção dos valores essenciais do TNS;
- um diálogo contínuo dentro da comunidade científica mundial para ampliar o consenso científico em torno da Estrutura de Referência do TNS e aprofundar a compreensão da sua aplicação;
- um meio eficaz de garantia de qualidade e auditoria dos materiais e programas do TNS, compatível com a necessidade de manter a integrida-

de e a peculiaridade do TNS, assim como reconhecer a diversidade cultural da associação;
- uma organização eficaz, estável, respeitada e financeiramente robusta.

4. VALORES ESSENCIAIS

4.1   O TNS pratica uma abordagem não-antagonista e sempre respeitosa das opiniões das outras pessoas.

4.2   O TNS é uma organização apolítica e não-religiosa.

4.3   O TNS é uma organização com base científica e procura assegurar que todo o seu trabalho se baseie firmemente numa pesquisa científica sadia.

4.4   O papel do TNS é obedecer e ensinar os princípios científicos que possam servir como denominadores comuns para as diferentes culturas. Ao mesmo tempo, o TNS reconhece que, de acordo com as pessoas, a sustentabilidade tem tanto a ver com sentimentos profundos e ligações com o espírito humano e com culturas indígenas, como também com a lógica e a razão.

4.5   O TNS quer ser uma organização aberta, abrangente, acessível a todos, que acredita na transparência entre os escritórios do TNS e os seus muitos interessados.

4.6   O TNS esforça-se para ser uma organização educativa, que permite toda liberdade às pessoas e diferentes aproximações e iniciativas dentro da Estrutura de Referência do TNS como um todo.

4.7   O TNS aspira alcançar os mais elevados padrões ambientais com o seu desempenho, assegurando o "diálogo instrumentado"* em todas as suas operações.

4.8   O TNS atribui um valor muito elevado à diversidade de espécies, pessoas e culturas e enseja ver essa diversidade prosperar dentro do "modelo de pensamento participativo" que está promovendo.

4.9   O TNS está comprometido com o encorajamento da aprendizagem contínua, como organização e no seu trabalho com os outros.

5. PROCESSOS DO TNS

Com base nos valores essenciais do TNS, desenvolveram-se determinadas abordagens, técnicas e métodos que caracterizam o trabalho realizado pelo TNS:

5.1   Definição de Sustentabilidade

---

* No original, "*walk the talk*", que pode tanto referir-se a "encaminhar o diálogo" (como proposto no título da Terceira Parte, q.v.), quanto ser uma referência à inclinação aristotélica para o discurso peripatético, no qual se dialoga (e se aprende) caminhando. (N. do T.)

A sustentabilidade só pode ser definida no nível dos princípios. O diálogo nas redes de relacionamento do TNS desenvolveu princípios de primeira ordem para a sustentabilidade, as chamadas Condições Sistêmicas. Elas são fundamentais para o diálogo científico dentro do TNS.

5.2 Modelos de pensamento participativos

O TNS encoraja o desenvolvimento de "modelos de pensamento participativos", com base no uso de algumas características centrais, incluindo as quatro Condições Sistêmicas e técnicas baseadas nas quatro Condições Sistêmicas, como o *backcasting* e o pensamento em retrospectiva ("rio acima").

5.3 Estrutura de Referência do TNS

A Estrutura de Referência do TNS constitui uma metodologia científica para o planejamento estratégico da sustentabilidade social e ecológica. Aplica o *backcasting* a partir dos princípios básicos para a sustentabilidade sobre uma metodologia denominada "Análise A, B, C, D".

5.4 Simplicidade sem Redução

O TNS esforça-se para entender e explicar os sistemas da maneira mais simples possível. Isso requer a compreensão dos princípios de primeira ordem de qualquer sistema, de modo que as causas "rio acima" de qualquer problema possam ser entendidas e tratadas corretamente. As medidas para tratar com os "problemas detalhados rio abaixo" fluem então mais logicamente a partir dessa análise rio acima. Essa abordagem simplifica a maneira de tratar a complexidade, ainda que não a "simplifique", no sentido de desconsiderar qualquer parte da complexidade. Explicamos essa abordagem como "simplicidade sem redução".

5.5 Consenso

A elaboração do consenso encontra-se no âmago da maneira pela qual o TNS busca aumentar a sua influência sobre a sociedade. Quando a tarefa fundamental é identificar os princípios de primeira ordem de qualquer sistema, muitos cérebros trabalhando em conjunto funcionam melhor que um cérebro sozinho.

5.6 O Melhor Método

O TNS apresenta as suas idéias com base em exemplos de bons métodos, para encorajar os outros a aprender com esses exemplos e assim avançar no próprio caminho. Os materiais informativos do TNS são criados especificamente para servirem como elementos de apoio e não de oposição.

5.7 Aprendizagem Autônoma

Até onde é possível, o TNS encoraja as pessoas a assimilar a Estrutura de Referência do TNS no nível de princípios gerais, e a considerar em detalhes as implicações e aplicações relacionadas diretamente ao seu trabalho e especialização. Isso ajuda a estabelecer a responsabilidade em comum pelas soluções.

5.8 Parcerias e Cooperação

O TNS acredita que pode obter maiores resultados com a elaboração de elementos de ligação e o desenvolvimento de parcerias entre as pessoas e as organizações do que trabalhando de maneira isolada ou pelo confronto.

5.9 Aprendizagem Contínua

O desenvolvimento do TNS depende do desempenho dos seus funcionários, clientes e demais interessados, e na vontade de todos os envolvidos de buscar sempre o aprimoramento e o refinamento dos seus métodos, e de compartilhar as suas experiências com os outros. Isso requer:

• Atualização — a responsabilidade de atualizar sistematicamente o material pedagógico do TNS;

• Desenvolvimento — a responsabilidade de buscar novos instrumentos necessários para finalidades específicas onde os instrumentos gerais não sejam suficientes;

• Intercâmbio — compartilhar os novos instrumentos e as novas experiências, assim como erros e problemas;

• Capacidade de escutar — estar sempre abertos a críticas.

5.10 "Sim, e..."

A maneira convencional de expressar a discordância é sintetizada no método "Sim, mas..." O TNS prefere o método "Sim, e...", reconhecendo a validade e a importância de opiniões divergentes e depois adotando-as como base ao inseri-las na Estrutura de Referência do TNS. Dessa maneira, o "oponente" (que muitas vezes pode estar fazendo o papel de advogado do diabo) é convidado ao diálogo em vez de um debate baseado no ataque e na defesa. Isso é reforçado ao se pedir conselhos e ajuda sobre todas as opiniões em discussão.

5.11 "A Favor ou Contra"

Em vez de partir para julgamentos imediatos a favor ou contra determinados métodos, produtos ou tecnologias, o TNS prefere ajudar as pessoas a fazer esse julgamento por si mesmas em relação à Estrutura de Referência do TNS.

6. MÉTODOS E PRODUTOS

Cada escritório do TNS usa uma variedade de métodos diferentes (educação, treinamento, aprendizagem baseada no trabalho, consultas, pesquisas, aconselhamentos, etc.), segundo os quais foi desenvolvida uma grande variedade de produtos. Muitos outros encontram-se em fase de desenvolvimento. Entre os produtos existentes destacam-se:

6.1   Documentos de Consenso

Diversas áreas problemáticas no campo da sustentabilidade social/ecológica foram sistematicamente desenvolvidas por grupos de especialistas utilizando a Estrutura de Referência como um modelo de pensamento participativo para o diálogo e a solução de problemas.

6.2   Publicações Científicas

Publicaram-se vários estudos científicos e dissertações de doutorado tratando diretamente de The Natural Step.

6.3   Instrumentos de Treinamento/Ensino

Foram desenvolvidos diversos vídeos, livros, transparências, manuais de treinamento e estudos de caso para uma grande variedade de público.

6.4   "Treinamento de Treinadores"

Alguns desses materiais são usados pelos escritórios do TNS para "treinar os treinadores" em empresas, municípios, e assim por diante. Esses treinadores tornam-se depois os principais divulgadores dos materiais do TNS aos seus colegas.

6.5   Projetos

Projetos especiais para ajudar a despertar a consciência no público em geral, envolvendo jogos, exposições, prêmios, etc.

6.6   Consultoria

O TNS desenvolve instrumentos especializados para uso no seu contínuo trabalho de consultoria, abrangendo áreas como liderança e administração, ISO 14001, análise do ciclo de vida (LCA), contabilidade verde, desenvolvimento de produtos, iniciativas na cadeia de abastecimento, avaliações da sustentabilidade, e assim por diante.

APÊNDICE 3

A Estrutura de Referência do TNS e Instrumentos para o Desenvolvimento Sustentável

Instrumentos e Conceitos para o Desenvolvimento Sustentável: Como Eles se Relacionam com um Conjunto de Idéias Gerais para o Desenvolvimento Sustentável e entre Si? (Publicado no The Journal of Cleaner Production, *Vol. 8 (3), 2000, pp. 243-254*

Karl-Henrik Robèrt[1]

RESUMO

Apresentamos um conjunto de idéias gerais para o planejamento da sustentabilidade e então relacionar esse planejamento a alguns instrumentos bem conhecidos para o desenvolvimento sustentável. Essa estrutura de referência segue-se a princípios de como um sistema é constituído (princípios ecológicos e sociais) e contém os princípios para um resultado favorável para o sistema (sustentabilidade), assim como os princípios do processo para alcançar esse resultado (desenvolvimento sustentável). Os princípios para a sustentabilidade definem o resultado favorável e direcionam a solução de problemas retrospectivamente até as origens do problema. Em seguida é elaborado um programa de atividades por meio do *backcasting* a partir dos resultados definidos para os problemas atuais. Isso é seguido pela "metrificação" — diversos conceitos para medir e monitorar as atividades. A maioria dos conceitos e instrumentos para o desenvolvimento sustentável funciona como metrificação, por exemplo a Análise de Ciclo da Vida, a Pegada Ecológica e o Fator X. O Sistema de Gestão Ambiental, como o ISO 14001 ou o EMAS*, é

---

* Em inglês (EMAS), Sistema de Ecogestão e Auditoria instituído pelo Parlamento Europeu. (N. do T.)

um meio de comunicação administrativo que organiza sistematicamente os resultados, as atividades e as metrificações específicos de uma empresa com a estrutura de referência geral para a sustentabilidade. Do ponto de vista estratégico, a medição deve mensurar o grau de alinhamento das atividades com os princípios contidos na estrutura de referência para a sustentabilidade. A estrutura de referência não é uma alternativa a conceitos e instrumentos para a metrificação. Precisamos de todos eles, porque eles representam os diferentes níveis inter-relacionados do planejamento estratégico.

Palavras-chave: Desenvolvimento sustentável, sustentabilidade, pensamento sistêmico, *backcasting*, estratégias, planejamento estratégico, Fator X, Fator 4, Fator 10, Pegada Ecológica, ISO 14001, EMAS, SGA, Condições Sistêmicas, The Natural Step (TNS).

Introdução

Poucas tendências têm crescido mais constantemente durante as últimas décadas do que as preocupações com o desenvolvimento não-sustentável e a vontade crescente da sociedade de resolver essa situação. Isso levou a um maior interesse pela questão da ecologia em geral. Também vimos que o desenvolvimento de vários conceitos para a administração sistêmica e o monitoramento do desenvolvimento sustentável obtiveram a aceitação mundial. Exemplos disso são os diversos sistemas de gestão ambiental, aplicados para um melhor desempenho ecológico nas empresas, sendo que o mais amplamente aceito forma o ISO 14001 e o sistema correspondente lançado pela União Européia, o EMAS. E testemunhamos o desenvolvimento de muitos outros instrumentos com objetivos mais específicos, como a análise do ciclo de vida[2,3], a Pegada Ecológica[4] e o Fator 10, por exemplo, Fatores 4[5,6] e 10[7,8].

Alguns dos principais institutos de pesquisa avançada nessa área foram convidados para um seminário do UNEP, em outubro de 1998, para apresentar seus programas, trocar informações, descobrir a inter-relação entre vários conceitos para o desenvolvimento sustentável nas empresas e concentrar-se em questões que ainda precisam de atenção[9]. Esse trabalho é um resultado direto dessa reunião. Como se inter-relacionam os conceitos e instrumentos para o desenvolvimento sustentável? Uma maneira de responder a essa pergunta seria definir a fase final de todo esse planejamento e monitoramento, os princípios para a sustentabilidade, e depois aplicar esses princípios como ponto de referência para determinar o inter-relacionamento dos vários instrumentos e conceitos.

Juntamente com The Natural Step (TNS, uma Organização Não-Governamental [ONG] para o Desenvolvimento Sustentável), elaboramos e explicamos um conjunto de idéias para o desenvolvimento sustentável sistemático e estratégico, com base em um conjunto dos princípios básicos.[10, 11, 12] Adotando essa estrutura de referência como elemento básico, estudamos conceitos como Pegada Ecológica[13], Fator 10[14], LCA[15] e um modelo para o planejamento de produtos[16].

Ó propósito deste trabalho é desenvolver um modelo geral para o relacionamento entre estrutura de referência de um lado e diversos conceitos e instrumentos do outro. Mais adiante, o propósito é aplicar esse modelo para estudar como alguns conceitos bem conhecidos se relacionam, não só em relação à sustentabilidade, mas também entre si. Na Primeira Parte, apresentamos um esboço da estrutura de referência anteriormente mencionada. Na Segunda Parte, introduzimos um modelo simples que descreve a relação hierárquica geral entre os princípios do planejamento em qualquer sistema, e as diversas medidas e instrumentos para a administração do sistema nos outros. Na Terceira Parte, analisamos os componentes da Estrutura de Referência do TNS em relação a esse modelo. Na Quarta Parte, explicamos o que a estrutura de referência para o desenvolvimento sustentável, como a Estrutura de Referência do TNS, *não é*. A disseminação relativamente rápida da Estrutura de Referência do TNS na política e no debate ambiental levou a vários mal-entendidos. Na Quinta Parte, e com base na análise da Segunda e da Terceira Partes, discutimos como o ISO 14001, a Pegada Ecológica, o Fator X e o LCA se relacionam entre si. A Sexta Parte contém um resumo e conclusões.

Primeira Parte. Princípios básicos para lidar com a complexidade.

A capacidade da ecosfera para sustentar a produtividade e a biodiversidade dos ecossistemas, e assim sustentar a sociedade com as suas demandas de serviços e recursos da ecosfera, depende de interações muito complexas entre as várias espécies dentro dos ecossistemas e entre os ecossistemas e o mundo geofísico circunvizinho.[17] A não-sustentabilidade significa uma degradação sistêmica dessa capacidade. Por razões óbvias — a ecosfera é um sistema complexo — essa degradação é percebida como uma gama muito diversa de sintomas (mudanças climáticas, efeitos ecotóxicos, doenças, perda da biodiversidade, perda da produtividade no solo cultivável e nas regiões pesqueiras, tensões sociais e políticas, etc.). O atraso entre a causa ou atividade "rio acima" (por exemplo, fabricação e uso de CFCs pela sociedade) e os efeitos observados sobre sintomas "rio abaixo" cuidadosamente investigados e definidos (por exemplo, diversos sintomas resultantes do aumento da radiação ultravioleta) às vezes pode ser de várias décadas. Pelas mesmas razões, os efeitos de diversos esforços para lidar com os sintomas — um por um — também é muito diverso e complicado de se analisar e descrever. Às vezes, é até mesmo uma questão de compromissos, quer dizer, um resultado favorável em um sentido (por exemplo, menos emissões tóxicas de veículos adaptados com catalisadores) leva a um resultado desfavorável em outro (por exemplo, o consumo de metais preciosos). Isso se torna ainda mais complicado quando se considera o ponto de vista da economia. Se altos investimentos levam a becos sem saída (por exemplo, grandes investimentos em motores de automóveis tradicionais para torná-los um pouco mais eficientes), isso pode tornar-se ainda mais problemático do que não fazer nada, uma vez que isso está vinculado a recursos que poderiam ser usados mais eficazmente em medidas mais essenciais de uma perspectiva da sustentabilidade (por exemplo, desenvolver motores que possam ligar as atuais tecnologias Otto e Diesel com as tecnologias do futuro, como as células de combustível).

Para ser capaz de escolher medidas pertinentes e lidar com toda essa complexidade de uma maneira abrangente e sistemática, precisamos pensar "rio acima" nas cadeias de causa-efeito, e aplicar o *backcasting* ao executar o planejamento. O que isso representa?

- **Pensamento "rio acima".** Os problemas são resolvidos com o pensamento rio acima, em cadeias de causa-efeito, quer dizer, adotando-se medidas para eliminar as origens subjacentes dos problemas em vez de "fixar" os problemas depois que eles ocorreram. Devem-se estudar os sintomas complexos na natureza decorrentes do desenvolvimento não-sustentável, assim como as causas sociais rio acima desses sintomas.

- ***Backcasting.*** Imagina-se como seria o futuro desejado, depois de terem sido cumpridos todos os procedimentos para o êxito, e depois planeja-se o que deve ser feito no momento para chegar àquele ponto.[12, 18, 19, 20] Em sistemas complexos como a ecosfera, e em projetos complicados como o do desenvolvimento sustentável, essa é uma metodologia eficaz para ajustar as diversas medidas umas em relação às outras, de modo que cada atividade possa ser uma base lógica para a subseqüente. O *backcasting* é diferente da estratégia de "previsão" que é aplicada com mais freqüência — quer dizer, iniciar o procedimento de planejamento a partir da situação existente no momento, projetando os problemas e as tendências existentes no momento, para chegar ao que é considerado como a solução "realista" do ponto de vista atual sobre o futuro. Se nos contentássemos com esse tipo de previsão como a única estratégia de planejamento, é quase certo que correríamos o risco de continuar no futuro com as causas subjacentes dos problemas, especialmente quando as tendências existentes no momento é que são as maiores motivações dos problemas que encontramos (os atuais combustíveis, a atual infra-estrutura, o atual modo de calcular o desempenho econômico da sociedade em termos de PIB, os custos relativamente altos atuais das alternativas "verdes" no mercado, etc.). Deveríamos permitir que o que é considerado "realista" hoje influenciasse apenas o ritmo da transição, não a sua orientação. Essa é a essência do *backcasting*.

O pensamento rio acima e o *backcasting* requerem princípios básicos. Para entender as causas rio acima dos sintomas atuais na ecosfera, assim como para planejar sistematicamente um resultado favorável para quando as causas desses sintomas já não estiverem mais presentes, precisamos de um conjunto dos princípios robustos que definam o resultado do planejamento (sustentabilidade). Tais princípios devem, é claro, abranger os resultados e ainda não se sobrepor — quer dizer, cada princípio deve abranger o seu aspecto funcional distinto da sustentabilidade. Precisamos desses princípios para assegurar que não deixamos de lado aspectos pertinentes da sustentabilidade e acompanhar a transição de uma maneira abrangente. Se os nossos esforços para alcançar a sustentabilidade não se basearem nos princípios globais para aquela fase, haverá um grande risco de resolvermos os problemas atuais criando novos problemas. Por exemplo, promover a descontinuidade gradual no uso de compostos antinaturais persistentes só quando os efeitos negativos ocorrerem e forem constatados, trocando-os por novos compostos antinaturais persistentes, cujos efeitos — e concentrações "seguras" — não são conhecidos, resultará em efeitos mais negativos adiante. Infelizmente, uma falta grave em muitos programas que promovem esse tipo de inventário é que deixam de considerar os princípios da sustentabilidade.[21]

A Estrutura de Referência do TNS

Não temos como explicar em detalhes como seria um futuro sustentável. Mas podemos definir os seus princípios básicos. Com base nesse raciocínio, a Estrutura de Referência do TNS foi elaborada para proporcionar ao público em geral, à comunidade científica e às pessoas encarregadas de tomar decisões nas empresas e na política, um modelo de pensamento que possibilite planejar e avaliar as atividades do ponto de vista da sustentabilidade futura. A Estrutura de Referência do TNS é aplicada no diálogo, na solução de problemas, no planejamento estratégico e como princípio norteador para a fusão do ISO 14001 com programas de investimento estratégicos para empresas.[12, 20, 22, 23] A Estrutura de Referência consiste nos três componentes seguintes:

(i) **O funil.** Uma metáfora para a consciência do problema global da não-sustentabilidade — o declínio da capacidade da ecosfera de sustentar as nossas economias atuais e a própria vida. As colheitas intensivas em excesso, a remoção e substituição e outras formas prejudiciais de manipulação física causam a perda da produtividade de florestas, terras produtivas e pesqueiros (mesmo que as colheitas e as capturas possam aumentar durante algum tempo). A conseqüência é que essas bases de recursos vitais requerem uma inversão de recursos cada vez maiores (fertilizantes, pesticidas, etc.) para a mesma colheita ou captura. Ao mesmo tempo, os ecossistemas estão sujeitos a concentrações cada vez maiores de substâncias que causam mudanças climáticas e os poluem. Finalmente, cada vez mais pessoas na Terra contribuem para o efeito de funil; *per capita*, as paredes do funil fecham-se ainda mais. Essa metáfora também é usada para explicar o benefício resultante de evitar as paredes do funil e promover atividades para a sua abertura. Às empresas e políticos que contribuem para o estreitamento do funil em relação às nossas condições de saúde, bem-estar e prosperidade, as paredes do funil se traduzirão como custos cada vez mais altos para administração do lixo, impostos, seguros, reservas, empréstimos, perda de credibilidade no mercado e perda de participação no mercado em relação aos demais que estejam habilmente considerando esses aspectos no seu planejamento para o futuro.[12, 22]

(ii) **As Quatro Condições Sistêmicas.** As condições básicas para a sustentabilidade no sistema ecosfera/sociedade — quer dizer, os princípios que definem a abertura do funil. As primeiras três condições foram desenvolvidas como mecanismos funcionalmente diferentes para a não-sustentabilidade ecológica — quer dizer, os diferentes mecanismos pelos quais podemos destruir a capacidade da ecosfera de nos sustentar. Então pusemos um "não" em cada um desses mecanismos. A quarta condição é a condição básica com relação ao nosso uso dos recursos na sociedade, para possibilitar a satisfação das outras três condições.

Na sociedade sustentável, a natureza não está sujeita a aumentar sistematicamente as seguintes condições:
1. as concentrações de substâncias extraídas da crosta terrestre;
2. as concentrações de substâncias produzidas pela sociedade;
3. a degradação por meios físicos; e, naquela sociedade,
4. as necessidades humanas são satisfeitas em todo o mundo.

Por violar as Condições Sistêmicas é que a sociedade causa o estreitamento das paredes do funil. De acordo com a discussão geral a respeito, é muito complicado fazer uma descrição detalhada de todos os sintomas que se manifestam na natureza por termos violado esses princípios. Por causa da complexidade, e do fato de as concentrações "seguras" para a acumulação de substâncias serem extremamente difíceis de prever, e por causa da longa demora entre os mecanismos causais "rio acima" da sociedade (por exemplo, produção de CFCs) e o aparecimento "rio abaixo" de sintomas bem definidos na natureza (por exemplo, efeitos negativos do aumento da radiação ultravioleta), é essencial aplicar as Condições Sistêmicas para nortear as nossas decisões, focalizando a atenção rio acima nas cadeias de causa-efeito. Estamos contribuindo rio acima para o problema do aumento de problemas rio abaixo? Na prática, isso significa que devemos considerar como de alta prioridade perguntas do tipo:

"Estamos introduzindo substâncias persistentes estranhas à natureza no curso das atividades econômicas da nossa empresa?", ao mesmo tempo que nos perguntamos sobre: "Estamos emitindo substâncias que são bioacumulativas e/ou ecotóxicas?"

(iii) **Uma estratégia para evitar as paredes do funil e chegar à sua abertura.**

1. Abordagem passo a passo. Significa fazer perguntas rio acima pertinentes com respeito às Condições Sistêmicas. "Essas atividades diminuem a nossa dependência da contribuição para a violação atual das Condições Sistêmicas pela sociedade?" "Diminuímos sistematicamente: a) a nossa demanda de combustíveis fósseis e do uso dissipativo de metais (Condições Sistêmicas 1 e 4); b) o nosso uso de compostos antinaturais persistentes (Condição Sistêmica 2); c) qualquer atividade que viole fisicamente a vitalidade dos ecossistemas (Condição Sistêmica 3); e d) desperdiçando recursos, utilizando métodos mais sofisticados para atender às necessidades humanas (Condição Sistêmica 4)?"

2. Bases flexíveis. Para ligar tecnicamente o longo prazo ao curto prazo, precisamos de uma estratégia de planejamento que simultaneamente assegure que cada etapa seja uma base flexível para atividades futuras de acordo com as Condições Sistêmicas. Assim evitam-se os becos sem saída — evitando atividades que, embora possam violar as Condições Sistêmicas em menor grau, são difíceis de ser posteriormente aperfeiçoadas segundo a mesma orientação. Isso é especialmente importante em caso de grandes investimentos e que assim vinculam recursos por períodos relativamente mais longos. Um exemplo de um beco sem saída seria investir pesadamente no desenvolvimento de motores com mais eficiência energética (Condição Sistêmica 4), negligenciando a oportunidade de desenvolver uma nova tecnologia para usuários de outro tipo de energia além dos combustíveis fósseis (Condição Sistêmica 1).

3. Fruta ao alcance da mão. Para vincular economicamente o curto prazo ao longo prazo, precisamos priorizar as "bases flexíveis" que tenham a probabilidade de dar, ao mesmo tempo, um retorno rápido o bastante do investimento — por exemplo encontrando atividades que possam economizar recursos, identificando uma necessidade crescente do mercado ou utilizando uma estrutura já existente. Um exemplo é a introdução das células fotovoltaicas em projetos onde estão as alternativas atualmente mais baratas, ou até mesmo a única possível — como o uso das células fotovoltaicas em satélites, relógios, calculadoras ou cortadores de grama com funcionamento independente.[12]

Juntos, esses três componentes constituem um conjunto de idéias que possibilita vincular pequena escala com larga escala, rio acima com rio abaixo, economia com ecologia e curto prazo com longo prazo. Em um número crescente de empresas e municípios ao redor do mundo, a estrutura de referência não só está sendo usada no diálogo, na solução de problemas e no planejamento para o desenvolvimento sustentável mas também para indicar a necessidade de vários instrumentos e conceitos para o desenvolvimento sustentável, assim como a interdependência destes. O melhor guia para a sua aplicação é uma estratégia em quatro etapas.[12, 20]

A. Modelo de pensamento participativo. A estrutura de referência é explicada e discutida entre os participantes em um processo de planejamento.

B. Observação da situação atual. São relacionados os problemas e os fluxos críticos do momento com referência às Condições Sistêmicas. "De que maneiras, e até que ponto, estamos contribuindo para a violação das Condições Sistêmicas no momento?" A essa altura, também são identificados os indicadores pertinentes, os conceitos e os instrumentos para monitorar a descontinuidade gradual dessas contribuições.

C. Reflexão sobre o futuro. Imaginar um futuro em que a empresa ou a atividade atual não fazem mais parte do problema. "Como os serviços que prestamos à humanidade, e nos quais somos especialistas, podem ser oferecidos de maneira a não contribuir para a violação das Condições Sistêmicas?" São relacionadas as possíveis soluções, desconsiderando se são economicamente "realistas" ou não, a curto prazo.

D. Elaboração de um programa estratégico. Agora, curto e longo prazo são ligados, elaborando-se um programa para a mudança. Nesse programa, as soluções da Etapa C que sejam bases flexíveis, como frutas ao alcance da mão, são escolhidas como as primeiras medidas. À medida que são implementadas, mais soluções da lista parecerão financeiramente realistas, tornando-se "frutas ao alcance da mão" no futuro, e poderão ser implementadas.

Segunda Parte. Um modelo que expõe em linhas gerais como os princípios, as atividades e as medidas relacionam-se mutuamente.

Antes de podermos exprimir a relação entre os diversos instrumentos e conceitos para o desenvolvimento sustentável, precisamos apresentar um esboço geral de como os princípios, as atividades e as maneiras de monitorar um processo relacionam-se dentro de qualquer sistema. Existem os princípios constitucionais, ou seja, os princípios que 1) definem o sistema — por exemplo, os princípios que definem o xadrez (a disposição do jogo com as suas regras para mover e tomar as peças) ou a infra-estrutura de um sistema de transporte aéreo na sociedade (os princípios que exprimem a inter-relação de funções entre linhas aéreas, aviões, aeroportos, autoridades, etc.).

Depois existem princípios que 2) determinam os resultados favoráveis em um sistema. No xadrez, há os princípios do xeque-mate. No caso de um sistema de transporte aéreo, os princípios determinantes dos resultados favoráveis seriam a) vôos suficientemente freqüentes b) chegarem ao destino certo, c) em segurança, d) satisfatoriamente e e) na hora marcada.

Depois há os princípios que 3) indicam como alcançar um resultado favorável em um sistema — nesses casos os princípios estratégicos no xadrez ou para a supervisão, operação e navegação de aviões.

Depois, há 4) diversas atividades que devem ser adequadas a esses princípios — quer dizer, as séries de atividades concretas que fazem com que todas as instalações técnicas e logísticas de um sistema funcionem de acordo com os princípios para um resultado favorável.

Finalmente, há 5) inúmeras maneiras de medir e monitorar essas atividades ("medida"), de modo que elas funcionem realmente de acordo com os princípios necessários para alcançar o resultado favorável. Por exemplo, a documentação e os estudos dos movimentos estratégicos inteligentes no xadrez ou as medidas para determinar que velocidade, direção e altitude estarão de acordo com o planejamento de um vôo, que o combustível restante nos tanques seja suficiente e assim por diante.

Às vezes, as coisas dão errado, apesar de todo o planejamento. Então é importante desenvolver sistemas de avaliação para mensurar os efeitos negativos — por exemplo, estatísticas de reclamações de passageiros irados e assustados, medidas de avaliação para determinar os pontos fracos concretos na produção dos aviões, análise das "caixas-pretas" depois de acidentes de vôo, e assim por diante. Os dois aspectos das medições — medições das atividades de operação e aprimoramento de um lado e medições de mal-entendidos do outro — estão inter-relacionados. Medições completas dos erros anteriores ajudam a desenvolver princípios mais eficientes para vôos mais seguros e agradáveis, assim como medições dos aprimoramentos sugeridos para monitorar esses progressos. Estratégias, atividades e avaliações inteligentes para a melhora do sistema de transporte aéreo devem antes se concentrar nos princípios que tratam das causas subjacentes de erros cometidos, de modo que a necessidade de avaliação dos resultados desfavoráveis e acidentes no futuro reduza-se ao mínimo possível.

Poderíamos aplicar essa maneira simples de exprimir as relações hierárquicas entre princípios, atividades e avaliação em um sistema para o desenvolvimento sustentável da "viagem" no sistema "ecosfera/sociedade" da seguinte maneira:

1. Princípios descrevendo como o sistema biosfera/sociedade é constituído, por exemplo, princípios ecológicos e princípios sociais;
2. Princípios para a sustentabilidade, definindo uma fase, um determinado resultado favorável, nos sistemas mencionados acima. Não se deve confundir os princípios para a sustentabilidade com os princípios ecológicos;

3. Os princípios para o desenvolvimento sustentável são princípios para um processo para satisfazer os princípios para a sustentabilidade (a transição para a sustentabilidade, e depois para o desenvolvimento seguro subseqüente). Não se deve confundir os princípios para o desenvolvimento sustentável com os princípios para a sustentabilidade;

4. Atividades neste contexto são atividades que estão de acordo com os princípios para o desenvolvimento sustentável — por exemplo, passar da energia não-renovável para a energia renovável, ou dar início à reciclagem de materiais na sociedade. Outros exemplos são as mudanças para regimes fiscais mais adequados ou outras medidas econômicas para fomentar atividades em sintonia com os princípios para o desenvolvimento sustentável. Não se deve confundir atividades para o desenvolvimento sustentável com os princípios para o desenvolvimento sustentável. Por exemplo, é possível violar todos os princípios para a sustentabilidade e para o desenvolvimento sustentável com a energia renovável ou a reciclagem. Portanto, a ação que produz uma mudança de usar energia "não-renovável" para "renovável" poderia levar ao empobrecimento de florestas e outras partes dos ecossistemas, ou a maiores concentrações de metais raros nos ecossistemas de células fotovoltaicas mal recicladas. Da mesma maneira que a "reciclagem", por exemplo, de baterias de cádmio usadas em residências pode levar a maiores concentrações de cádmio na natureza. Esse metal normalmente é muito escasso nos ecossistemas e só deve ser usado em sistemas com um rígido controle técnico. Esse controle rígido se perde nos fluxos entre as residências e a indústria. Conseqüentemente, é essencial que relacionemos as diversas atividades aos princípios subjacentes e evitemos confundir esses níveis entre si.

5. As medições para o desenvolvimento sustentável incluem conceitos e instrumentos diferentes para mensurar e monitorar a transição. As medições ocorrem em dois níveis. Primeiro, podem ser usadas para i) testar a importância, a qualidade e a quantidade das diversas atividades, para assegurar se estão realmente de acordo com os princípios para o desenvolvimento sustentável. Exemplos são as medidas para determinar se os fluxos de material são realmente diminuídos a níveis sustentáveis. Outros exemplos são a taxa de reciclagem e a pureza das frações recicladas, ou o uso de energia renovável comparado à não-renovável. Segundo, pode-se ii) realizar medições de impactos específicos na natureza (quando são violados os princípios para a sustentabilidade). Exemplos são diversos índices sobre "potencial de gases de aquecimento global" ou "equivalentes de H+ de substâncias acidificantes". A exemplo das medições no sistema de transporte aéreo, as medições voltadas para as soluções rio acima das causas subjacentes dos sintomas têm um valor estratégico mais elevado que as

medições sobre os efeitos rio abaixo — os sintomas. Isso será discutido posteriormente na Sexta Parte.

Terceira Parte. Analisando a Estrutura de Referência do TNS em relação ao modelo geral (veja a Ilustração 1, p. 283).

OS PRINCÍPIOS DA ECOSFERA

O Nível 1 do modelo apresentado na seção anterior exprime uma representação da ecosfera. Esse sistema é tão complexo que pode parecer difícil ter uma avaliação abrangente dos seus princípios e por conseguinte prosseguir ao Nível 2. No entanto, o nosso objetivo principal quanto ao desenvolvimento sustentável não é estudar a ecosfera *per se,* mas descobrir os diferentes mecanismos principais pelos quais ela pode ser destruída e depois promover descontinuidade gradual de todas as atividades que tomam parte dos mecanismos destrutivos. Com essa finalidade, é possível restringir a descrição da ecosfera a um conjunto limitado de princípios que são pertinentes a esse propósito, como a) o princípio de conservação da matéria; b) as leis da termodinâmica; c) os princípios dos ciclos biogeoquímicos movidos a energia solar; d) o fato de que a biosfera não pode sustentar trocas sistêmicas dos seus parâmetros físicos (pH cada vez mais baixo, concentrações cada vez mais elevadas de NO_x, áreas cada vez menores de recursos renováveis, etc.); e e) a dependência da sociedade em relação aos fluxos de recursos e serviços sustentáveis da ecosfera. É possível expressar os fluxos entre a ecosfera e a sociedade de tal modo que possam ser determinados os principais meios de destruir a ecosfera como um sistema.[10, 12]

AS QUATRO CONDIÇÕES SISTÊMICAS

Esses são princípios para a sustentabilidade, quer dizer, princípios que definem uma fase, um resultado favorável, na ecosfera. Isso é idêntico ao Nível 2 no modelo apresentado na Segunda Parte, a ser comparado com o exemplo do transporte aéreo: a) vôos suficientemente freqüentes, b) chegarem ao destino certo, c) em segurança, d) satisfatoriamente e e) na hora marcada. Como na metáfora do sistema de transporte aéreo, os princípios para um resultado favorável no sistema ecosfera/sociedade são muito mais fáceis de descrever que os princípios da constituição do próprio sistema. Embora o sistema ecosfera/sociedade seja muito mais complexo que o seu subsistema, o sistema de transporte aéreo, os princípios de um resultado favorável no sistema ecosfera/sociedade especialmente não são complicados de explicar. A razão é que neste caso a meta da viagem é que devemos parar de destruir o sistema, e só há quatro mecanismos pelos quais podemos destruí-lo (veja a Segunda Parte e as Notas 10 e 12).

A Estratégia para Satisfazer às Condições Sistêmicas

Este nível da Estrutura de Referência do TNS representa o Nível 3 do modelo, ou seja, o dos princípios para o desenvolvimento sustentável. Esses são os princípios de um processo para satisfazer os princípios para a sustentabilidade (a transição para a sustentabilidade e depois para o desenvolvimento seguro subseqüente). Usando a estrutura de referência da Primeira Parte, iii:

1. Uma abordagem passo a passo para substituir atividades que não são compatíveis com as Condições Sistêmicas por atividades que sejam ou possam ser sistematicamente desenvolvidas naquele sentido. Esse princípio costuma ser chamado de princípio de substituição, especialmente quando se refere a produtos químicos em processo de mudança. Na Estrutura de Referência do TNS, os princípios do pensamento rio acima e do *backcasting* são aplicados ao processo de busca de um substituto adequado;
2. Bases flexíveis; e
3. Uma combinação de frutas ao alcance da mão é um princípio estratégico que pode permitir substituições para ligar etapas de curto prazo a soluções técnicas e econômicas de longo prazo, e
4. Um outro princípio, que deve ser aplicado nesta fase, é o princípio preventivo, especialmente quando não se sabe ao certo se as atividades contempladas obedecem às Condições Sistêmicas ou não, e quando tais atividades estariam vinculadas a grandes quantidades de recursos.

Existem outros princípios para o desenvolvimento sustentável — no "nível estratégico" — que precisam ser considerados. É necessário assegurar que as pessoas estejam tão comprometidas com o processo quanto satisfeitas com ele. A transparência é incluída nessa categoria. A metáfora do funil na Estrutura de Referência do TNS e o benefício implícito de evitar as suas paredes também estão nesta categoria, assim como outras, para a implementação da estrutura de referência. Por exemplo, a direção da empresa precisa entender a estrutura de referência e depois endossá-la, para em seguida comunicá-la com toda a sua pertinência ao seu pessoal.[22] Outros instrumentos facilitam a sua aplicação, como a estratégia em quatro etapas mostrada no final da Primeira Parte: A) a visão participativa da estrutura de referência; B) a observação da situação no momento; C) a reflexão sobre o futuro; e D) a elaboração de um programa estratégico.

Ilustração 1.

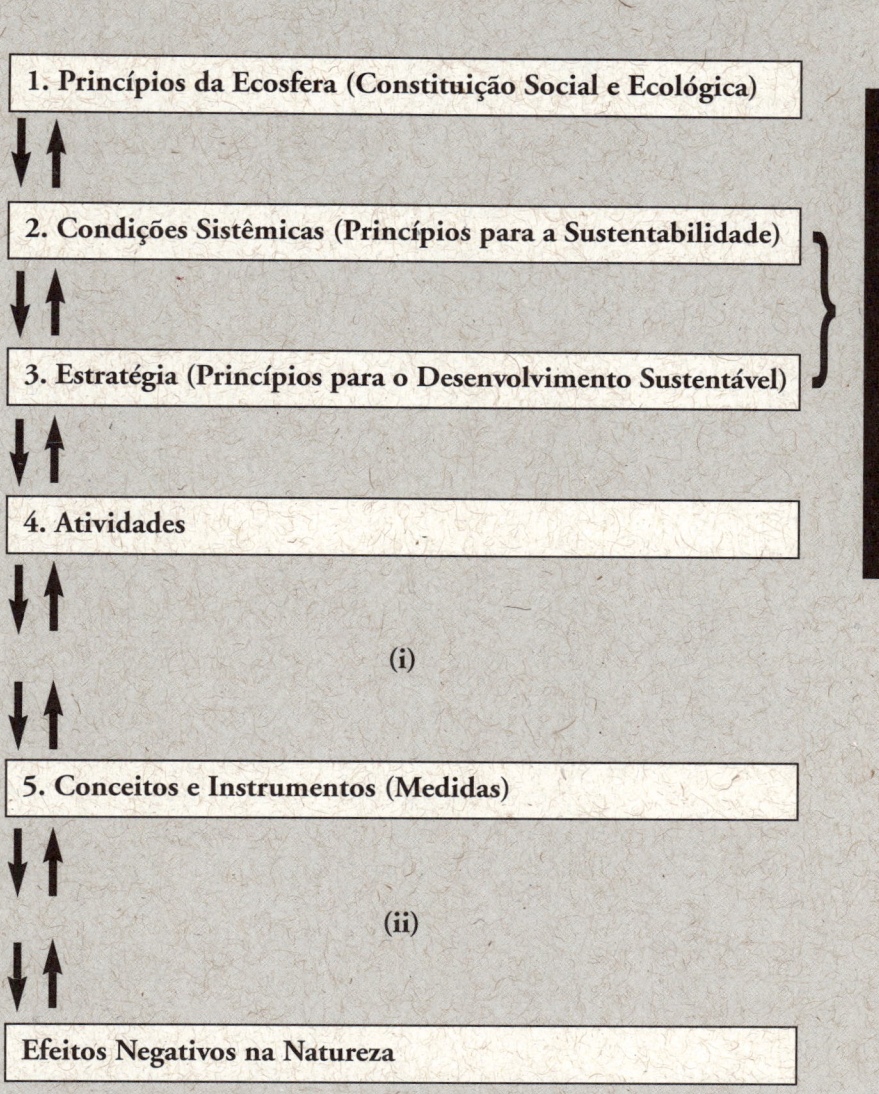

Os cinco níveis — 1) Princípios da Ecosfera, 2) Princípios para a Sustentabilidade, 3) Princípios para o Desenvolvimento Sustentável, 4) Atividades e 5) Medidas — dependem hierarquicamente uns dos outros. Quando são violados os princípios para a sustentabilidade, podemos medir os efeitos negativos na natureza (ii). O que é mais pertinente medir do ponto de vista estratégico segue-se do que é pertinente fazer (i). O que é pertinente fazer segue-se do caminho pertinente em direção à meta (3). Uma meta pertinente segue-se aos princípios que a definem (2). E os princípios que definem uma meta desejável podem ser elaborados a partir dos princípios relevantes do sistema (social e ecológico) (1).

A Estrutura de Referência do TNS é aplicada na orientação das atividades e na avaliação — ou seja, as atividades e as medições (Níveis 4 e 5 do modelo sistêmico da Segunda Parte) não fazem parte da Estrutura de Referência do TNS propriamente dito. Desenvolvidas a partir de uma descrição de Nível 1 (aspectos pertinentes dos princípios da ecosfera), elas se concentram nos níveis 2 e 3. Por esses meios, a estrutura de referência oferecem diretrizes globais para qualquer atividade e em qualquer escala. As atividades e as medições devem ser escolhidas e criadas individualmente para situações ou projetos especiais em conformidade com a estrutura de referência.

Quarta Parte. O que a Estrutura de Referência do TNS não é

Por sua rápida disseminação, e por causa do seu posicionamento específico no modelo apresentado na Segunda Parte, a Estrutura de Referência do TNS é citada com freqüência, e muitas vezes de maneiras que podem ser mal-interpretadas. A seguir, são apresentados alguns dos mal-entendidos mais comuns, com as citações acompanhadas das respectivas explicações.

- "A Estrutura de Referência do TNS é o mais importante conceito a propósito do desenvolvimento sustentável." Isso é o mesmo que dizer que os princípios para se chegar a um sistema de transporte aéreo seguro são mais importantes que as atividades para consegui-lo, ou a medida para assegurar que ele realmente aconteça. A resposta é que todos os níveis estão hierarquicamente inter-relacionados — um não pode existir sem o outro.

- "As Condições Sistêmicas do TNS são simplificadas demais." Esta afirmação tem como base o mesmo mal-entendido da anterior. As Condições Sistêmicas do TNS seriam simplificadas demais, para dizer o mínimo, se tivessem a pretensão de abranger todos os níveis apresentados no modelo sistêmico apresentado na Segunda Parte (elas abrangem apenas o Nível 2). Os princípios básicos para a sustentabilidade sozinhos não são nem especialmente difíceis de comunicar nem muito úteis. Está no contexto dos outros níveis do sistema, elaborados como um conjunto de idéias e um método para aplicar essa estrutura de referência, juntamente com as atividades e as medições, que eles não só fazem sentido mas tornam-se tão essenciais quanto qualquer outro nível do planejamento sistêmico. A exemplo do que acontece no sistema de transporte aéreo, às vezes é difícil avaliar se na realidade os princípios são cumpridos ou não. Isso pode requerer mais pesquisas, mas de maneira nenhuma influencia a relevância dos princípios como tais.

- "As Condições Sistêmicas do TNS são leis da natureza." Isto não é verdade. As leis da natureza são estudadas no Nível 1 do modelo apresentado na Segunda Parte. As Condições Sistêmicas do TNS são constituídas como princípios lógicos para a sustentabilidade que decorrem de uma expressão cientificamente adequada da ecosfera.[10, 12]

- "A Estrutura de Referência do TNS é boa para aumentar a consciência e promover uma compreensão importante do que deve ser feito em nível de regra de procedimento, mas não pode ser aplicada 'na prática', por exemplo como instrumento de medição." Isto é verdade. No entanto, os princípios básicos para a sustentabilidade e o desenvolvimento sustentável são essenciais como diretrizes quando as medidas são determinadas e/ou desenvolvidas para uma determinada atividade, processo, ou empresa.

Diversos conceitos eficazes para as medições, e a sua relação com a Estrutura de Referência do TNS, são apresentados na parte a seguir.

Quinta Parte. Alguns conceitos importantes e como estes se relacionam com o desenvolvimento sustentável e entre si

A maior parte dos conceitos para o desenvolvimento sustentável consiste em diversos meios para medir a relevância de diferentes atividades em relação ao conceito de desenvolvimento sustentável, quer dizer, monitorar e administrar o caminho para a sustentabilidade. Eles pertencem ao Nível 5, "medição", apresentado na Segunda Parte.

SISTEMA DE GESTÃO AMBIENTAL (SGA), COMO ISO 14001 E EMAS

Estes instrumentos são mecanismos administrativos para o trabalho ambiental dentro das empresas. Voltando à metáfora do sistema de transporte aéreo, os sistemas administrativos para o desenvolvimento sustentável são comparáveis às listas de itens para conferir, que os pilotos usam para assegurar que todas as atividades realmente ocorram de acordo com os princípios a serem seguidos para alcançar um resultado favorável. Os princípios e atividades planejadas e as medições de acordo com esses princípios são o conteúdo, ao passo que o Sistema de Gestão Ambiental é o veículo — quer dizer, o instrumento administrativo.

Os princípios e atividades devem ser colocados em um contexto administrativo pertinente de modo que os princípios sejam implementados por meio das atividades planejadas que são monitoradas, examinadas e — finalmente — avaliadas no sentido de administrar o próximo ciclo de atividades dentro do SGA. Isso significa que, para um SGA ser realmente útil para o desenvolvimento sustentável, os objetivos das atividades individualmente elaboradas de planejamento (obedecendo as Condições Sistêmicas) e medição para atingir esses objetivos devem ser incorporados ao SGA.[23, 29]

A exemplo da lista de conferência do piloto, os instrumentos administrativos para o desenvolvimento sustentável dentro de empresas devem ser padronizados. O ISO 14001 e o EMAS (Sistema de Ecogestão e Auditoria) são os mais difundidos SGA. Um conjunto de idéias baseado em princípios básicos para a sustentabilidade e o desenvolvimento sustentável (como a Estrutura de Referência do TNS) norteia o SGA e ajuda as empresas a orientar os seus negócios em relação ao contexto maior do desenvolvimento sustentável e das mudanças previsíveis do mercado. O guia para a aplicação da Estrutura de Referência do TNS, a estratégia de quatro etapas apresentada no final da Primeira Parte, é um ingrediente natural em qualquer Sistema de Gestão Ambiental. Contrariamente, sem um instrumento administrativo, é difícil e provavelmente impossível empreender a estratégia para implementar um conjunto de idéias como a Estrutura de Referência do TNS de uma maneira operacional eficaz para permitir a transição.

O CONCEITO DE FATOR 10

Os conceitos de Fator 4 e Fator 10, ambos originários do Wupperthal Institute, obtiveram aceitação generalizada como conceitos criativos para a redução da inserção de recursos na economia. Eles se baseiam em uma perspectiva de sustentabilidade e concluem que a rotatividade de recursos deve ser reduzida em escala mundial para se chegar à sustentabilidade.

O conceito de Fator 4 foi divulgado pelo relatório do Clube de Roma "Fator Quatro — O Dobro da Riqueza com a Metade dos Recursos",[5,6] no qual um grande número de exemplos ilustra que é possível obter um resultado pelo menos quatro vezes maior com a mesma quantidade de energia e de recursos materiais que usamos atualmente. O conceito de Fator 10[7,8] concentra-se nos materiais e considera que a rotatividade de materiais sustentáveis não será atingida a menos que e até que a intensidade de material dos países da OECD* seja reduzida por um fator de dez.

O conceito de Fator 10 é uma maneira muito direta de efetuar as medições de várias atividades que podem reduzir o investimento de recursos e de energia em relação à utilidade: "Por qual fator esse fluxo pode — ou deve — ser reduzido?" Isso torna o conceito de Fator 10 uma maneira muito atraente e flexível de monitorar atividades que devem satisfazer à Condição Sistêmica.

Os aspectos a seguir devem ser considerados quando o conceito de Fator 10 é aplicado com referência à Estrutura de Referência do TNS — como um instrumento para monitorar alguns dos princípios para o desenvolvimento sustentável:[14]

---

* Em inglês, Organização para a Cooperação e o Desenvolvimento Econômico. (N. do T.)

A perspectiva deve permanecer suficientemente grande. O conceito de Fator 10 deve encorajar engenheiros, gerentes, políticos e ONGs a pensar grande em termos de ganhos de produtividade de recursos. Ao mesmo tempo, deve evitar a armadilha da "dificuldade tecnológica", relacionando continuamente diversos fluxos para aspectos sociais assim como ecológicos da sustentabilidade na ecosfera (Condições Sistêmicas 1 a 4). Se o ponto de partida desse conjunto de idéias for o *backcasting*, os aspectos tecnológicos da transição seguem-se naturalmente e tornam-se mais significativos. Por quais fatores devem ser reduzidos os nossos fluxos para permanecer dentro da capacidade dos ecociclos, e quais são os objetivos tecnológicos e sociais e as possibilidades de alcançar esses fluxos? Essa perspectiva também deve levar em conta o lado social da Condição Sistêmica 4. Por qual fator devem ser diminuídos esses fluxos nas partes ricas da sociedade para permitir condições de vida decentes na parte pobre do mundo?

Aspectos qualitativos. Os fatores pelos quais certos fluxos precisam ser reduzidos para permanecer dentro da capacidade de assimilação dos ecossistemas diferem amplamente, dependendo de que fluxos estudamos. Diferenças nas características de fluxos de materiais incluem diferenças em relação à persistência, abundância e ecotoxicidade de metais e compostos (Condições Sistêmicas 1 e 2). Outros aspectos ainda da sustentabilidade não são absolutamente quantitativos. Por exemplo, de acordo com o discutido na Segunda Parte, há a necessidade de uma total descontinuidade de certos fluxos ou da introdução de rotinas administrativas mais equilibradas em silvicultura, agricultura ou pesca (Condição Sistêmica 3).

Aspectos dinâmicos. Diversos fluxos influenciam-se mutuamente. Para reduzir certos fluxos, pode ser necessário aumentar outros. Talvez a mineração de certos metais precise aumentar para proporcionar um consórcio de células fotovoltaicas. Os efeitos de refluxo criam um problema semelhante. Um certo fluxo dentro de um sistema pode aumentar como um efeito de refluxo em relação a fluxos reduzidos dentro de um subsistema. Os nossos motores de automóveis relativamente mais eficientes, por exemplo, contribuíram para aumentar o consumo de petróleo, não o contrário.[24]

PEGADA ECOLÓGICA

Assim como o conceito de Fator 10, a Pegada Ecológica (PE)[4] é uma maneira de fazer as medições de várias atividades para satisfazer a Condição Sistêmica 4. A PE também considera alguns aspectos das Condições Sistêmicas 1 a 3.[13] Uma das maiores diferenças do Fator 10 é que, no caso da Pegada Ecológica, os resultados de várias atividades na sociedade não são determinados por meio de fatores. São medidos e agregados em unidades de área — quer dizer, como uma redução ou um aumento na área ecológica necessária para sustentar as atividades. Outra diferença é que o ponto de partida é uma estimativa da área indispensável à manutenção da vida total da biosfera — ou seja, todas as "pegadas" acumuladas de várias atividades estão relacionadas à capacidade de carga total da ecosfera.

Psicologicamente, a Pegada Ecológica oferece uma maneira tangível de exprimir a relevância de tecnologias mais inteligentes e estilos de vida mais sutis, sensível às demandas do meio ambiente, como um meio para reduzir as "pegadas" das sociedades abastadas de acordo com a Condição Sistêmica 4. Além disso, oferece meios diretos de monitorar alguns aspectos das Condições Sistêmicas 1 a 3, uma vez que as diferenças qualitativas em diversos materiais e rotinas de controle dos ecossistemas influenciam o tamanho das pegadas. Um exemplo é a área necessária para assimilar as nossas emissões de CO_2 de combustíveis fósseis.

A exemplo do conceito de Fator 10, há muitos aspectos qualitativos das Condições Sistêmicas que não podem ser expressos em termos de pegadas. Por exemplo, a contaminação da natureza pelo uso de elementos escassos ou compostos persistentes estranhos à natureza (Condições Sistêmicas 1 e 2) não pode ser relacionada a uma área ecológica de maneira significativa. O mesmo se aplica à mudança necessária de certas rotinas administrativas, por exemplo, a agricultura ou a silvicultura (Condição Sistêmica 3).[14]

A Pegada Ecológica é um instrumento de medida global para se obter uma avaliação tangível do nosso desempenho com respeito à sustentabilidade e é específica na sua capacidade para comunicar muito diretamente de que maneira o estilo de vida e a competência técnica se relacionam com essa perspectiva. Conclui-se a partir do exposto que o conceito de pegada contém inerentemente dados agregados relativos à Condição Sistêmica 4 e certos aspectos das Condições Sistêmicas 1 a 3. Conseqüentemente, o conceito tem certas limitações quando se analisam fluxos isolados da sociedade, por exemplo quando diversos subsistemas são avaliados e comparados entre si em um procedimento de planejamento. Nesse caso, pode ser usado o conceito de Fator 10, que é mais flexível. Ambos os conceitos são pertinentes quanto aos seus propósitos e podem muito bem ser usados em conjunto.

ANÁLISE DO CICLO DE VIDA

A Análise do Ciclo de Vida (LCA)[2,3] é uma maneira de avaliar todos os processos envolvidos em um determinado produto ou serviço, "do berço ao túmulo" — isto é, desde os recursos ao transporte até o uso e descarte do produto. Ela costuma ser usada para comparar produtos com a mesma função ou para determinar "pontos quentes" — isto é, partes do ciclo de vida que são decisivas em relação ao impacto ambiental total. Considerando que ela não se preocupa com um único efeito de uma única parte de um produto, o processo de execução da LCA é uma maneira de produzir uma avaliação da complexidade total das interações entre os diferentes processos entre a sociedade industrial e os ecossistemas. E ela pode ser útil na seleção de produtos que têm a menor influência negativa possível sobre a natureza atualmente. Finalmente, ela nos permite planejar antecipadamente, porque podemos simular novas condições para o futuro, quando diversos aspectos, como os sistemas de transporte, tiverem mudado.

A denominação "LCA" refere-se à análise do ciclo de vida total de um produto *per se,* mas a perspectiva dessa avaliação pode diferir com respeito ao objetivo da LCA. Isso significa que a expressão "LCA" apenas se refere ao objetivo sadio de avaliar todos os aspectos de um produto, uma vez que não diz como isso é feito ou com que propósito. Por exemplo, ela pode basear-se em aspectos estrategicamente importantes de várias opções em um processo de produção. Opcionalmente, ela pode basear-se em estimativas de efeitos diferentes sobre a natureza (de violação das Condições Sistêmicas). Esse pode ser um valioso instrumento para determinar a gravidade relativa dos impactos sobre a natureza entre diversos produtos e processos. No entanto, é complicado avaliar integralmente os efeitos negativos na natureza, e é uma questão complicada tirar conclusões estratégicas pertinentes de dados desse tipo. Análises do Ciclo de Vida desse tipo não são ideais para o planejamento estratégico nas empresas.

O quadro fica mais difícil de avaliar quando impactos diferentes (por exemplo, avaliação das emissões que contribuem para o efeito estufa e a chuva ácida, respectivamente) às vezes se agregam em um único índice. Isso pode ser pertinente quando os objetivos e restrições da LCA forem bem conhecidos e quando as categorias de dados de entrada são tão semelhantes que podem ser feitas comparações válidas. No entanto, usada desse modo, a LCA tem um interesse limitado para a tomada de decisão sobre estratégias de investimento ou para o "*marketing* de produtos verdes". Isso não se deve só à complexidade e incerteza dos efeitos negativos. A agregação de dados pode "esconder" os aspectos pertinentes da perspectiva do planejamento.[15] O que acontece quando o mesmo produto é avaliado em uma situação futura (*backcasting*), quando as condições são diferentes? Por exemplo, se um determinado produto está ligado ao transporte de matérias-primas de distâncias relativamente longas e se, com o passar do tempo, o sistema de transporte se desenvolve de maneira sustentável (ou a logística é aprimorada), o produto com o impacto "mais alto" na natureza hoje pode de repente mostrar-se o mais favorável — e conseqüentemente o melhor em que investir.

Têm sido feito esforços para agilizar os cálculos da LCA e aumentar a sua aplicabilidade.[25, 26, 27] A LCA também pode ser executada segundo uma perspectiva de *backcasting* e de avaliação rio acima das cadeias de causa e efeito.[15] Aplicada dessa maneira, ela leva a uma avaliação qualitativa, em que as influências do produto sobre todas as Condições Sistêmicas, e sobre as cadeias de causa e efeito rio acima, são avaliadas e expostas de uma maneira transparente.

Sexta Parte. Resumo e Conclusão

A estrutura de referência para o planejamento devem basear-se nos princípios constitucionais pertinentes — quer dizer, os princípios básicos sobre os quais o sistema é constituído (leis da termodinâmica, princípios ecológicos e sociais, por exemplo) — e conter os princípios básicos para que o planejamento tenha um resultado favorável (os princípios para a sustentabilidade), assim como os princípios básicos do processo para alcançar esse resultado (os princípios para o desenvolvimento sustentável). Os princípios básicos da estrutura de referência para a sustentabilidade são essenciais para nortear a solução de problemas na origem — rio acima — e lançar programas de planejamento orientados para as metas pela aplicação do princípio da meta como ponto de partida do planejamento — *backcasting*. A Estrutura de Referência do The Natural Step é um conjunto de idéias desse tipo. No modelo apresentado para o planejamento dentro de qualquer sistema (Segunda Parte), aos princípios do planejamento voltado para uma meta seguem-se atividades para atender a esses princípios e depois mensurar para monitorar e avaliar as atividades a esse respeito. A maioria dos conceitos e instrumentos para o desenvolvimento sustentável são instrumentos de medição que podem ser usados dessa maneira.

Isso significa que a estrutura de referência (Níveis 1 a 3 da Segunda Parte) não é uma alternativa a atividades, conceitos e instrumentos (Níveis 4 e 5) para o desenvolvimento sustentável. Precisamos de todos juntos, porque eles representam os diferentes níveis inter-relacionados do planejamento estratégico. A estrutura de referência só podem ser usados para o planejamento global, mas, uma vez que contêm os princípios básicos, podem ser usados para qualquer atividade em qualquer escala. Para estruturar as atividades concretas de acordo com esses princípios — conversão à energia renovável (Condições Sistêmicas 1 e 2), substituição de certos metais e produtos químicos (Condições Sistêmicas 1 e 2), adoção de rotinas administrativas ecologicamente sadias em relação aos ecossistemas vitais (Condição Sistêmica 3) e integração de todas essas atividades em uma rotação, a mais eficaz possível de recursos, para atender às necessidades humanas em todo o mundo (Condição Sistêmica 4) — ainda precisamos de informações detalhadas. Com freqüência, não temos todas as informações de que precisamos. Mas a estrutura de referência pode ser útil na organização das informações pertinentes aos problemas e às soluções, e também para ajudar a descobrir as informações que estão faltando — isto é, ajudando a fazer uma avaliação abrangente. Eles também são valiosos para dar um sentido de direção ao processo do planejamento. A estrutura de referência ainda pode ser usada para selecionar ou desenvolver medições pertinentes ao monitoramento do processo, quando o planejamento tiver chegado à fase operacional.

Às vezes as medições são usadas (i) para determinar se as atividades individualmente estão de acordo com a estrutura de referência — Níveis 1, 2 e 3 do modelo da Segunda Parte. Em primeiro lugar, são determinados os objetivos globais de uma empresa ou atividade, pelas suas relações com as Condições Sistêmicas (Etapa B do modelo de planejamento, Primeira Parte, iii). Os aspectos qualitativos que se seguem dessa análise, possibilitam realizar medições das coisas pertinentes e nos níveis adequados durante a transição. Por exemplo, as medições que são executadas sobre medidas como a taxa de reciclagem devem basear-se em questões de princípio pertinentes, como: "A reciclagem está sendo executada de maneira a manter um consórcio puro e de alto desempenho do material na sociedade, ou está ocorrendo uma perda de qualidade (perda de pureza e a qualidade dos recursos, Condição Sistêmica 4)?" "Os materiais reciclados estão muito escassos na natureza, de forma que até mesmo perdas muito pequenas no processo de reciclagem aumentarão as concentrações na natureza se elas não forem descontinuadas (metais pesados, Condição Sistêmica 1; ou compostos antinaturais persistentes, Condição Sistêmica 2)?"

Em caso de dúvida, talvez por falta de informação, um material deve ser considerado como persistente e estranho à natureza até prova em contrário (princípio preventivo). Se aspectos como esses forem negligenciados durante as medições, então o uso dessas medições poderá levar as pessoas encarregadas de tomar decisões a becos sem saída, com conseqüências danosas não só para a natureza como também para o resultado econômico dos negócios. Ser bem-sucedido no planejamento com base na estrutura de referência proposta — isto é, determinar os fluxos críticos globais e os objetivos antes de terem sido escolhidas e definidas as atividades e as medições — ainda é, na maioria dos casos, a maneira mais simples de planejar para o futuro.

Em outros momentos, as medições são executadas (ii) para fornecer informações sobre os impactos relativos na natureza (de atividades que contribuem para a violação das Condições Sistêmicas): por exemplo, para avaliar o impacto relativo sobre a camada de ozônio dos diversos CFCs e depois usar essas informações para proceder à substituição de produtos químicos usados por uma empresa. Esses estudos são essenciais por razões científicas e públicas. No entanto, por causa da complexidade da ecosfera como sistema (efeitos múltiplos, efeitos limites, mecanismos de retardamento, efeitos de refluxo, incerteza de dados, etc.), as medições do primeiro tipo (i) costumam ser mais pertinentes do ponto de vista estratégico. Se forem negligenciadas, então estaremos constantemente — metaforicamente falando — "arriscando-nos a trocar os amônios como substâncias tóxicas por CFCs 'não-tóxicos' e 'não-bioacumula-tivos'", sem aprender nada no processo sobre como mudar o tipo de pensamento que criou o problema em primeiro lugar. No caso das empresas que não contribuem para os altos e/ou crescentes níveis de quaisquer compostos na natureza, os efeitos prejudiciais relativos dos poluentes são de interesse estratégico apenas limitado. No entanto, é arriscado contribuir para concentrações cada vez maiores de compostos na ecosfera — por exemplo, pelo uso de substâncias persistentes estranhas à natureza — mesmo que nenhum efeito negativo seja ainda conhecido.

A conseqüência desse raciocínio é que a primeira prioridade deve ser organizar as atividades, assim como as medições, de acordo com os princípios para o desenvolvimento sustentável indicados na estrutura de referência. Por motivos óbvios, essa estratégia deve também ser complementada com informações consistentes sobre efeitos negativos bem conhecidos na natureza provocados por certas atividades (que então poderiam ser descontinuadas num ritmo relativamente mais alto). Por exemplo, a Electrolux estabeleceu uma prioridade muito alta na descontinuação do uso de CFCs — com base em informações sobre os efeitos na camada de ozônio. No entanto, ao proceder assim, a empresa simultaneamente deixou de lado os planos para mudar para o uso de outros compostos estranhos à natureza relativamente persistentes, como os HCFCs. Esses compostos não se enquadraram na perspectiva do *backcasting* da Electrolux com relação à Condição Sistêmica 2.[12, 28]

Instrumentos como a LCA, o Fator 10 e a Pegada Ecológica são todos exemplos de como monitorar diversos aspectos desse raciocínio — ou seja, uma vez que a estrutura de referência tenha sido aplicada para determinar os objetivos pertinentes e definir as atividades pertinentes, essas atividades devem ser monitoradas de modo que os objetivos do planejamento sejam realmente atingidos. Um Sistema de Gestão Ambiental, como ISO 14001 ou EMAS, é o meio de comunicação administrativo que deve conter a estrutura de referência, mais informações sobre os objetivos, atividades e medições de cada empresa e a sua relevância com relação à estrutura de referência assim como aos objetivos específicos da empresa.

- A empresa é o avião;
- a estrutura de referência é a diretriz de planejamento para essa viagem (rumo à sustentabilidade), incluindo o mapa com o objetivo, mais uma descrição dos princípios para alcançar esse objetivo;
- o Sistema de Gestão Ambiental compreende o manual e as listas de verificação necessários para pilotar esse avião de acordo com a estrutura de referência;
- as atividades são tudo o que acontece a bordo; e

- as medições são realizadas com os instrumentos necessários para o avião na sua rota, de modo que as atividades obedeçam ao plano de vôo.

Durante o vôo, a primeira prioridade é empreender todas as atividades exigidas pelo plano de vôo para assegurar que o avião chegue ao seu destino e monitorar que esse seja o caso. Apenas em circunstâncias imprevistas especiais é aconselhável proceder a desvios em relação ao plano.

Agradecimento

Desejamos registrar aqui o nosso agradecimento ao Ministério do Desenvolvimento Industrial e Tecnológico da Suécia (NUTEK), pelo apoio financeiro.

Notas

Capítulo 2: Pensamento Sistêmico e Consenso

1. Veja, por exemplo, os "Shared Mental Models" (Modelos Mentais Compartilhados) de Peter Senge, em *The Fifth Discipline: The Art and Practice of the Learning Organization* (Doubleday/Currency, 1990). Neste livro excelente, aplica-se um raciocínio bem parecido a organizações empresariais.

Capítulo 4: A Experiência Científica

1. A lei da matéria. Durante a fissão atômica, a matéria é convertida em energia, mas essa exceção não afeta o resto do argumento. (Juntas, a primeira lei da termodinâmica e a lei da matéria costumam ser chamadas as "leis da conservação". Só a primeira lei da termodinâmica, porém, aplica-se diretamente à termodinâmica.)

2. "Concentração" pode ser expressa como "energia" e "estrutura" como "conteúdo de informação". Existem duas maneiras principais de expressar as informações para constituir a estrutura: geneticamente nas células e por fórmulas humanas ou desenhos.

Capítulo 5: A Experiência Social

1. O prêmio de Melhor Inovação Social do Ano é patrocinado pela The Body Shop e pelo The Institute for Social Inventions.

Capítulo 6: As Condições Sistêmicas da Sustentabilidade

1. K-E. Eriksson e K-H Robèrt, "From the Big Bang to Sustainable Societies", *Reviews in Oncology*. Vol. 4, Nº 2 (1991), pp. 5-14.

2. Até que ponto aumentam as concentrações de metais em ecossistemas circunvizinhos se todos os metais da sociedade se dispersassem? Veja C. Azar, "Long-term Environmental Problems, Economic Measures, and Physical Indicators", Institutionen för Fysisk Resursteori (Chalmers, 1995) [Tese de Doutoramento]; e C. Azar, J. Holmberg e K. Lindgren, "Socio-ecological Indicators for Sustainability", *Ecological Economics* 18 (1995), pp. 89-112.

Capítulo 8: Scandic e Sånga Säby: Pilotos de Teste da Sustentabilidade

1. Forest Stewardship Council, um sistema de certificação internacional voluntária e de identificação de manejo sustentável de florestas, cuja sede fica em Oaxaca, México.

Capítulo 10: A Estrutura de Referência do TNS (Análise A, B, C, D)

1. K. H. Dreborg, "Essence of Backcasting", *Futures* 28 (1996), pp. 813-828.

Capítulo 12: Projeção Internacional

1. Veja, por exemplo, Robert Gilman, "Educating a Nation: The Natural Step", em *Context* (1991).

2. Veja o Apêndice 2 sobre o diploma internacional do TNS.

Capítulo 13: Acumulando Aborrecimentos

1. Trechos do simpósio ambiental do rei Carl Gustaf, 28 de novembro de 1996.

Capítulo 14: O Problema Crítico da Energia

1. C. Azar, J. Holmberg e K.-H. Robèrt. "Fossil Fuels and Corporate Economic Risk Assessment." *Perspectives on Business and Global Change*. Vol. 14, Nº 1 (março de 2000), pp. 63-72.

2. Jeremy K. Leggett. *The Carbon War: Dispatches from the End of the Carbon Century*. Penguin Books, 1999.

3. Intergovernmental Panel on Climate Change (IPCC). *"Climate Change 1995: The Science of Climate Change."* J. T. Houghton *et al*, orgs. Cambridge University Press, 1996 [IPCC Working Group II].

4. C. Azar e H. Rodhe. "Targets for Stabilization of Atmospheric CO_2." *Science* 276 (1997), pp. 1818-1819.

5. Para um resumo das atividades recentes e California Fuel Cell Partnership, veja J. Ogden et al, *Journal of Power Sources* 79 (1999), pp. 143-168; e < http://www.drivingthefuture.org/ >.

6. F. Pearce. "Running on Empty." *New Scientist*. 9 de outubro de 1999.

7. *Global Environmental Change Report (GECR)* 19 set 1998.

8. GECR 26 set 1997.

9. GECR 23 abr 1999.

10. GECR 23 out 1998.

11. GECR 24 out 1997.

12. GECR 26 fev 1999.

13. GECR 23 abr 1999.

14. *Environmental Watch: Western Europe* 21 nov 1997.

15. GECR 24 set 1999.

16. GECR 17 nov 1998.

17. GECR 14 mai 1999.

18. The Pew Center on Global Climate Change [*online*, 1999] < http://www.pewclimate.org / >.

19. F. Reinhardt. "Market Failure and the Environmental Policies of Firms." *Journal of Industrial Ecology*. Vol. 3 Nº 1 (1999), pp. 9-21.

20. Eliminei a Etapa A, é claro, que foi apresentada no artigo original.

Capítulo 15: A Segunda Arena
(De Projetos *Ad Hoc* a uma Abordagem Sistêmica)

1. *Stepping Stones*. Nº 33 (outubro de 1999).

Apêndice 1: A Agricultura do Ponto de Vista Científico

1. © The Natural Step, 1995. Tradução para o inglês de Henning Koch.

Apêndice 3: A Estrutura de Referência do TNS e Instrumentos para o Desenvolvimento Sustentável

1. Physical Resource Theory, Chalmers University of Technology e Universidade de Gotemburgo, S-41296, Gotemburgo, Suécia; The Natural Step Foundation, Wallingatan 22, S-111 24 Estocolmo, Suécia.

2. R. Heijungs, J. B. Guinée, G. Huppes, R. M. Lankreijer, H. A. Udo De Haes, A. Wegener Sleeswijk, A. A. M. Ansems, P. G. Eggels, R. van Duin e H. P. de Goede. *Environmental Life Cycle Analysis of Products: Backgrounds*. Centre for Environmental Science, Leiden University, 1992 [130 pp. e Guide, 96 pp.].

3. L.-G. Lindfors, K. Christiansen, L. Hoffman, Y. Virtanen, V. Juntilla, O-J. Hanssen, A. Ronning, T. Ekvall e G. Finnveden. "The Nordic Guidelines on Life-Cycle Assessment." *Nord* 20 (Nordic Council of Ministers, 1995.)

4. W. E. Rees e M. Wackernagel. "Ecological Footprints and Appropriated Carrying Capacity: Measuring the Natural Capital Requirement of the Human Economy." In A.-M. Jansson, M. Hammer, C. Folke e R. Costanza, orgs. *Investing in Natural Capital: The Ecological Economics Approach to Sustainability*. Island Press, 1994.

5. E. U. Von Weizsäcker, A. B. Lovins e L. H. Lovins. *Factor Vier. Doppelter Wohlstand — halbierter Naturverbrauch*. Droemer Knaur, 1995.

6. E. U. Von Weizsäcker, A. B. Lovins e L. H. Lovins. *Factor Four Doubling Wealth — Halving Resource Use*. Earthscan, 1997.

7. F. Scmidt-Bleek. "Revolution in resource productivity for a sustainable economy — a new research agenda." *Fresenius Environmental Bulletin* 2 (1994), pp. 245-490.

8. F. Scmidt-Bleek. *MIPS and Factor 10 for a Sustainable and Profitable Economy*. Wupperthal Institute, 1997.

9. Aloisi de Larderel. "What is a sustainable enterprise?" (UNEP, 1998) [seminário, 14 de outubro, 1998].

10. J. Holmberg, K-H. Robèrt e K-E. Eriksson, "Socio-ecological principles for sustainability." In R. Costanza, S. Olmlan e J. Martinez-Alier, orgs. *Getting Down to Earth — Practical Applications of Ecological Economics*. International Society of Ecological Economics (Island Press, 1996).

11. K-H. Robèrt, H. Daly, P. Hawken e J. Holmberg. "A compass for Sustainable Development." *International Journal of Sustainable Development and World Ecology* 4 (1997), pp. 79-92.

12. J. Holmberg, K-H. Robèrt, "Backcasting — a framework for strategic planning." *International Journal of Sustainable Development and World Ecology*. Vol. 7 (4) (2000), pp. 291-308.

13. J. Holmberg, U. Lundqvist, K-H. Robèrt e M. Wackernagel. "The Ecological Footprint from a Systems Perspective of Sustainability." *International Journal of Sustainable Development and World Ecology* 6 (1999), pp. 17-33.

14. K-H. Robèrt, J. Holmberg e E. U. von Weizsäcker. "Factor 10 for subtle policy making — Objectives, potentials, and obstacles." *Greener Management International*. Ed. 31 (Greenleaf Publishing, 2001) [ISSN 0966-9671].

15. K. Andersson, E. M. Hogaas, U. Lundqvist e B. Mattson. "The feasibility of including sustainability in LCA for product development." *Journal of Cleaner Production* 6 (1998), pp. 289-298.

16. S. H. Byggeth, Karlskrona University e Universidade de Chalmers, Gotemburgo, *Integration of Sustainability Aspects in Product Development*. (Universidade de Tecnologia de Chalmers, Universidade de Gotemburgo, 2001) [Tese para o grau de Licenciatura em Engenharia, ISSN 0280-2872].

17. A ecosfera consiste na biosfera mais toda a atmosfera com a camada de ozônio. *Veja também* Notas 10 e 12.

18. J. B. Robinson. "Future under glass — A recipe for people who hate to predict." *Futures*. Outubro, 1990.

19. K. H. Dreborg. "Essence of Backcasting." *Futures*. 28 (1996), pp. 813-828.

20. J. Holmberg. "Backcasting: a Natural Step when making sustainable development operational for companies." 1998 [a sair em *Greener Management International* 23].

21. G. Mitchell. "Problems and fundamentals of sustainable development indicators." *Sustainable Development* 4 (1996), pp. 1-11.

22. B. Nattrass e M. Altomare. *The Natural Step for Business: Wealth, Ecology and the Evolutionary Corporation*. New Society Publishers, 1999.

23. S. Burns e D. Katz. "ISO 14001 and The Natural Step Framework." *Perspectives* 11 (World Business Academy, 1997), pp. 7-20.

24. L. Schipper e F. Johnson. *Energy use in Sweden: An International Perspective*. International Energy Studies Group, Lawrence Berkeley Laboratory, 1993.

25. T. E. Graedel. *Streamlined Life-Cycle Assessment.* Prentice Hall, 1998.

26. SETAC (Society of Environmental Toxicology and Chemistry). *Simplifying LCA: Just a Cut?* Europa, 1997.

27. J. A. Todd. *Streamlining. Environmental Life-Cycle Assessment.* McGraw-Hill, 1996, pp. 4.1-4.17.

28. K-H. Robèrt. "ICA/Electrolux — a case report from 1992." [Apresentado no 40º congresso executivo anual do CIES, Boston, 5-7, junho, 1971].

29. E. Rowland e C. H. Sheldon. *The Natural Step and ISO 14001.* British Standards Institution, 1999.

Sobre o Autor

O professor Karl-Henrik Robèrt, M.D., Ph.D., é um dos mais atuantes cientistas de câncer da Suécia e o iniciador, em 1989, do movimento pela sustentabilidade chamado The Natural Step.

Enquanto chefiava o mais importante laboratório de pesquisas sobre o câncer da Suécia, os estudos do dr. Robèrt sobre as células humanas lesadas ofereceram-lhe a base para o seu interesse pelas questões ambientais. Tempos depois, com outros colegas, ele viria a desenvolver os princípios de primeira ordem — as "Condições Sistêmicas" — para a sustentabilidade. Juntamente com uma rede crescente de cientistas e pessoas em posições estratégicas em grandes empresas e na política, as Condições Sistêmicas foram transformadas em sólida Estrutura de Referência para o planejamento estratégico visando a sustentabilidade. A Estrutura de Referência é comentada em diversas publicações científicas e dissertações de doutorado em todo o mundo.

Desde o lançamento de The Natural Step, o dr. Robèrt inaugurou diversas redes profissionais independentes em apoio a esse trabalho. Muitas empresas e cidades (incluindo Estocolmo) passaram a incorporar a Estrutura de Referência do The Natural Step nos seus métodos gerenciais, e desde essa época a organização vem se espalhando por todo o mundo, com representações em nove países.

Em 1995, o dr. Robèrt foi designado professor-adjunto de Teoria de Recursos Materiais na Universidade de Tecnologia de Chalmers, Gotemburgo, Suécia. Os diversos livros, artigos e publicações científicas de autoria dele sobre o meio ambiente e a sustentabilidade estimulam a compreensão de uma ligação entre ecologia, economia e tecnologia. Em 1999, ele foi agraciado com o Green Cross Award de Liderança Internacional e, em 2000, recebeu o Blue Planet Prize, considerado o "Nobel Ambiental".

Ler é Preciso

1% da receita obtida com a venda deste livro será revertido à implantação de bibliotecas comunitárias Ler é Preciso, coordenadas pelo Instituto Ecofuturo, ONG criada pela Cia. Suzano.

www.ecofuturo.org.br